삶의 성장 액티브 명상 바로알기

삶의 성장 액티브 명상 바로알기

사난다 정효순 리아 윤인모 공저

작은이야기

삶의 성장 액티브 명상 바로알기

처음 펴낸 날 • 2025년 8월 20일

지은이 • 정효순 윤인모
펴낸이 • 홍민표
펴낸곳 • 작은이야기

등록 • 2003년 12월 3일(제313-2003-00370)
주소 • 121-865 서울시 마포구 연남동 245-9 1층
전화 • 0505-303-3335 팩스 • 0505-303-3334
이메일 • iyagi01@gmail.com

ISBN 978-89-92132-23-7 03100
파본이나 잘못된 책은 교환하여 드립니다.

한국어판 출판권 ⓒ 작은이야기2025

저작권법에 의해 한국 내에서 보호를 받는 저작물이므로 무단복제와 전재를 금합니다.
이책의 전부 또는 일부를 이용하려면 반드시 저작권자와 작은이야기의 서면동의를 받아야 합니다.

사난다의 서문

10여 년 넘게 인도에서 경험하고 배운 것들, 여행지에서 겪은 에피소드, 명상가의 시선으로 바라본 세상 이야기들, 그리고 강단에서 만난 수많은 사람들과의 진솔한 대화들과 명상 세션 진행 경험들, 또한 그동안 써온 에세이와 칼럼들을 모아 책으로 내보면 어떻겠느냐는 권유가 종종 있었다. 나 역시 마음이 없었던 것은 아니었으나 막상 컴퓨터 앞에 앉으면, '나보다 더 깊이 경험한 사람이 많을 텐데, 내가 무엇을 더 안다고 글을 남기나' 하는 부끄러움과 주저함이 먼저 앞섰다.

자판 위에 올린 손이 수없이 멈추었다. 그러던 어느 날, 아직 명상을 만나지 못한 사람들을 떠올리게 되었다. 완전히 갖추어진 어떤 것을 나누는 것이 아니라 우주의 다정함, 전체성에 깨어 사는 방법들을 나누고 싶었다. 내자신이 명상을 만나기 전의 삶과 후의 삶을 바라보았을 때 너무나 많은 것들이, 아니 차원이 달라진 삶을 산다고 해야 할까. 오쇼 명상을 통해 일어난 가슴의 변형, 욕심으로 가득 찼던 세계에 대한 통찰, 그리고 새롭게 만난 자유와 기쁨, 편안함에 대해 말하고 싶어졌다.

명상을 통해 나는 판단이 일어났다 사라지는 순간들을 자각했고, 일상 속 사건들을 보다 있는 그대로 바라보는 법을 배웠다. 서운함이나 미움 같은 감정이 점점 사라지고, 부정적인 마음도 잘 일어나지 않게 되었다.

명상은 나를 단순하게 머물기를 잘 하는 사람으로 만들었고, 불필요한 사념들 때문에 나 자신을 괴롭히지 않았다. 그저 그렇게 일어나는 일들을 자연스럽게 흘려보내고 평화로워졌다. 불필요한 관계, 불필요한 일들, 뭔가를 꼭 해야 한다는 생각들 등 많은 것들이 자연스레 떨어져 나갔다. 말할 수 없는 '편안함'이 곁에 머문다. 나는 오쇼 명상을 통해 명상 세계가 저 멀리 떨어진 이상향이 아니라, 바로 지금 여기, 이 순간 순간을 판단없이 자각하는 것이라는 사실을 깨달았다. 부모와 자식, 배우자와 가족, 그리고 사회 속 다양한 관계들 속에서 내가 보고 듣고 맛보고 느끼는 감각을 통해 인식하는 마음의 허상과 실상, 그 어리석음을 알아채고 자신의 중심을 돌아보는 지혜.

어느 날 '세상엔 갈애로 비롯된 탐심이 아닌 것이 없구나' 하는 통찰 이후 나는 한결 더 자유롭고 기쁜 일상을 살고 있다.

이 생을 갖은 것 자체가 육체를 원하는 에고에서 비롯된 것이니 탐심이 있는 한 고통 속에서 벗어나기 어렵다는 기본 진리를 알고 자비와 사랑을 실천하고 나눔과 섬김이 기도가 되게 살고 싶은 소망이 가슴에 서원으로 남아 있다.

나는 누구나 깨어나기를 바란다. 이 깨어남은 자신으로부터 시작하시라고 말한다.

자신이 이곳에 태어나 유한한 인생을 온전히 누리고, 축제로 살기를 바란다. 자기 자신을 먼저 돌보고, 자기 자신을 깊이 알아갈 수 있기를 바란다.

자신의 내면으로 깊이 들어갈수록 외부 세계에 대한 이해는 더욱 넓어지고, 전체에 사랑과 연민으로 이어진다. 사랑이 자신에게 가득 차면 사랑을 나눌 수 있는 터전이 생겨난다. 억지로 나눌 필요가 없다. 저절로 사랑스러운 마음이 일어나고 친절해진다.

인생의 가장 어려운 시기에 오쇼 명상을 만난 것은 나의 인생에서 가장 큰 축복이 되었다. 명상으로 나를 초대해준 요정 같은 두 친구, 릴라와 사치다에게 깊은 고마움을 전한다. 그리고 무엇이든 허용되는 공간을 함께 만들어주시는 한국 오쇼 명상센터(현대 액티브 힐링 명상센터)의 공동 운영자 리아 윤인모님과 자미 황현옥님, 이 글이 세상에 나올 수 있도록 도와주신 제라드 서의환님과 아티티 이선재님께도 마음 깊이 감사드린다.

이 책이 명상을 처음 만나는 이들에게 참나를 향한 한 걸음의 용기와 따뜻한 안내가 되길 바란다. 애정어리고 따뜻한 고요 속에서 자신만의 웃음, 눈물, 침묵을 만나기를 바란다.

마 다야 사난다

들어가기 전에

이 책은 순서와 상관없이 그때그때 끌리는 대로 내용을 읽어나갈 수 있다.

필자가 쓴 글들은 오쇼의 책, 푸나의 오쇼 인터내셔널에서 발행한 오쇼 명상 관련 서적들, 오쇼 명상 리더(퍼실리테이터)를 위한 교재나 〈오쇼타임즈〉와 같은 매거진, 기타 인쇄물 등을 참조했는데 한 단락, 한 문장 안에도 여러 텍스트들이 섞여 있는 경우가 많다. 어디서 얼마나 많은 자료를 인용했는가는 이 책에서는 일차적으로 주의할 바가 아니다. 어떻게 되었든 사람들이 액티브 명상을 바로 알고 바로 먹어보는 게 우선적인 가치이며 그 점이 이 책이 만들어진 이유이기 때문이다. 그러니 이 책의 어떤 부분을 누가 썼는지도 별로 중요하지 않다고 하겠다.

어느 날 자신의 회원들과 함께 10년 넘게 오쇼 액티브 명상을 해왔다는 사람이 찾아온 적이 있었다. 그는 새로운 명상법을 배워가고 싶어했는데 그 전에 먼저 그가 해왔다는 액티브 명상을 함께 해보았다. 놀라운 것은 그가 그 명상을 할 때 주의해야 할 사항들 중에 하지 말아야 할 것들을 거의 지키지 않고 있었다. 오쇼인터내셔널에서 추천하는 오쇼 명상 서적이나 공식적인 지침에 의하면 그렇게 하지 말아야 할 여러 가지 주의점들이 있다. 제대로 이해하고 제대로 실행할 때 누구나 명상에 도달할 수 있다는 것—이것은 액티브 명상의 창안자 오쇼가 기회가 있을 때마다 역설한 것이고 이런 점이 이 책을 만들게 된 또 다른 이유이다. 한 가지 기억해야 할 것은, 액티브 명상을 진행하는 사람은 자기 체험을 곁들여 명상법을 안내해서는 안 된다는 것이다. 왜냐하면 체험은 저마다 다를 수 있기 때문이다. 이 책의 2부는 그런 점에서 현재 오쇼인터내셔널의 가이드 라인을 가장 충실히 반영하면서 쓴 글이다. 그에 비하면 1부는 그 점을 정확히 지키면서도 좀더 액티브 명상에 대한 실존적 접근법으로 씌여진 글들이라고 할 수 있겠다. 명상을 통해 당신은 어떻게 어디까지 변화할 수 있는가, 당신의 현존에 관한 것이다.

누구보다도 현대인들을 위한 전방위적인 액티브 명상을 고안해 낸 오쇼는 자신에 대해서 말하기를, 자신은 별다른 존재가 아니며, 자신이 아니더라도 이 세상에는 자신과 같은 이야기나 가르침을 전해주는 사람이 나타났을 것이며, 존재계의 생리상 그렇게 될 수밖에 없다라고 말한 적이 있다. 자신이 사람들에게 말한 진리의 이야기들은 자신이 최초도 아니고 새롭게 창안한 것도 아니며 원래가 이 우주, 세계에서 드러나도록 되어 있던, 원래부터 있었으며 앞으로도 있게 될 그런 내용들이라는 것이다. 그렇게 보면 현대인들은 아마 오쇼가 나타나지 않았더라면 어떻게 해서든 그와 같은 존재를 발명해낼 것이다! 그만큼 현대인들에게는 액티브 명상이 절실하게 필요하다는 뜻이다.

나는 이런 얘기를 지어낸 적이 있다.

궁극의 무한한 자유와 지복을 얻기 위해 수많은 사람들이 위대한 스승 오쇼를 찾아갔다. 그의 제자가 되기 위해 사람들이 저마다 자신이 할 수 있는 열렬한 찬양을 바쳤다. 이런 식이었다.

"당신의 제자가 되는 것은 혁명가이자 반역가, 모험가, 신비주의자. 탄트리카, 선승, 화키르, 방랑자, 춤추는 미친 놈, 야성의 종교인, 궁극적인 경지의 예술가이자 무애의 대자유인, 밀교도, 수피… 그 모든 것이 된다는 것과도 같습니다. 그러기에 저는…."

하지만 그는 오쇼에게서 몽둥이로 한 대 맞고 쫓겨났다. 다른 사람이 말했다.

"당신의 제자가 된다는 것은 어쩌고저쩌고…."

그 역시 몽둥이로 얻어맞고 쫓겨났다. 모두가 그의 진정한 제자가 되고 싶었지만 모두가 쫓겨나고 말았다. 그런데 한 사람만이 통과했다. 놀랍게도 그는 오쇼의 면전에서 오쇼를 날카롭게 반대하던 사람이었다!

이 이야기를 통해 말하고 싶은 것은, 오쇼란 한 개인이 아니라 자유, 완전히 열린 자, 모든 것에 열린 자를 뜻한다는 것이다. 다시 말해 오쇼 액티브 명상은 누구라도 할 수 있다.

액티브 명상은 완전히 열린 세계이다. 모든 종류의 사람들과 인간의 진정한 성장을 도울 수 있는 모든 가능성들에 열린 세계란 뜻이기도 하다. 물론 액티브 명상을 무조건 반대만 하면서 아무것도 하지 않는다면 아무 일도 일어나지 않을 것이다.

일단 이 책을 읽어 보면서 그리고 거기에 나온 명상들을 해보라. 조금이라도 현명한 사람이라면 읽어보는 것만으로는 만족하지 못할 것이다. 그가 조금만 더 지성적이라면 여기에 나온 명상들을 해보게 될 것이다. 그리고 그의 삶은 마침내 변화할 것이다. 성장할 것이다. 완전한 자유와 지복을 향해 계속해서 나아가게 될 것이다. 어떤 것도 당신을 멈추게 할 수 없을 것이다.

지구 밖으로 인간이 여행을 하게 되자 훌륭한 천문학자나 우주비행사들이 말했다.

멀리 우주에서 보면 지구는 한 점 티끌만도 못하다. 부니 명예니 권세니… 우리들은 지구 바깥에서 보면 얼마나 하찮은 것들을 가지고 목숨을 걸고 싸우고 있는가? 우리의 생은 얼마나 부질없는 것인가?

그렇게 지구에서 멀리 떨어져 인간을 바라보면 그들은 티끌보다도 작은 존재들이다. 그러나 우주에서 보면 한 점 티끌조차도 이 무한한 우주 전체의 일부분이다.

당신은 연약하고 허망하며 볼품없는 한 개인이 아니다. 누구나 우주를 구성하는 일원이며 당신 자신이자 우주이다. 모든 순간과 모든 삶들이 소중하고 우주적이다. 액티브 명상에 뛰어들면 반드시, 누구나 알게 될 것이다. 가려면 곧장 가라.

리아 적음

차례

사난다의 서문 • 5

들어가기 전에 • 8

1부. 인간은 누구나 별이다

1장. 인생

인생수업: 인간은 누구나 별이다 • 19

명상수업 1강: 모든 것은 올바른 순서로 진행되어야 한다 • 22

인생수업: 어떤 불행한 사람이라도 하룻밤 머무르면 행복해지는 곳 • 25

명상수업 2강: 명상을 아는 유일한 방법은 체험 • 29

인생수업: 변화가 없는 것은 아무도 성장하지 않기 때문이다 • 31

명상수업 3강: 진정한 명상은 단순한 경험이 아니라 참다운 성장이다 • 35

인생수업: 겁쟁이와 용감한 자 사이에 큰 차이가 없다 • 44

명상수업 4강: 더욱 효과적이고 효율적으로 살고, 일할 수 있는 능력 • 46

인생수업: 개처럼 살 것인가 신처럼 살 것인가? • 51

명상수업 5강: 현대인을 위한 명상의 효과 • 53

2장. 사랑

인생수업: 문제는 없다. 단지 사실이 있을 뿐 • 56

명상수업 6강: 긍정적이 되기 위해선 먼저 부정적인 층을 치워라 • 60

인생수업: 삶이란 내가 보낸 에너지의 메아리이다 • 64

명상수업 7강: 가슴 센터가 고장 나면 두뇌활동과 성생활, 인생 자체도 고장난다 • 67

인생수업: 사랑은 당신에게 아무것도 주지 않는다. 줄 것도 없다 • 75

명상수업 8강: 카타르시스를 위한 가장 과학적인 명상 • 78

인생수업: 돌을 내려놓고 꽃을 들라 • 82

명상수업 9강: 부정의 에너지를 기쁨과 긍정의 에너지로-홧병 명상 • 84

인생수업: 사랑은 자격증이 아니다 • 88

명상수업 10강: 자신의 본질은 자기의 인격이 사라질 때에만 나타난다 • 92

3장. 생활과 현실

인생수업: 현실과 열망 사이의 불화 • 96

명상수업 11강: 훈련이 필요 없는 명상, 명상은 자발적일 때 아름답다 • 98

인생수업: 당신은 언제가 가장 행복했나요? • 103

명상수업 12강: 타인 때문에 분노가 생긴다는 이론은 진실이 아니다 • 105

인생수업: 지독하게 완전한 것들 • 107

명상수업 13강: 명상은 근본을 탐구하는 것, 문제가 아니라 답을 주려는 것 • 111

인생수업: 당신은 누구인가? / 116

명상수업 14강: 액티브 명상 길라잡이—현대인을 위한 전방위 명상혁명 • 117

인생수업: '그대 그리고 나'를 위한 유일한 기도 • 135

명상수업 15강: 잘못된 만남, 긴장 자체인 대인 관계를 기적적으로 풀어주는

　　　　　　명상 • 138

4장. 명상, 세상 속으로

인생수업: C.E.O, 경영자, 직장인, 조직 구성원들을 위한 일과 명상 • 141

명상수업16강: 대안이 없을 때 먼저 긍정적인 점을 발견하는 명상 • 144

인생수업: 명상이 따르지 않는 가슴은 그저 허장성세일 뿐이다 • 146

명상수업 17강: 가슴은 해결책 자체이다. 누구나 시 자체, 누구나 예수 • 151

인생수업: 천국을 만드는 홀로 있음과 사막을 만드는 홀로 있음 • 155

명상수업 18강: 불행하고 삭막한 기분은 당신이 표면적인 층에 머물고

　　　　　　있기 때문이다 • 160

인생수업: 독수리는 둥지를 버리고 하늘을 난다 • 163

명상수업 19강: 명상 에너지는 자기 재능과 창조력을 최대한 표출시킨다 • 169

인생수업: 모든 것은 우리가 누려야 할 인생의 품목들이다 • 172

명상수업 20강: 명상은 자기만의 통찰이 갈수록 늘어나는 방법 • 178

2부. 액티브 명상 활동가의 노트

1장. 푸나, 그리운 이름—한국 오쇼 명상센터장의 인도 명상 여행기 • 183

2장. 시장 속의 명상, 생활 속의 적용 • 217

3장. 공개강의 노트 1_액티브 명상의 현실 활동 • 236

4장. 공개강의 노트 2_현대인을 위한 강력한 카타르시즘 명상, 액티브 명상 • 250

5장. 공개강의 노트 3_액티브 명상과 마음 치유의 세계 가이드 • 261

6장 공개강의 노트 4_액티브 명상 안내자를 위한 가이드 • 270

7장 공개강의 노트 5_오쇼 명상, 이것이 궁금해요! Q&A • 284

8장 공개강의 노트 6_실전 치유. 생활 속 명상 응용편 • 288

9장. 액티브 명상 체험자들의 나눔 후기 • 300

에필로그_그저 살아 있다는 것만으로 충분하다 • 310

마무리 • 313

참고문헌 • 318

1부

인간은 누구나 별이다

Chapter 1
인생

인생수업

인간은 누구나 별이다

인생이란?

저마다 행복을 추구하지만 그게 맘대로 잘 안 된다는… 그런 것이다. 사람들은 저마다 행복을 얻기 위한 보물지도를 찾는다. 그것을 위해서라면 기꺼이 악당이 되기를 자처하기도 하며, 언젠가는 한 척의 보물선을 얻으리라 여기며, 한 움큼이라도 차지하기 위해 저마다 열심히 살아본다. 어떤 이들은 깨달음이나 도, 궁극적인 진리와 같은 것을 몇 생에 걸쳐 찾아다닌다.

어딘가에 있을지 모르는 보물지도. 외부가 아니라 마음속 어딘가에 있을 거라고 믿는 이들도 있다. 하지만 그런 건 아무 데도 없다. 내면으로 들어갈수록 찾기 어려울 것이다. 왜냐하면 소위 내면이라는 것도 외부의 것들이 층층이 쌓여 있는 창고, 거대한 중고품 쓰레기장, 유령들의 박물관에 불과하기 때문이다. 내면을 뒤적여보라. 이리저리 분석하고 새로운 이론을 창조해보라. 가끔은 달콤하지만 행복, 사랑, 기쁨… 그런 것들과 갈수록 멀어질 것이다.

내가 그랬다. 가끔은 빛을 찾은 듯도 했지만 10년 이상 하루도 죽음을 생각하지 않은 날이 없었다. 나는 난데 왜 나는 나를 기쁘게 해주지 않는 걸까? 그러다가 어느 날 명상을 해보게 되었다. 오쇼 책을 읽고 있는데, 이 명상을 제대로 하면 10분 내로 지옥에서 벗어날 수 있다고 하기에 한번 해보았다. 10분인데 뭘? 진짜 그럴까 반신반의했지만 어차피 매일매일이 암흑 아니던가? 겨우 몇 분도 되지 않아 머릿속에 들끓는 오만 가지 생각으로 깜짝 놀라 멈출 수밖에 없었지만 다시금 책에 나오는 대로 해보기로 했다. 그런데 놀라운 일이 일어났다!

간단히 말하면 아무 데도 없다(Nowhere)가 지금 여기(Now here)로 변한 것이다. 지금 여기!

행복을 찾을 수 없다, 돈이 없다, 인생의 의미나 궁극적인 진리… 아무것도 없다, 아무리 찾아도 없다….

그런데 이러한 모든 상황은 결국 〈한〉 상황이다. 모든 상황은 〈지금 여기〉라는 한 상황이다. 그것들이 결국은 〈한〉 상황이라는 점에서는 그 자체로 좋은 것도 나쁜 것도 없다. 모든 상황을 즐기고 또 즐기자.

그럴 때, 지금 여기에 존재하는 법을 알 때, 당신은 일어나는 모든 일을 순간순간 즐기고 살아가는 사람으로 변할 것이다. 과거에 당신이 누구였는지, 앞으로 무엇이 될 것인지 이런 것은 홀연히 사라져버릴 것이다. 무슨 생각을 하고 무슨 고뇌를 하고, 무엇을 부러워하며 무엇을 후회하며 무엇에 좌절하고, 무엇을 한스러워 하며… 이런 것들은 애시당초 아예 없었던 그런 일처럼 되어버릴 것이다.

사람들은 두리번거리며 찾는다. 계속해서 찾는다.

이 바람 많은 세상, 때론 절박하고 때론 허무하며 때론 찬란한 이 삶 속에서, 수많은 갈래로 이어진 삶의 길 위에서 문득 마주치는 당신과 나만의 별빛 몇 점은 어디 없을까? 하고.

어떤 어둠 속에서도 사람들의 안쪽 깊숙한 곳에서는 깨어 있는 별이 있다. 다른 무엇이 될 필요가 없다. 그 별을 깨워보라. 그 별을 향해 가보라.

그러면 그제야 비로소 자기 안에 숨겨져 있던 모든 일들이 일어나기 시작할 것이다. 꽃을 피우기 시작할 것이다. 성장하기 시작할 것이다. 지상에서 하늘을 향해 피어날 것이다.

명상수업 1강

모든 것은 올바른 순서로 진행되어야 한다
쉼이 어려운 사람들을 위한 명상

현대의 삶은 여러 가지가 쉽고 편리하게 변했지만 정작 아무것도 하지 않는 것은 가장 어려운 일 중의 하나가 되었다. 사람들은 아무것도 하지 않아도 되는 날을 위해 열심히 돈을 벌고 성공에 목숨을 걸어보지만 그럴수록 제대로 쉬어 보는 것은 가장 어려운 일이 되고 있다.

어느 대학의 명상학 교수는 학생들에게 이렇게 가르치고 있었다.

"명상이 뭡니까? 집중과 이완 아니겠습니까?"

명상이 집중인가? 명상마저 그렇게 만들어버리고 있다. 집중과 이완은 양립 불가능하다.

집중하면서 쉴 수가 있을까? 불가능하다. 집중하기 위해선 긴장해야 하기 때문이다.

현대인들은 너무 바쁘다. 쉬지를 못한다. 아니 쉬고 싶어도 쉬어지지가 않으니 더 큰 문제다. 쉬는 게 세상에서 제일 쉬울 것 같아 보이지만 실제로는 그렇지가 못하다.

어디에서 초청받아 며칠 명상을 진행하는데 휴식 시간에 참가자

한 분이 이렇게 말했다.

"명상 캠프에도 여러 군데 다녀보니 이완하라, 쉬라고 하는데 아무리 해봐도 이완이 되지 않아요. 어떻게 해야 되나요?"

이렇게 말했다.

편한 자세로 누우세요. 부드러운 호흡을 서너 차례 하시고, 눈을 감은 상태에서 머리끝에서 발끝까지 어느 부분에 긴장이 있는지 천천히 찾아보세요. 긴장이 느껴지는 곳이 있다면 그곳에 힘을 잔뜩 주었다가 천천히 풀어줍니다.

머리, 이마, 눈, 뺨, 턱…. 엉덩이, 허벅지, 종아리, 발목, 발바닥, 발가락….

몸에서부터 시작합니다. 마음을 먼저 쉬라고 하면 반드시 실패하게 됩니다.

시작이 잘못되었기에 아무리 애를 써도 되지 않습니다. 올바른 순서로 진행되어야 합니다. 먼저 몸부터 시작하세요. 몸이 이완되면

자, 이제 두 번째 마음에게 쉬라고 합니다. 마음 안에 어디 어디 긴장과 걱정과 근심, 미래에 대한 계획, 예전의 어떤 기억들… 떠오르는 대로 차례로 하나씩 모두 내려놓습니다.

….

세 번째. 이제 가슴센터(가슴과 가슴 사이 중앙)에 의식을 가지고 가세요. 그리고 쉬게 합니다. 느낌과 감정의 세계, 가슴은 좀더 복잡 미묘하죠.

양면적이거든요. 미워하는 사람인 줄 알았는데 사랑하는 사람이고, 사랑하는 줄 알았더니 미움이 가득하고… 마음은 쉬어도 가슴은 쉬지 못합니다. 마음 그 밑의 세계를 모두 내려놓으세요. 가슴은 어

떻게 쉴까요?

자, 가슴으로 호흡을 길게 하세요. 길게 내쉬고 길게 들이쉬세요. 리드미컬하게 호흡을 내쉬세요. 그저 내쉬세요. 점점 아래로 내려가면 자연스럽게 내버려두세요.

자, 이제 그저 있으세요. 맡기세요. 좋다 나쁘다 모든 판단을 내려놓고 그저 지켜봅니다… 그냥 깨어 있으세요.

바깥에서 물이나 커피를 마시던 분들도 하나둘씩 안으로 들어와 구령에 맞추어 자리에 누웠다. 첫 단계가 지나자 코를 고는 분들도 있었다.

10분간 주어진 휴식시간 동안 그녀는 "너무나 깊이 이완되어서 다른 세상에 다녀온 듯하다"고 말했다.

액티브 명상은 〈몸부터 시작한다〉이다. 모든 것은 올바른 순서로 진행되어야 한다. 그러면 누구나 경험할 수 있다.

『Meditation Inc』, Osho Media International, 2012 중 Relaxation의 장을 참조.
원문은 Step1: The Body, Step2: The Mind, Step3: The Heart, Step4: Being 순으로 되어 있다.
원래는 Osho 『Inner Journey』나 『The Dhammapada』, Vol. 1, Ch.8 등에 실려 있다.
『The Dhammapada』, Vol. 1, Ch. 8

인생수업

어떤 불행한 사람이라도 하룻밤 머무르면 행복해지는 곳

어떤 불행한 사람이라도 하룻밤 머무르면 행복해지는 곳. 그런 곳이 정말 있긴 있을까?
이렇게 물어볼 수도 있다. 왜 우리는 불행을 행복으로 바꾸지 못하는가?
왜 우리는 상처와 고통을 사랑과 기쁨으로 바꾸지 못하는가? 상처 받고 고통 받는 것은 쉬운데, 불행해지기는 아주 쉬운데 왜 행복해지는 것은 어렵단 말인가? 행복하고 기뻐하고 사랑하고 하는 것이 더 쉬워야 되지 않는가?

한 부인이 찾아와 올해가 가기 전에 꼭 이혼해야겠는데 도와달라고 한 적이 있었다. 불행은 끝내고 새 삶을 살고 싶은 것이다.
단아한 외모에 소위 유명대 학벌에 재테크 수완도 좋았다. 엷은 화장 안쪽엔 병치레로 고생한 흔적이 남아 있었다. 사연을 들어보니 애를 낳지 못해 시어머니로부터 갖은 수모와 멸시를 당한 이야기, 바람둥이 남편 때문에 얼마나 고생을 했는지 등등을 이야기하다가 쌓인 감정을 주체하지 못하고 목소리가 바르르 떨리기 시작했다.
월급쟁이 남편의 돈을 굴려 집도 몇 채나 불려주고 했는데 남편은 허세를 부리며 틈만 나면 바람을 피운다는 것이다. 급기야 몇 년 전 자신은 암에 걸려 죽을 고비를 겨우 넘겼다고 한다. 그 대목에 이르러선 울음을 터트리고 만다.

이혼 이야기는 안 들은 척 넘어가고 내가 여는 명상 캠프에 남편과 함께 꼭 한 번 와볼 것을 당부했다. 그 달에는 강력한 치유 명상 프로그램이 예정되어 있었다.

두 분이 오긴 왔는데 다른 참가자들과는 달리 부인도 남편도 자신의 내면에 있는 감정을 쏟아내지 못했다. 진행자들의 도움을 받으며 부인이 마침내 자신 안에 묵혀두었던 온갖 감정과 상처를 쏟아내며 통곡을 하는데 걷잡을 수 없었다. 그 모습을 저쪽에 있던 남편이 넋을 잃은 표정으로 바라보다가 마침내 굵은 눈물방울을 떨어뜨린다. 그제서야 자기 부인이 그간 마음 고생이 얼마나 심했는가를 알아챈 참회의 눈물이었을까?

그때 이후로 그들 부부는 과거의 모습으로는 돌아갈 수 없었다. 새로운 관계와 삶이 그들에게 일어나기 시작했던 것이다. 그날 캠프가 끝나면서 나눔의 시간에 부인이 했던 이야기가 기억이 난다.

"이번 기회에 우리 사회의 교육 방식에 참 많은 문제가 있다는 것을 절감했습니다. 수많은 지식과 정보를 주입하고 단단한 논리 능력을 훈련시키지만 자신 안의 문제나 감정 생활을 처리하는 방법은 어디서도 가르쳐주지 않거든요."

그녀는 이 사회의 교육 방식에 매우 분개한 모습이었다.

인생이란 게 행불행이 교대로 나타나며 인간을 한 걸음씩 더 성장시키는 것이기도 하지만 어려움이나 불행에 빠졌을 때 어떻게 헤쳐나와야 될 지를 몰라 마냥 괴로워하며 신음하는 사람들이 너무 많다. 그럴 때는 남들이 부러워할 만한 것을 아무리 가져도 진짜 행복한 삶을 살기가 불가능한 것이다. 더구나 우리는 어둠 속에 있을수록 행복한 사람을 시기하거나 미워하며 자신이 행복해질 수 있다는 것을 믿지 않게 된다.

명상가들은 이렇게 말한다.
"머리에서 가슴으로 내려가라. 그러면 당신이 가진 문제의 70% 이상이 홀연히 사라질 것이다."

티벳 명상 과학에 의하면 머리는 회전수 6,000의 파동이고, 가슴은 3,000의 파동이며, 단전은 1,500의 파동으로 표현한다. 머리에서 가슴으로 가슴에서 단전으로… 이것이 명상의 여행이다. 단전은 단전 자체만으로는 열리지 않는다. 반드시 가슴을 통과해야만 제대로 열릴 수가 있다. 오쇼에 의하면 가슴이 열리면 바윗돌이 그냥 아래로 쿵! 떨어지듯이 단전이 열리는 것이다.

머리는 똑똑하다. 항상 판단하고 분석하니까. 머리에는 이 세상의 수많은 정보와 지식과 논리가 있다. 모든 것이 들어 있을 것 같지만 진짜 중요한 것은 없다. 신 같은 건 있을 리 없고 영혼도 물론 없다. 사랑도 없다. 행복도 없다. 다만 그것들을 생각만하니까. 생각은 실체가 아니다. 생각은 행복도 아니다. 자기가 행복하다고 믿게 하는 것 뿐이다. 믿는 것도 아니다. 자신을 세뇌시키는 것뿐이다.

머리는 결코 문제를 해결하는 곳이 아니다. 그곳은 문제를 더욱 복잡하게 만들거나 새로운 문제를 자꾸 생산하는 곳이다. 이것저것 이미 있는 것들과 비교하고 꼬투리를 잡아내고, 남의 의견을 빌려 짐짓 통찰력이 있는 사람처럼 보이게 하는 것뿐이다.

진짜들은 어떻게 해서든 진짜를 만들어낸다. 그래서 그들은 진짜이다. 그들은 가짜를 만들 수가 없다. 그것은 본능적으로 불가능하다. 그래서 그들은 진짜이다. 당신이 알든 모르든 세상에는 그런 사람들이 있어 왔다.

진짜가 되고 싶은가? 진짜 행복해지고 싶은가? 진짜 사랑하고 싶은가? 진짜 너무나 기쁨에 차서 온 세상에 사랑을 나눠주고 싶은가?

간단하네? 가슴 속으로 들어가 보시라.

명상수업 2강

명상을 아는 유일한 방법은 체험

모든 불행, 지옥, 고통, 어둠, 스트레스, 슬픔을 기쁨과 긍정, 사랑으로 바꿔주는 명상

끔찍하고 하염없는 지옥으로 떨어질 때 나를 구해준 한 가지 명상이 있다. 거의 광기의 나락으로 몰리기 직전 나는 이 명상을 통해 살아났었다.

이 명상이 바로 '모든 불행을 행복으로 바꿔주는' 그런 명상이다. 믿지 못하겠거든 당신도 시험 삼아 해보시라. 명상을 아는 유일한 방법은 체험 이외에는 없다. 지식이나 이론은 전혀 도움이 되지 않는다.

지옥 같은 괴로움 정도는 아니더라도 스트레스를 받거나 미움, 시기, 초조, 슬픔 등에 빠질 때면 그 안에서 허우적대거나 공연히 남에게 전가하지 말고 이 명상을 해보시길 권한다. 방법은 간단하다.

명상법: 코를 통해 숨을 들이마실 적에 자신의 가슴센터 부위를 의식하며 모든 불행과 지옥을 그곳으로 빨아들인다고 의념한다. 역시 코를 통해 숨을 내쉴 적에는 반대로 가장 지복에 찬 느낌, 사랑과 행복의 감정으로 가슴을 통해 천천히 내뿜는다. 이것이 전부이다.

먼저 당신의 부정적인 마음 상태를 의식하고 느끼면서 가슴으로 숨을 깊이 들이마신 다음 천천히 그 반대의 마음으로 내쉬는 것이다. 그러면 놀랄만한 일이 하나둘 일어나기 시작할 것이다.

한 번, 두 번, 세 번….

이 가슴 호흡을 반복하다 보면 어느새 당신의 미움과 질투, 온갖 부정적인 마음이 그 반대의 사랑과 평화의 에너지로 변하는 것이다.

그리고 당신은 행복을 이루고 있는 것들뿐만 아니라 당신을 고통에 빠뜨린 그 모든 것들 역시도 자신의 엄청난 재산임을 알게 될 것이다. 어느 날 당신은 어떤 상황에서도 행복할 수 있으며 그것을 나눠줄 수 있는 진정한 부자, 진짜가 되어 있을 것이다.

방 안이든 차 안에서든 사무실에서든 마음만 먹는다면, 부정적인 불길에 휩싸일 때마다 언제 어디서나 이 명상법을 시행할 수 있다.

생각만큼 쉽지 않을 수도 있다. 몹시 힘든 감정의 파도나 불길 속에 있는 사람이라면 그럴 수도 있다. 힘들거든 조금 더 힘을 내시라.

최소한 삼십 번을 하겠다고 마음 먹어라. 그것조차 힘들어서 포기하고 싶거든 최소한 열 번은 하겠다고 마음 먹어라.

그리고 열 번을 채우면 다시 삼십 번을 채우겠다고 마음 먹고, 삼십 번을 채우면 오십 번, 칠십 번… 그렇게 이어가보라.

힘들더라도 결코 그것에 눌리지 말고 어쨌든 있는 힘을 내어 잠깐이라도 이 명상을 해보라. 이 명상을 통해 당신은 연금술이라는 말의 의미를 알게 될 것이다. 지금도 많은 사람들이 이 명상을 통해 기적의 연금술이라는 말이 무슨 뜻인지 이해하고 그런 것이 실제로 존재한다는 것을 깨달아가고 있다.

인생수업

변화가 없는 것은 아무도 성장하지 않기 때문이다

서로 안 맞아서 힘들다는 사람들이 많다. 대부분 몇 번 보고 헤어질 사이도 아닌지라 그런 관계 속에서는 인생이 곧 감옥이자 형벌인 셈이다. 그 관계를 변화시키거나 끝을 내기 위해 여러 수단을 다 써 보지만 좋아 보이는 건 잠시뿐이고 상황은 되풀이되거나 악화되기만 한다. 그런 사람들에게,

"뭘 해봐도 그 고통은 끝나지 않을 겁니다. 당신이 당신인 한 계속되는 거죠."

"먼저 나를 변화시키라구요? 그러면 뭐합니까? 그 인간은 그대로인데. 그래서 나도 다시 제자리로 돌아간다니까요. 지금까지 나는 많은 곳을 찾아다니면서 내 돈과 내 시간을 투자했어요. 나는 그렇게 노력이라도 하는데 그 인간은 전혀 그런 게 없어요. 건강도 가정도 갈수록 망가지고 있는데 말이에요."

주로 여자들이 남편을 염두에 두며 하는 얘기다. 혹은 여동생이 오빠에게, 형이 남동생에게, 선생님이 문제 학생을 두고 하는 얘기들인데 그 반대쪽에서 봐도 같은 말이 나온다.

"변화가 생기지 않는 것은 대부분 이런저런 틀에 맞추어 상대를 성형시키려고 하기 때문입니다. 어린이나 아기들 빼고 그런다고 좋

아할 사람이 몇이나 될까요?"

"…."

진정한 변화는 성형을 통해서가 아니라 성장을 통해서 찾아온다. 그때는 내가 그 관계를 더 유지하고 싶어도 할 수가 없다. 저절로 그 관계를 떠나 새로운 관계 속으로 들어가게 된다. 중학생이 유치원에 돌아갈 수가 없고 대학생이 중학생으로 돌아갈 수 없는 것과도 같다. 한쪽이 성장해서 변하게 되면 상대방도 과거의 함수 관계가 사라졌다는 것을 깨닫고 과거를 되풀이하지 않게 된다. 아니, 할 수가 없다.

많은 사람들이 나이는 먹지만 성장을 하지 않는다. 문제는 고스란히 남겨진 채 다들 울화병이나 증오가 심해진다. 혹은 다른 대상에 대한 애착이나 자기 주장이 더 강해진다.

변화가 없는 것은 아무도 성장하지 않기 때문이다. 그리고 사랑도 미움도, 행복도 불행도 반복된다. 질투도 저주도, 너그러움도 축복도, 추악한 것들도 아름다운 것들도, 정의롭지 않음도 정의로움도, 차별과 공평함도, 전쟁과 평화도. 살아 있는 모든 것은 반복된다. 거기다가 주기적으로 패턴적으로 반복되는 것이다.

명상가들은 불행 아니면 행복, 미움 아니면 사랑, 희망 아니면 절망, 저주 아니면 축복… 생의 에너지가 움직이는 방향은 그것들 말고는 없다고 한다.

우리가 가진 생명 에너지가 그밖에 달리 어느 쪽으로 가겠는가? 그것은 밀물과 썰물을 반복하는 바닷물과도 같다. 우리의 생명 에너지, 감정 에너지는 긍정과 부정 둘 사이에서 이쪽저쪽으로 방향만 바꾸는 것이다.

　인생은 그 사이에서 성장하거나 퇴보한다. 더욱 창조적이 되거나 더욱 습관적이 된다. 깊이가 있고 진실해지거나 더욱 피상적이고 가식적이 된다. 경쾌해지거나 더욱 짐처럼 되어버린다. 더 많이 기뻐하고 행복해하거나 틈만 나면 열 받거나 흥분하며 산다.

　놓치기 쉬운 사실인데, 남 탓만 하며 사는 사람은 평생 발전이 없다. 행복도 불행도 외부의 탓이라면 자기 삶의 주인이 될 수가 없다. 그와 같은 인생은 운전자가 없는데도 이리저리 굴러가는 자동차와 같아서 계속해서 사고만 낸다. 그런 인생은 사회적으로 성공하기도 어렵지만 행복하다면 복종의 대가일 뿐이다. 행복하다기보다는 행복을 흉내내는 삶이다. 우리 대부분은 행복하거나 기뻐하거나, 슬퍼하거나 괴로워할 때도 시키는 대로 하고 있다. 우리들은 성장할 줄 모르고 다만 자신을 합리화하고 자신의 분노를 정의감으로 착각한다. 행복하다기보다는 행복을 흉내내고 있기 때문이다.

　변화와 성장은 먼저 일어난 문제들을 자기 안에서 찾을 때 시작된다. 곧 자기의 내면을 들여다보고 자각하는 것이다.

　내면을 자각할 때 우리는 자기 안에 있는 오래된 상처, 슬픔, 원망, 공포… 이런 것들을 발견한다. 회피나 외면, 억압이나 투사가 아니라 자각을 통해 문제의 뿌리를 정면으로 직면할 때 치유와 정화가 일어나고 갇혀 있던 에너지가 피어나기 시작한다.

　양극단이 같이 존재하는 것이 삶의 아름다움이다. 반대와 모순이 있기 때문에 우리는 이미 주어진 것 말고 새로운 답을 찾게 된다. 삶 전체가 서로 다른 극단, 대립적인 힘이 있기 때문에 존재한다. 시계

추처럼 한 곳의 끝까지 이동하면 반드시 반대쪽 끝으로 이동하게 되어 있다. 우리 존재 자체가 그러한 시계추와도 같다. 전체에서 보면 양극단도 실은 하나이다. 작용 면에서 볼 때 두 가지일 뿐이다.

　삶은 부조리하다. 하지만 그래서 무한하다.
　당신이 어디선가 당신 존재에 대한 어떤 답을 발견했다면 잠시 구름 위에 적혀 있는 것일 뿐. 여행은 계속되고, 새로운 유희가 시작된다. 심각해지지 말고 모든 것을 즐기시라. 웃어라! 하!하!하!

명상수업 3강

모든 진정한 명상은 단순한 경험이 아니라 참다운 성장이다
명상의 혁명: 체력, 성격, 명상. 인생. 성, 온갖 심신 장애, 광기, 공포, 180도 변화를 원하는 사람들을 위한 다이나믹 명상

    요새는 방구석 명상들이 유행한다. 인터넷으로 하는 무슨무슨 명상, 마음챙김 명상, 요가…. 주로 방구석에서 할 수 있는 것들이다. 많은 경우 명상 비슷한 것들이며 단순한 이완용 방법들이다. 방구석에서 한다고 해서 명상 효과가 없다거나 깨달음에 이르지 못한다거나 하는 것은 아니다. 명상을 집구석에 앉아 편하게 한다고 해서 그런 건 명상이 아니다라고 하는 것도 아니다.
    그것은 먼저, 태도의 문제이다. 방구석에서는 자신의 생명 에너지를 100퍼센트 발휘하기가 어렵다. 식구들도 있지, 기르는 개나 고양이, 층간 소음도 있다. 그런 것들을 다 무시하고 완전히 있는 그대로의 자신을 드러내고, 지켜보고, 꿈에도 생각지 못한 내면의 미지의 세계로 여행을 떠날 수가 있을까?
    그것이 진실이라면 무슨 수를 써서라도 직접 스스로 체험해보고, 자신의 에너지를 100퍼센트를 투자해보는 것이 명상이다. 명상 뿐만 아니라 인생의 다른 분야에 있어서도 그것이 진실한 태도이며 진실한 태도만이 진정한 결과를 가져온다. 최상의 것을 원한다면 최상의 조건을 갖추라. 그것이 액티브 명상의 태도이다. 그것이 액티브 명상을 하기 위한 올바른 자세이다.

생에 대한 직접적인 체험보다는 간접 체험, 대리만족, 지적인 이해가 갈수록 비등하는 이 시대에 액티브 명상은 그 반작용이자 변증법적 종합의 형태로 발현하게 될 것이다. 인간이 지적으로만, 간접적으로만, 두뇌적으로만 존재한다면 존재할 필요가 없게 될 것이다.

"명상이란 어떤 매개도 없이 자신과 직접적으로 만나는 유일한 방법이다."(오쇼)

액티브 명상은 삶과 생명에 대한 가장 적나라하고 직접적인 그러면서도 가장 심오한 접촉이다.

물은 100도에 이를 때 끓기 시작한다. 액체에서 기체로 질적으로 변하는 것이다. 그 이하의 온도로는 질적 변화가 일어나지 않는다. 변화하고 싶은가? 100도가 되라. 물도 그렇게 만들 수 있는데 자기 자신은 왜 안 된단 말인가? 그냥 편하게 살고 싶은가? 계속해서 방구석에서 있어보라. 내면의 아우성이 사라지지 않는 한, 그것들을 외면하고 내버려두는 한 결코 편하게 살지 못할 것이다. 더욱 병든 채 살아가게 될지도 모를 일이다. 물론 내가 명상을 처음 해본 것은 골방 구석에서였고 다이나믹 명상을 처음 해본 것도 살고 있던 집 방 안에서였다. 헌데 요즘 유행하는 방구석 명상을 하는 것과는 어떤 차이가 있었을까?

오쇼 다이나믹 명상을 처음 접하던 때는 꽤 오래 전이었는데 너무 강렬해서 더운 여름에 에어컨도 없는 방에서 두 달여간 계속해본 적이 있었다. 첫 경험을 해보니 이런 생각이 들었다.

어떤 혁명가가 다이나믹 명상만큼 혁명적일 수 있을까?

어떤 철인이 다이나믹 명상만큼 현명할 수 있을까?

어떤 심리학자가 다이나믹 명상만큼 현대인의 멘탈리티를 꿰뚫어 볼 수 있을까?

어떤 종교가가 다이나믹 명상만큼 진실할 수 있을까?

어떤 정신과 의사가 다이나믹 명상만큼 유능할 수 있을까?

어떤 운동이 다이나믹 명상만큼 몸마음의 극한에 도전하는 기쁨을 줄 수 있을까?

당신도 이것을 그냥 해보시라. 그러면 왜 그런 생각이 드는지 이유를 알 수 있을 것이다. 앞에서 언급한 사람들 중 누구도 생과 사를 뛰어넘지 못하기 때문이다. 그들 중 누구도 지옥과 천당을 뛰어넘지 못했기 때문이다.

내 경험으로 보면 이 명상은 죽음의 과정조차 허물어뜨릴 수 있는 강력한 기법이다.

다이나믹 명상을 한 달 넘게 계속하던 무렵 매일 끔찍한 죽음의 공포가 내게 밀려왔다. 잠이 들 때마다 깔려 죽고 물에 빠져 죽고, 영혼이 뿌리째 뽑힐 듯한 엄청난 광풍 속으로 빨려들어가 죽는 그런 꿈을 계속해서 꾸게 되었던 것이다. 나중에 티벳 바르도Bardo 문헌을 보다가 사람이 죽고 나면 사대(四大)가 무너진다는 구절을 읽게 되었다. 죽은 자의 영혼으로부터 먼저 흙이 무너지고, 물이 무너지고 불이 무너지고, 바람이 무너진다는 것이다. 내가 꾸었던 꿈들이, 그 꿈들의 순서가 그러했던 것이다. 당시의 나는 처음 작정한 두 달을 불과 며칠 앞두고 다이나믹 명상을 그만두었는데 그 숨막히는 악몽이 너무 두려웠기 때문이다. 계속 밀어부쳤더라면 생과 사를 초월하는 경계까지 갈 수 있었을까? 아무튼 그만 둔 덕분인지(?) 어떤지 여전히 중생으로 살고 있다. 하하하.

그런 거창한 것 말고 한 가지 더 추가하자면, 다소 과장으로 들릴 수 있겠지만, 어떤 배우 수업도 이 명상만큼 얼굴에 철판을 깔게 할 수는 없을 것이다. 이런 얘기다.

어느 날 여친과 지하철을 타고 홍대를 가는 중이었다. 워크맨을 켜고 이어폰 한쪽씩을 나눠서 끼고 듣는데 여친이 하필이면 다이나믹 명상 음악 테이프를 클릭했던 것이다.

잠시 음악을 듣고 있던 나는 자리에 앉아 있을 수만은 없어서 여친에게, 내가 잠시 지하철 안에서 미친 짓을 해도 이해하기 바란다고 말하고는 자리에서 일어나 전철 차량 연결문 쪽으로 가서 목적지에 도착할 때까지 이 명상을 했었던 것이다. 하하하. 다이나믹 명상을 해본 사람이라면 분명 어이가 없을 것이다. 그런 극단적인 명상을 방구석도 아니고 전철 안에서, 명상을 전혀 모르는 여친 앞에서 할 수 있다니! 말이다.

아무튼 이 명상은 당신의 굳어 있는 내면을 두드리는 망치 정도가 아니라 하나의 다이나마이트이며 불도저, 대대적인 폭격이라고 할 수 있다. 제대로 체험한다면 당신은 과거의 당신으로는 돌아갈 수 없다. 그것은 불가능하다, 모든 진정한 명상이 그렇듯이 다이나믹 명상은 단순히 경험이 아니라 참다운 성장, 그것이기 때문이다. 그리고 오쇼의 말처럼 이 명상을 하는 동안 당신은 더욱 고요해질 것이다. 참된 고요를 맛보게 될 것이다.

당신이 고요해지면 존재계 전체, 세상 전체가 고요해진다. 그리고 그 고요 속에서 당신에게는 언어를 초월한 어떤 일이 일어난다. 꿈에도 상상할 수 없었던….

나는 2백 번이 넘는 명상 캠프를 열면서 매번 격문을 쓰곤 했는데 많은 경우 오쇼의 책을 읽고 자극을 받아 그의 메시지를 내 식으로 풀어낸 글이다. 다이나믹 명상에 대한 오쇼의 해설을 읽고 쓰게 된 최근의 글로 이 장을 마무리한다.

누가 당신에게 인생을 그렇게 살라고 했는가?

당신은 인생을 제대로 살고는 있는가? 그렇게 살아본 적은 있는가?

왜 당신은 명상을 하려 하는가? 명상을 제대로 해 본 적이 있는가?

명상이 무엇인지 알고나 있기는 하는가?

아마도 그대는 대충은 안다거나 잘 모른다고 할 것이다. 적당히 아는 것은 아무것도 모르는 것보다도 나쁘다. 그대는 모든 것이 흐릿하고 어두운 혼탁함 속에 살고 있다. 왜 여기에 있는지조차 잘 알지 못한다. 다른 사람도 하길래 따라왔거나 한번 경험이나 해보자하고 생각했을 수도 있다.

그대는 무한한 생애 동안 이런 식으로 밀리고 당겨져 왔다.

하지만 누구도 이런 방식으로는 목적지에 도달할 수 없다.

목적지는 결심(결단)을 뜻한다. 전체적으로 결심을 하고, 이리저리 뛰는 마음을 하나의 흐름으로 가게 만들며, 계속해서 에너지가 쌓여야 한다.

명상을 해보자라는 것만으로는 그대는 행복해질 수가 없다.

깨어있으라고 말하는 것으로 그대가 명상적이 될 수는 없다.

그냥 말로 하는 것은 아무런 차이를 만들어낼 수 없다.

다이나믹 명상은 깨어있을 수밖에 없는 상황, 몽롱한 기분이 불가능한 상황을 만든다. 엄청난 에너지가 그대의 몸 안에 잠재되어 있기 때문에 그 에너지를 일깨워 명상으로 향하도록 장치를 고안했다. 생명 에너지가 몸안을 돌고 신경계에 작용하기 시작하고, 그대가 전체적이 될 때마다 그대의 삶에 혁명이 일어나기 시작할 것이다.

장애물은 늘 같다. 밤낮으로 생각을 만들어내고, 꿈꾸고 상상하고, 환각을 일으키는 그대의 마음이다. 그대는 마음이라는 이 구멍에 너무나 깊이 빠져서 나오기 어려워 보인다. 하지만 방법은 간단하다. 나올 필요가 없다. 그냥 구멍에 집착하지 않으면 된다.

액티브 명상은 먼저 카타르시스로 시작하여 축복으로 끝난다. 당신의 질병들이 사라지고 나면 그대는 춤추고 웃을 수 있다. 천천히, 명상이 깊어짐에 따라, 그대의 축복은 더욱 찬란해질 것이고, 더욱 장엄하고 더욱 기적과도 같아질 것이다.

세상을 도울 다른 방법은 없다. 그대의 명상이 매일 축복과 기쁨으로 끝나게 되는 것, 그대 가슴의 진동의 물결이 다른 이들의 가슴에도 이어져 전율하는 것, 우주를 통틀어 오로지 한 가지만이 알아야 할 가치가 있다는 것을 알게 되는 것─그런 것이 명상이다.

명상법(2부에 나오는 〈21일간의 다이나믹 명상〉 체험의 명상법을 참조할 것)

1단계: 10분(호흡)

코를 통해 빠르고 격렬하게, 그리고 불규칙하게 호흡하라.

일명 카오스 호흡(chaotic breathing).

이 호흡은 억눌린 내면에 하나의 카오스를 만들어 과거의 패턴들을 파괴하기 위한 것이다.

항상 날숨에 중점을 두라. 몸은 알아서 숨을 들이쉴 것이다. 숨은 허파의 깊숙한 곳까지 들어가야 한다. 가능한 한 빨리 호흡을 하고, 호흡이 깊게 머물러야 한다는 점을 명심하라.

몸을 긴장시키지 말고 목과 어깨의 힘을 빼라. 그대가 호흡 자체가 될 때까지 계속하라. 그대의 자연스런 몸의 움직임이 그대의 에너지를 끌어올릴 수 있도록 이용하라. 그래서 에너지가 고양되는 것을 느끼라.

결코 속도를 늦추거나 중단하지 말라. 그러나 첫 번째 단계에서는 긴장을 풀지 말라.

2단계: 10분(카타르시스)

몸에 자유를 주라. 몸이 원하는 대로 무엇이든지 표현하게 하라. 무슨 일이 일어나든 마음이 끼어들지 못하게 하라. 전적이 되라. 온 마음을 다하라.

폭발하라! 어떤 것도 뒤에 남기지 말라. 쏟아내야 할 것은 모두 표현하라. 완전히 미쳐라.

점프하라! 흔들라. 춤추라. 노래하라. 웃으라. 소리 지르라. 울라.

그대 자신을 던져버려라. 그대의 몸 전체를 계속 움직여라. 약간의 동작은 종종 시동을 걸어준다.

3단계: 10분(만트라 '후')

어깨와 목의 힘을 빼고 팔을 높이 들어올려라. 팔꿈치를 구부리면 안 된다.

양팔을 들고 점프를 하면서 '후! 후! 후!'하고 가능한 한 깊고 크게 소리쳐라.

큰 소리로 '후'하고 내뱉으면 그 소리는 섹스 센터 깊은 곳까지 도달한다. 따라서 이 소리는 내면을 두드리는 망치처럼 이용된다. 섹스 센터가 내부로부터 자극받으면 에너지 또한 내부로 흐르기 시작한다. 에너지의 내적인 흐름은 그대를 완전히 바꾸어 놓는다.

그대가 바닥을 칠 때마다 발뒤꿈치가 바닥에 닿게 하라. 그렇게 함으로써 그 울림이 섹스 센터 깊숙이 치도록 해야 한다. 전력을 다하여 그대 자신을 완전히 탈진시켜라.

4단계: 15분(도약)

멈추라! 있는 그 자리에서 어떤 자세를 취하고 있었던지 꼼짝 말고 있으라.

어떤 식으로든 자세를 고치려 하지 말라. 기침이나 움직임, 어떤 것이든 에너지의 흐름을 분산시킬 것이다. 그러면 지금까지의 그대의 노력은 낭비될 것이다.

그대에게 일어나는 모든 일에 주시자가 되어라.

5단계: 15분

축하의 춤을 추라. 존재계 전체에 그대의 감사함을 표현하라.

이 경험을 하루 종일 간직하라.

(이 명상을 위한 음반이 있음.)

오쇼 다이나믹 명상을 심층적으로 탐구하는 데는 Osho Media International 발간, 암리토 편찬 『오쇼 다이나믹 명상 개론(A Compendium on Osho Dynamic Meditation)』을 참조할 것.
이 글을 쓰는 데는
Osho I Am the Gate, #5 /Osho: The Heartbeat of the Absolute, #1
//Osho: In Search of the Miraculous, #12
//Osho: The Great Challenge, #2
//Osho: Bliss: Living beyond Happiness and Misery, #4
//Osho: The Supreme Doctrine, #5
//Osho: That Art Thou, #34
//Osho: The New Alchemy to Turn You On, #20 등이 도움이 되었다.

인생수업

겁쟁이와 용감한 자 사이에 큰 차이가 없다

요즘은 다른 사람이 사는 것을 구경하는 사람들이 늘어나고 있다. 다른 사람이 어떻게 사는지를 구경하면서 자기 자신은 살지 않는다. 구경만 하는 사람들은 겁쟁이들이다. 그들은 어디에도 도달하지 않는다. 찬란한 태양에도 메마른 땅에도 도달하지 않는다. 그들은 그저 구경한다.

도달한 것처럼 보이는 이들도 있다. 그들은 대부분 구경시켜주기 위해 산다. 누군가 그들을 구경하고 있기 때문에 산다. 아무도 그들에게 박수치지 않을 때, 두 번 다시는 박수 소리가 들려오지 않을 때 그들은 누구보다도 겁쟁이가 된다.

"애초에는 겁쟁이와 용감한 자 사이에 큰 차이가 없다. 단 한 가지 차이라면, 겁쟁이는 두려움의 소리에 귀를 기울이고 거기 따라가며, 용감한 자는 두려움을 치워버리고 앞으로 나아간다는 것이다."(오쇼)

명상가들이 하는 이야기에 의하면, 인간에게는 눈코입귀 등의 구멍들 말고도 보이지 않는 또 다른 구멍들이 있는데 '용기 구멍'도 그

중의 하나다. 꽉 막혀 있거나 바늘 구멍만 한 이도 있고 하마 입만 한 이도 있다. 그에 따라 겁쟁이도 되고 용감무쌍한 자도 된다. 작을 때는 모기 입보다도 작더니 온 산악을 삼켰다 뱉았다 할만큼 커지는 이도 있다. 명상을 하면 그리 될 수 있다고도 한다.

사실은 원래부터 작은 이는 없었다. 자라면서 자꾸 통제되고 간섭을 당하면서 막혀버리는 일이 생기다보니 쪼그라들은 것뿐이다. 어쩌다 가끔만 사용되는 바람에 잊혀졌을 뿐이다.

모두가 너무나 억압되어서 삶의 중요한 센터들이 파괴되어 가고 있다. 그들의 성, 그들의 가슴, 그들의 공감 능력, 그들의 기쁨을 느낄 수 있는 능력이 파괴되고 있다. 사람들은 워낙 머리 중심으로 사느라 먼저 공감 센터인 가슴과의 접촉을 잃어버렸고 그에 따라 용기와 자기 명예, 자기 중심성의 뿌리, 생명력의 원천 센터와의 접촉마저도 잃어버렸다.

억압은 어떤 것도 낳지 않는다. 그렇지 않은가? 어떻게 바윗돌을 올려 놓은 곳에서 무엇이 자랄 수 있겠는가? 그러므로 어떤 것도 억압하지 말라. 다만 억압된 것들을 자각하고 내려놓으라. 그러면 날아오를 것이다.

내 팔자가 어쩌고저쩌고 주어진 환경이 이렇고 저렇고 하는 일체의 알고 있는 생각들을 내버리고 완전히 벌거숭이가 될 때 또 다른 세상의 소리가 들려온다. 그곳으로 삶을 초대하라. 그것이 옳은 길이다. 한 번 겁을 내면 자꾸만 겁을 내게 되고 한 번 용감해지면 더욱 용감해진다. 사랑, 창조력, 감수성, 내면의 강함 등의 일도 마찬가지다.

명상수업 4강

더욱 효과적이고 효율적으로 살고, 일할 수 있는 능력
10분 내로 10년간의 고통 끝내버리기. 180도 다른 사람으로 변하기 명상

나는 명상을 하기 전에는 10년 이상 자살만 생각하던 사람이었다. 전화 한 통도 제대로 받을 줄 모르는 사람이었다. 술 담배를 많이 해서 코로 구토를 하면서도 술을 마시고, 위장에 구멍이 나도록 커피와 담배를 놓지 못하던 사람이었다. 나는 여러 사람 앞에만 서면 5분 동안 갑자기 경직증이 생기거나, 여자를 한 번도 꼬셔본 적이 없는 사람이었다.

그런데 어느날 이 모든 게 사라지면서 정반대의 사람이 되었다. 명상의 효과이다. 나는 누구에게나 이렇게 말할 수 있다.

명상은 당신에게 더욱 효과적이고 효율적으로 살고, 일할 수 있는 능력을 주며, 당신의 잠재력을 끌어올려준다. 더 생산적이고, 자신감 있고, 자신의 일에 더 많은 활력을 제공한다. 스트레스 관리, 노화 방지, 수면/불면증, 신체 긴장, 마음의 질환을 완화해준다. 더 큰 창의성, 명확성, 문제 해결 능력, 어떤 상황에서도 오히려 더 잘 반응하며, 감정적인 표현 숙달 능력을 키워준다.

이 모든 것이 명상을 통해 내 삶 속에, 사회 생활 속에 일어났다. 어떤 때는 사람들이 나를 추진력의 윤틀러라고 칭한 적도 있으며,

지치지 않는 특이체질이라고 불린 적도 있으며, 사랑의 화신으로 불린 적도 있으며, 한 번도 좌절을 모르는 사람으로 알려진 적도 있었다. 약질이 사람잡는다고 어려서부터 어머니의 걱정만 끼치던 약골이었는데 말이다.

정말인가?

많은 사람들에게 명상은 자기와는 전혀 관계없는 다른 세상의 일이다. 나 역시 명상 책은 가끔 읽긴 해도 몇 년 동안 책으로만 접해왔는데 갑자기 명상을 해보기로 결심했다. 명상 책을 읽고 있는데 이런 구절이 나왔다.

"만약에 당신이 10분만이라도 호흡을 주시할 수 있다면 즉각 인생의 고통에서 해방되어 깨달음에 이를 수 있다."

이것은 대관절 무슨 뜻일까? 나는 10년 내내 지옥에서 살고 있는데 단 10분으로 그 지옥을 끝낼 수 있단 말인가? 단 10분으로 말이다. 깨달음이 뭔지는 모르겠지만 나한테는 그렇게 들렸다.

나는 한 번 실험해 보기로 했다. 10분 정도의 시간은 누구라도 낼 수 있지 않은가?

그래, 10분이란 말이지?

그 동안만 호흡이 들고 나가는 것을 주시하면 된다는 말이지?

나는 당장 책을 덮고 불을 끄고 자리에 앉았다.

그런데 이 어찌된 일인가? 10분은 둘째치고 1분은커녕 30초도 앉아 있기가 어려웠던 것이다. 막상 호흡을 주시하려 하는 순간 내 가슴에, 복부에 엄청난 괴로움의 백만 대군들이 일제히 아우성을 치기 시작했던 것이다.

숨이 컥컥 막혀왔다.

그 예기치 않은 상황에 나는 몹시 놀랐다. 충격적인 일이었다. 그렇지만 그와 동시에 나에게 알 수 없는 도전감과 투지를 불러일으켰다. 그래, 10분도 못한단 말이냐?

나는 도전해보기로 했다. 네가 죽든지 내가 죽든지 양단간에 끝장을 내기로 했다. 이를 악물고 어떻게든 10분을 버티기로 작정했다.

전혀, 완전히 꼼짝하지 않고 호흡이 들어오고 나가는 것을 주시하기로 했다. 그러기로 하고 다시 자리에 앉았다.

죽자 사자 호흡을 주시해보기로 했다. 번뇌의 백만 대군들이 지르는 악다구니 소리들에는 온 힘을 다해, 마치 갑자기 온 집안에 불이 난 사람처럼 정신을 부릅뜨고 낱낱이 쳐부수기로 했다.

결사항전의 자세로 온몸의 세포를 이글거리는 용광로처럼 가열시키기로 했다. 온몸에 땀이 흐르며 화약 냄새가 나기 시작했다. 유황 냄새가 코끝에서 맴돌았다.

그렇게 앉아 있는데, 어느 순간 너무나 충격적인 일이 발생했다.

얼마나 지났을까? 퍽! 하고 전구알이 나가듯이 나는 내가 전혀 모르는 세계 속으로 뛰어들어가 있었던 것이다.

그날 이후로 나는 이전의 과거로 돌아가지 않았다. 이전의 수많은 번뇌들로 돌아가지 않았다. 지난 세월 동안의 괴롭고 때로는 환희에 찼던 젊은 날의 탐구는 갑자기 끝나버렸다. 모든 방황은 순식간에 막을 내리고 말았다. 나는 과거에 가졌던 모든 의문들, 탐구나 사색들… 일체에 흥미를 잃었다.

그와 함께 내가 전혀 모르는 세계가 시작되고 있었다. 자기 안의 별을 찾아가는 여행이 시작되었던 것이다. 명상은 점점 내 생활이 되고 그에 따라 나의 삶 자체가 변하기 시작했다. 사회 생활이 변하기 시작했다.

나중에 찾아보니 이 명상은 비파사나 혹은 아나타나 삭티로 불리우는 것이었다. 여러 비파사나 명상법이 있는데 여기 소개하는 것은 오쇼 비파사나이다. 비파사나 명상은 액티브 명상 창안자 오쇼가 직접 만든 것은 아니지만 그가 만든 중요한 명상들과 동등한, 특별한 지위를 차지한다. 이렇게 얘기한다.

"이 명상은 더할 나위 없이 단순하고 아름답다. 이 명상은 더할 것도 뺄 것도 없는 명상의 본질 자체이다."

이 명상은 호흡법이 아니라 자기 자신의 호흡과 마음을 지켜보는 것. 주시가 핵심이다.

"주시는 모든 것을 녹여버린다, 주시야말로 가장 강력한 테라피이다"(오쇼)

"10분에서 15분 사이 당신의 고민은 사라질 것이다."

그것이 명상의 힘이다. 꼭 이 명상이 아니라도 된다. 명상의 힘이 생길 때 그에 따라 삶 자체도 변화한다.

도전해보라. 물러서지 마라. 그 궁극적인 깊이까지 들어가보라.

명상법

좌선: 45분

먼저 편하게 앉을 자리를 찾아 앉는다. 한 자세가 힘들 때는 자세를 바꾸어도 괜찮다. 바꾸되, 천천히 그리고 깨어서 자세를 바꾼다. 두 눈을 감고, 콧구멍으로 호흡을 하면서 아랫배가 오르고 내리며 호흡이 들어왔다가 나가는 것을 지켜본다. 하다 보면, 자신의 잡념이나 주위의 잡음에 주의(注意)를 빼앗기기 십상이다. 자신이 주의가 호흡이 아닌 다른 곳에 가 있음을 알아차릴 때마다 의식을 아랫배의 오르내림으로 가지고 온다. 무엇이 일어나든 주시하고 주의가 다른곳에 있음을 알아차릴 때 주된 주시의 대상으로 돌아온다.

걷기: 15분

천천히, 자연스럽게 걷는다. '걷기'에서는 호흡을 지켜보는 대신, 깨어 있는 의식으로 두 발을 옮긴다. 시선은 몇 발자국 앞에 둔다. 발바닥이 바닥에 닿는 느낌을 주된 주시의 대상으로 삼는다.

('걷기'를 하고 싶지 않은 사람은 계속 앉아 있어도 됨.)

인생수업

개처럼 살 것인가 신처럼 살 것인가?

한번은 어떤 청중들에게 이런 얘기를 한 적이 있었다.

"여러분 중에 화를 낼 때 천사처럼 화를 내는 사람은 없겠지요. 화를 낼 때는 욕을 하고, 상대를 때리기 위해 꽉 주먹을 쥐고 하면서 사나운 개처럼 됩니다. 자기가 무엇을 할지, 무엇을 하고 있는지 제정신이 아니죠. 흉악범들이 인터뷰할 때 이렇게 말하죠. 대부분 자신이 범행을 저지르던 당시엔 '그때는 내가 아닌 것 같았어요. 뭔가에 홀린 듯했어요'라고. 그들은 그때 무의식적인 상태, 개였거나 개 이하였겠죠. 우리들의 분노나 파괴성은 바로 개 같은 상태, 동물적인 상태에서 나오는 거죠.

그런데 화를 내는 자기 모습과 그 상태를 똑바로 깨닫고 있다고 합시다. 하나하나 자각하고 있다고 합시다. 그럴 때도 화를 계속 낼 수 있을까요? 그럴 수는 없을 겁니다. 화를 내면서 무의식에 휩싸이면 그대로 공격성, 파괴성이 나오지만 화를 내면서 그 상태를 자각하면 우리는 일단 자신의 분노와 한 발자국 떨어져 있게 되어서 내가 곧 그것은 아닌 상태가 되어버립니다. 그러면 화가 가라앉고 다른 에너지, 상대와 자신에 대한 이해와 공감, 양보심, 연민과 사랑으로 바뀌게 됩니다. 개, 디오지(DOG)를 그 반대쪽에서 읽으면 지오디 곧 신(GOD)이 되죠. 개 같은 마음 상태에서 하느님처럼 하늘 높은 마음의 상태로 이동하게 되는 것이죠."

신을 거꾸로 읽으면 개가 된다.
개를 거꾸로 읽으면 신이 된다.
개자식, 하고 누군가를 욕하고 화낼 때 우리는 그 상태와 뒤범벅된 의식의 낮은 수준, 무의식의 차원에 있다.
개자식, 하고 누군가를 욕하려 할 때 자신을 자각하면 우리는 개자식의 수준에서 빠져나와서 전체적인 상황을 지각할 수 있는, 의식 있는 사람으로 변한다.
개나 신이나 같은 스펙트럼의 한 축이다.
다만 깨어있음, 자각의 의식의 정도 문제이다.
낮은 의식이 개이고 악마이고, 무의식적이 될수록 개이고 악마이며, 의식적이 될수록 드높은 지성, 영혼이며 신이다.
개가 될 것인가? 하늘이 될 것인가?

명상수업 5강

현대인을 위한 명상의 효과
세상 속에서 빛나는 사람이 되는 법, 자기만의 별을 찾는 법, 별이 되는 법

매일 밤 별을 보면 명상해보라. 그러면 며칠 후 당신은 당신의 별을 발견할 수 있을 것이다.

우리는 별을 보며 아름답다고 느낀다. 예로부터 인간의 본질은 빛으로 이루어져 있다, 빛이라고 한다. 별처럼 사람도 빛으로 만들어져 있기 때문에 별과 마찬가지로 인간은 빛처럼 떨린다.

매일 밤 하늘을 올려다 보고 별에 대해 명상을 해보라. 그러면 친근하게 느껴지는 별이 있을 것이다. 그 별과 당신은 동일한 파장 위에 있는 것이다.

그것이 곧 당신의 별이다. 그 별을 쳐다보라. 그리고 별을 명상하면서 그 별의 내부로 들어가라. 눈을 감고 그 별의 안쪽을 보라.

당신은 곧 그 별이 당신 안에 있음을 발견할 것이다. 별을 쳐다보고 두 눈을 감을 때마다 거기서 당신은 그 별을 발견할 것이다.

그런 뒤에는 당신이 그 별의 내부에 있음을 느끼기 시작할 것이다, 그러면 당신이 그 중심에 있다고 느껴라. 별을 중심에 놓아라. 계속해서 별의 중심을 느껴라.

그러면 하나의 별이 진짜로 터져나오는 것처럼 당신은 금방 당신

53

내부에서 커다란 빛이 일어나는 것을 느낄 것이다.

그런데 이 빛은 당신이 그것을 느끼기 때문만은 아니다. 다른 사람들도 느끼기 시작한다. 어떤 종류의 빛이 당신의 몸을 감쌀 때, 당신의 얼굴은 빛이 된다.

당신이 빛이 되면 어떤 일이 일어날 것인가?

별이 빛나면 자신과 주변도 빛나기 시작한다.

빛이 난다는 것은 곧 당신의 삶과 조화를 이루는 동시에 가족이나 친구, 동료 이웃 등등 주변과의 관계에도 조화가 만들어진다는 것과 같은 것이다.

자신이 하는 일이 그저 하면서 늙어가는 것이 아니라 함께 빛이 나기 시작하는 과정, 더불어 성장할 수 있는 기회이자 자신의 직장과 동료, 도반 등과 더불어 함께 가는 과정임을 발견하게 된다는 뜻이다.

별은 지금 여기 순간순간 빛나고 있다.

많은 사람들은 오늘을 즐기기보다 어제 일어났던 일이나 내일 일어날 일에 대해 두려움에 떨며 살아가고 있다. 현대인들의 좁은 집중, 스트레스, 천박한 태도를 대신하여, 이 세상 속에서, 이 세상과 더불어, 아름답게, 찬란하게 '존재하는 법', 빛나는 법을 배우게 될 것이다.

그런 것이 빛이 나는 인간이다. 별은 하늘에서 빛나지만 명상의 빛은 이 세상 속에서 빛난다.

『The Orange Book-The Meditation Techniques of Bhagwan Shree Rajneesh』, 1983, Raineesh Foundation International 참조.

Chapter 2

사 랑

인생수업
문제는 없다. 단지 사실이 있을 뿐

사랑의 상처를 받은 사람에게서 이런 편지를 받은 적이 있었다.

"삶 속에서 자신의 존재 자체가 흔들리는 충격을 만났을 때 좋은 책이고 명상이고 소용이 없었습니다. 전혀 생각지 못했던 또 다른 세계, 이제껏 깊이 회피하고 억압해왔던 자기 삶의 진정한 갈망, 뿌리 깊은 아픔이 거기에 있었습니다."

사람들은 누군가와 사랑에 빠질 때 자기의 불순물을 가장 잘 발견한다. 혹은 가장 잘 발휘한다.―이것은 사랑에 빠진 자신의 모습을 조금만 관찰해보면 알 수 있는 사실이다. 또 다른 것도 있다. "사랑은 모든 감정 중에서 가장 이기적이다. 때문에 그것은 배반당할 때 가장 관대하지 못하다."(니체)

편지를 써온 이는,
"처음에는 아무것도 할 수 없었어요. 분노와 저주, 고통, 공허, 무력함, 후회… 하지만 초점이 자기 안으로 맞추어질 때 상황은 아무리 견디기 힘든 것이라 할지라도 그것이 실은 자연스럽게 자기 자신에게 필요한 부분이었음을 이해하게 되었어요"라고도 썼다.

초점이 자기 안으로 맞추어져 가는 과정을 명상 과정으로 옮겨보면 다음과 같은 것이다.

문제는 없다. 단지 사실이 있을 뿐이다.
(There are no problems, only facts)
↓
사실은 없다. 단지 당신의 해석이 있을 뿐이다.
(There are no facts, only your interpretations)
↓
해석은 없다. 단지 당신의 마음이 있을 뿐이다.
(There are no your interpretations, only your mind)
↓
마음은 없다. 단지 아무것도 없음만이 있다.
(There is no mind, only no-thing)*

오쇼는 이렇게 말한다.

"어떤 사실도 어떤 종류의 심리적 고통을 만들지는 않는다. 그대에게 고통을 주는 것은 그대의 해석이다. 고통은 그대의 창조물이다. 왜냐하면 그것은 그대의 해석이기 때문이다.

해석을 변화시켜라 그러면 같은 사실도 기쁜 일이 된다. 모든 해석을 버려라. 사실은 단순히 사실일 뿐이다."**

노 마인드.

이 노마인드는 이 세상에서 가장 강력한 극복과 치유의 힘을 지녔다. 이 상태를 이길 수 있는 것은 아무것도 없다. 괴롭다, 힘들다… 이 모든 것은 결국 마음의 한 작용이기 때문이다.

그리고 이 아무것도 없음으로부터 모든 것이 생기는 것이다.
공즉시색, 색즉시공. (and from no-thing comes everything)

이렇게 해서 우리는 내면의 중심으로 들어갈수록 자기 생명 에너지가 나오는 원천, 뿌리로 접근해가게 된다. 그럴수록 에너지는 충만해지고 순환하며 모든 상황과 조화를 일으키기 시작한다. 실연의 고통은 상대방이 문제가 아니다. 그것은 자신의 내적 취약함, 생명 에너지 원천과의 분리와 그 공포를 선명하게 보여주고 있는 것이다.

원천과 뿌리로부터의 분리와 공포는 특정한 개인의 인생 사건이 아니라 모든 현대인이 겪고 있는 문제이기도 하다. 분리를 극복하기 위한 모든 시도들, 알콜, 담배, 커피, 마약, 섹스, 돈, 명품, 자동차, 호화주택, 계모임, 동창회, 동호회…. 이것들은 결국엔 점점 돈과 정신 소모가 많아지는 소꿉장난일 뿐이고 개인은 다시금 삭막한 자기 자신을 대면하게 된다.

사랑이란 것도 그러한 노력의 한 가지이다. 그래서 분리와 고립에서 탈출하고자 하는 두 사람의 사랑이라는 것은 종종 구걸이 되어 버리고, 먹느냐 먹히느냐의 싸움이 되고 만다.

무수한 인간 관계들이 먹느냐 먹히느냐의 게임에 불과하다라고 말하지 않을 수 없다. 칭찬을 먹고, 관심을 먹고, 육체를 먹고, 상대의 돈이나 재산이나 능력이나 명예를 먹고… 먹고 또 먹고… 먹이 사슬을 이룬다. 다들 내면의 가난함이 채워지지 않기 때문에….

에너지는 넘쳐야 한다. 에너지가 부족하거나 고갈된 사람은 가난뱅이요 구걸꾼이 된다. 우리는 자신이 가지고 있는 것만을 누군가에게 줄 수 있다. 사람들은 에너지가 충만할 때, 아무런 이유 없이도 행복해진다. 반면 자신의 에너지와 멀어질 때는 아무런 이유 없이 그 자체로 불행감을 느낀다. 기다림, 우울, 허무…. 이런 감정 또한 같은 맥락에 속한다.

사랑은 불꽃과도 같다. 곧 사랑은 에너지다. 에너지의 어떤 상태이다. 불이 타오를 때 거기 무슨 현인이나 전문가의 말씀 쪼가리를 떠올릴 여유가 있으며 책 구절에 밑줄 칠 시간이 있겠는가?

에너지가 모자라면 언제나 구걸을 다니며 지옥 속에서 헤맬 것이다. 에너지가 넘치면 언제나 퍼주지만 언제나 충만할 것이다. 어쩌겠는가? 말이 무슨 소용이 있겠는가? 기름이 탁하면 언제나 불행의 연기와 고뇌의 그을음만 일어날 것이다. 기름이 맑다면 찬란한 불꽃이 되어 환하게 빛날 것이다.

내면으로 들어갈수록, 더 깊이 들어갈수록 구정물도 맑은 샘물로 바뀔 것이다. 칙칙한 뻘이 아름다운 초원으로 변할 것이다.

심각한 것은 아무것도 없다.

마음에서 일어난 해석으로 싸우지 마시라.

마음을 지켜보시라. 그리고 비우시라. 조건 없는 사랑과 삶의 신비 속으로 살아보시라.

---

* 오쇼의 강설을 제자인 Veeresh의 『The Poetic Concepts』, The Humaniversity Foundation에서 핵심만 요약해서 정리해 놓은 내용.
** Osho, 『Philosophia Perrennis』, Vol. 1, Ch.2.

명상수업 6강

긍정적이 되기 위해선 먼저 부정적인 층을 치워라
절대적인 부정과 절대적인 긍정의 충돌 명상. 부정에서 긍정으로의 변환

사람들은 어찌됐든 저마다의 방식으로 사랑을 찾아다니고 사랑을 나눈다. 그래도 사랑의 여로 그 끝에 도착해 보았다는 사람은 아무도 없다. 저마다의 종착역이 있을 뿐. 저마다의 환상과 좌절, 어리석음과 실패가 있을 뿐. 그리고는 만장일치의 환멸과 덧없음이 있을 뿐. 하지만 그래도 여전히 사람들은 사랑을 찾아다닌다.

왜 그럴까?

우리들은 엄마의 자궁 안에서는 너무나 무력했었다. 모든 걸 엄마의 상태에 의존해야 했기 때문이다. 우리는 엄마의 자궁 안에서는 너무나 편하기도 했다. 자궁 속에서는 아무것도 할 필요가 없기 때문이었다.

그래서 부정성은 우리가 태어나면서 가지게 된 양면성 혹은 우리들의 탄생에 필수적인 것이다. 그래서 우리 중의 어떤 이는 자살을 감행하거나 죽음을 찬양한다. 그런데 긍정성은 본질적인 것이다. 우리 존재 본연의 것이다. 그래서 모두가 그 원래의 행복을 찾기 위해 수많은 시도와 여행을 거듭하는 것이다.

명상이란 몸과 마음의 여러 층을 지나 자신의 생명 에너지 내부로 들어가는 방법이라고도 할 수 있다. 먼저 부정적인 층을 치워버려야 한다. 아주 확실하게 치워버려야 한다. 그러면 일체에 대한 긍정, 운명애가 나타날 것이다. 당신의 짜라투스트라가 나타날 것이다.

명상법

이 명상은 저녁에 하는 것이 가장 좋다. 원래는 한 시간에 걸쳐서 40분간은 부정성, 20분간은 긍정성이다.

그보다 짧게 할 수는 있지만 부정성과 긍정성의 비례는 2:1이다.

1단계: 부정성의 시간(긍정성의 시간보다 두 배가 되어야 한다.)
아니야, 싫어, 죽고 싶어, No! (Yes 단계보다 시간을 두 배로 한다)
당신이 할 수 있는 만큼 단지 부정적이 된다.

가능한 침침한 분위기에 음울한 음악을 튼다. 그리고 부정적인 종교의 광신도처럼 군다. 할 수 있는 모든 부정적인 언어를 반복하며 부정적인 모든 것을 느껴라.

과거에 있었던 모든 부정적인 상황들, 죽고 싶고, 재미라고는 도통 없고, 미칠 것 같고, 울고, 지랄하고 욕하고, 저주를 퍼붓고, 창피해하고, 악담을 퍼붓고. 하나라도 더 끄집어내며 최대한 부풀려라. 단 1초라도 행복해지지 않도록 한다. 더러운 기분, ㅈ같은 기분, 끔찍한 기분… 계속되라. 계속 한 상태를 반복해서 유지한다는 것은 아주 어렵지만 그럼에도 불구하고 그렇게 한다. 그것이 이 과정의 포인트이다. 어느 순간 부정적인 것이 아주 생소한 것처럼 저기 저만큼 떨어져 보일 때가 있다. 그 거리감은 비할 데 없이 아름답다. 마치 사형선고를 받은 도스토옙스키가 집행을 기다리고 있는 그 숨 막히는 순간 갑자기 너무나 아름다운 하늘을 보고 지복에 잠겼던 그 때, 그리고 갑자기 사형집행 정지 통지서가 전해지던 그 때, 그런 것과도 같다. 당신은 이제 위대한 삶의 작가, 창조자가 되는 것이다.

2단계:긍정성의 시간. YES

공소리나 벨소리 알람을 맞춰 놓은 뒤 소리가 들리면 즉시 부정성의 광신도로부터 뛰어나와 극단적인 긍정성의 숭배자로 변한다.

조명을 켜고 아름다운 음악을 틀고 춤을 춘다. 오로지 "좋아, 좋아, 너무 좋아, 미치게 좋아! 예스! 예스! 예스!"만을 말하고 외친다. 춤을 실컷 춘다.

집에서 하게 된다면 명상을 마치고 샤워를 한다.

"우리는 '노'라고 말하도록 훈련되고 있다. 그것이 사회 전체가 추해지고 있는 방법이다. 그대는 먼저 부정성 속으로 들어가야 한다. 노 속으로 깊이 들어가지 않고는 아무도 예스의 정상에 도달할 수 없다. 그대는 노라고 말하는 사람이 되어야 하며 그 이후에야 예스라고 말하는 사람이 그로부터 탄생하는 것이다. 이 명상은 모든 부정성을 뿌리뽑고 그대에게 예스라고 말하는 것에 대한 새로운 일별을 줄 것이다. 그렇게 예스라고 말할 수 있는 존재에 이르는 것이야말로 종교적인 경지에 대한 모든 것이다." (오쇼)

「OSHO Medition In-depth and Facilitating Participant Handbook」참조.

인생수업

삶이란 내가 보낸 에너지의 메아리이다

삶이란 내가 보낸 에너지의 메아리이다.

보자기를 보내면 더 큰 보자기로 돌아올 것이다.

주먹질을 하면 자신도 주먹질을 당하게 될 것이다. 더 큰 주먹질을 당하게 될 것이다. 다른 사람들에게 가위질을 하면 그의 삶도 가위질을 당하게 될 것이다. 그 사람의 인생살이도 자꾸자꾸 주먹질을 받고 더더욱 가위질을 당할 것이다.

사랑을 받고 싶다면 먼저 사랑을 주어야 한다.

사랑하는 대상이 없다면 삶 자체에 사랑을 보내면 된다.

예전에 티벳의 위대한 성자 닥켄은 수행 시절 자신의 모든 결함을 없애고자 매일매일 자기가 부정적인 생각을 할 때마다 검은 조약돌을 모으고, 선한 생각을 할 때마다 흰 조약돌을 모으기로 결심했다고 한다. 그 첫날 자신이 모은 조약돌을 세어보니 모두 검은색 돌이 아닌가?

그 현인에게 나중에는 모두 하얀 돌만이 남아 있었다고 하지만 우리는 어떨까? 사람들이 하루 동안 범하는 부정적인 생각, 부정적인 단어들은 몇 개나 될까?

습관적으로, 무의식적으로 사는 한 오늘 한 행위들은 다음날 그 다음날에도 반복되어, 이 사람 저 사람에게 옮겨 다니게 된다. 검은 돌 하얀 돌을 모으기 이전에 매 순간 자기 마음을 자각해야 한다. 자각할수록 검은 돌은 없어질 것이다. 자각 자체가 하얀 돌이다. 하지만 자신도 모르게 무의식적으로 살아가는 사람들은 한결같이 덤프트럭에 실어도 모자랄 만큼 엄청난 검은 돌이 모여 있을 것이다.

다른 이들에게 아무리 칭찬받을 일을 하고, 아무리 명상이니 수행이니를 해도 자신이 먹은 생각이나 자신이 사용하는 단어와 무심코 내뱉은 말 속에 검은 돌이 많다면, 그것이 자신의 몸에서는 암과 같은 병으로 나타나거나, 가족이나 일에 있어서 커다란 불협화음과 실패로 나타날 것이다. 실제로 나는 이런 경우를 많이 보았었다.

수많은 삶이 흘러가고 부딪치고 이어지는 이 우주는 보자기와도 같다. 우리가 하는 모든 것을 허용한다. 검은 돌이든 하얀 돌이든 우리가 무엇을 선택하든 내버려 둔다. 의식적이 되든 무의식적이 되든 내버려 둔다. 그리고 사랑을 보내면 더 많은 사랑으로 보내주고 주먹을 보내면 더 큰 주먹으로 우리를 꽝하고 먹일 것이다.

인생에서 한방 맞는 사람들도 사랑은 필요하다.

사람들은 사랑한다고 하면서도 가위질을 하고 주먹질을 하는 것은 상처가 있기 때문이다.

인생에서 받은 상처의 크기만큼 그와 똑같은 크기의 사랑이 필요하다. 조건부 사랑이 아닌 늘 보자기만 내주는 그런 사랑이 필요하다. 모든 것을 감싸주고 허용해주는 그런 사랑이 필요하다.

항상 보자기를 내줄 수 있는 사람, 나를 지지하고 격려해주고 어려울 때도 변함없이 보살펴줄 사람이 필요하다.

상처가 있는데 사랑을 주는 사람이 없다면 어떻게 하나?

상처의 뿌리로 되돌아간다. 머리로 이해하지 말고 그것을 명상적으로 직면하고 재체험하면서 자각하는 것이다.

사랑과 자각—그것이 치유의 핵심이다. 자각에서 시작하여 사랑으로 끝나는 것, 사랑에서 시작하여 자각으로 끝나는 것 그것이 명상이다.

자신이나 남을 치유하는 사람들은 항상 이 말을 잊지 않는다.

"명상 속에서, 평화 속에서, 기쁨 속에서 행해지는 것은 무엇이든 약효가 있고, 건강을 나누어 준다."

명상수업 7강

가슴 센터가 고장 나면 두뇌 활동과 성생활, 인생 자체도 고장난다

내게 좋은 것이 모두에게 좋은 것이 되게 하는 명상. 한국인에게 가장 인기 있는 명상

필자는 지금까지 대략 150여 가지 명상법들을 알려왔는데 이 명상은 한국인들이 가장 좋아하는 베스트5 중의 하나일 것이다. 특히 한국 사람들은 가슴 속에 많은 사연들과 풀지 못한 얽힘들이 있다. 이 명상은 누구나 쉽게 배우고 쉽게 가르칠 수 있으며 그만큼 효과도 뛰어나다.

또, '나에게 좋은 것이 모두에게 좋은 것이 되게 하는 명상'이 되려면 가슴 센터의 치유와 활성화가 필수적이다.

왜 그런가 하면,

인간에겐 생명 활동을 위한 세 개의 중요한 에너지 센터들이 있다. 위쪽에는 두뇌 활동을 위한 머리 센터, 아래쪽에는 성과 창조적 활동을 위한 생명의 뿌리 센터, 그 중간에 있는 느낌과 감정, 사랑과 공감의 가슴 센터가 있다.

가슴의 센터는 그 중간에 있어서 다른 모든 센터로 가는 매개체이다. 가슴 센터가 고장 나면 다른 센터들의 작용도 원활할 수가 없다. 우수한 학생들이 감정 장애로 인해 학업에 낭패를 보는 경우를 보면

알 수 있다. 가슴 센터가 장애를 일으키면 성 생활도 여의치 않다. 에너지는 하나의 흐름으로 잘 통해야 하는데 통로가 막히면 여러 장애를 일으키게 되는 것이다.

하늘과 땅을 이어주는 센터, 천국과 지상을 연결해주는 센터이다. 가로 세로가 만나는 십자가 문양은 가슴센터의 상징이다. 그래서 십자가는 그리스도의 책형이 아니라 사랑의 종교인 기독교의 상징이기도 한 것이다.

사랑은 전체적이다. 사랑을 할 때 우리 생명 에너지가 전체적으로 참여한다.

우리들은 모든 에너지를 가지고 있어야 한다. 일곱 개의 차크라 에너지를 조화롭고 균형있게 살아야 한다. 그렇지 않으면 사랑은 괴로움 속에서 붕괴되기 쉽다.

가슴 센터가 열릴 때 모든 생명 에너지는 자유롭게 흐를 수 있다. 그것에 내적인 장벽이나 상처가 없을 때 인간은 자신과 다른 모든 창조물에 깊이 연결되어 있음을 느낀다. 스스로 보호받음을 느끼고 따뜻함, 만족과 가슴성을 방사한다. 사랑을 위한 사랑을 한다.

하지만 당신이 내적 장애를 지니고 있다고 생각할 때 당신은 연약하다고 느끼며 쉽게 상처받게 될 수 있다. 당신은 거절당함에 대한 두려움 때문에 폐쇄적이 되는데 이 상태에서 당신은 자연스런 삶의 흐름에 참여할 수도 없고 참여하기를 원하지도 않을 것이다.

하나 혹은 그 이상의 생명 센터가 교란되는 데는 많은 이유들이 있다. 과로나 스트레스, 감정적인 압박들과 모든 종류의 심리적 상처들이다.

많은 종류의 치유 명상이 있지만 이 명상은 호흡과 움직임을 통해 이루어진 훌륭한 가슴 센터 명상이다. 특별하고 단순한 호흡과 움직임을 통해 내적 긴장을 해소시키고 가슴 에너지를 다시금 자유롭게 흐르도록 한다.

명상법

섬세한 음악 리듬과 함께 각 7분간에 걸쳐 네 번을 반복하는 호흡과 몸의 움직임이 있고 다음은 앉아서 가슴과의 연결감을 갖는 단계, 마지막에는 누워서 머무는 침묵 시간이 있다.

움직임은 '북남동서' 네 방향으로 진행되며 에너지를 부드럽게 달힌 원 속으로 재연결한다. 이것은 지수화풍地水火風 네 가지 요소의 연결이며 몸과 영혼에 조화로운 '함께 속해 있음'의 느낌을 창조한다.

명상 시작 전에 먼저 자신과 환경을 고요하게 준비시켜야만 한다. 이 명상을 위해 만들어진 가루네쉬의 음악에 맞추어 하면 좋지만. 실생활 속에서는 호흡과 동작에 익숙해진다면 음악 없이도 이 명상을 할 수 있다.

모든 동작의 기본 몸가짐

눈을 뜨고 이완된 자세로 선다. 따뜻하고 안락한 장소여야 한다. 양손은 가슴 중간 부위의 가슴 센터에 갖다 댄 채 심장의 고동 소리를 느낀다. 느슨하고 편안하게 숨을 들이쉬라. 신선한 에너지가 차오를 것이다. 숨을 내쉬면서 낡은 에너지가 밖으로 나갈 것이다. 주고 받음의 서클이 시작된다.

1단계: 7분

(본격적인 음악이 시작되면)

강하게 호흡을 내쉬면서 오른 팔을 뻗으면서 동시에 오른 발과 함께 앞으로 갔다가 원래 위치로 돌아온다. 4분의 4박자 리듬에 맞춘다. 손바닥은 손가락 끝이 하늘을 향하게 하고 바깥쪽을 향한다. 낡은 에너지를 몸밖으로 내보내는 상징이다.

들숨에 신선한 공기를 들이마시고 날숨에 스트레스나 탁기들을 밖으로 내보낸다고 의념한다.

움직이는 동안 몸이 앞으로 혹은 옆으로 이동되지 않고 같은 위치에서 땅에 뿌리를 박고 중심을 유지하도록 주의한다.

호흡을 들이마실 때는 팔과 다리를 원 위치로 되돌린다. 양손은 다시금 가슴 센터에 위치시킨다. 상체를 세우되 이완된 자세를 유지한다.

다음 호흡을 내쉴 때에는 같은 동작으로 왼팔과 왼쪽 다리를 사용한다.

들숨과 날숨의 속도는 음악의 리듬에 맞춘다. 각 단계의 끝에는 음악이 점점 더 빨라진다. 마지막으로 각 단계는 부드러운 벨 소리로 끝난다.

날숨과 들숨 때마다 손발이 움직이는 방향은 다음과 같이 변화한다

1단계 7분. 앞쪽을 향해서 오른팔과 다리, 왼쪽 팔과 다리가 교대로 나가고 들어온다.(북쪽)

2단계 7분 골반을 오른쪽 방향으로 돌려 오른쪽 방향을 향해 오른팔과 오른발이 나가고 다음 골반을 왼방향으로 향해 왼쪽 팔과 발이 나간다.(동+서)

3단계 7분 뒤쪽 방향을 향해 먼저 오른쪽으로 팔과 다리가 나아가고 돌아서 왼쪽으로 돈다.(남쪽)

4단계 7분 (순환) 이 단계는 앞의 세 단계를 합쳐서 한 과정으로 연결하는 것이다.

좀 더 상세한 설명은 다음과 같다.

1단계

음악 첫 부분을 들으며 넷을 세면서 호흡한다. 앞에 나온 1단계의 해설을 참조하라.

2단계: 〈동쪽+서쪽〉 7분

음악 첫 부분을 들으며 넷을 세면서 호흡한다. 이는 1단계와 유사하다. 다만 앞으로 나가는 대신 옆으로 뻗는다. 음악이 시작되면 오른 팔과 오른 다리를 오른쪽(동쪽)으로 뻗는다.

다음 날숨에는 왼쪽으로 같은 동작을 한다. 원위치를 유지하라. 상체를 상응하는 방향으로 가볍게 변화시켜라.

3단계: 남쪽 7분

3단계 지침은 1, 2단계와 같다. 다만 이 경우에는 상체를 가능한 한 뒤로 돌려야 한다. 호흡을 내쉬면서 상체와 얼굴, 오른팔과 오른 다리는 처음에는 오른쪽으로 돌아서 뒤로 뻗으며 왼쪽 다리는 앞을 향한 자세로 선다. 호흡을 들이마실 때는 원위치로 돌아온다.

위의 과정을 반복하지만 왼쪽으로 돌 때는 오른쪽 다리가 앞을 향해 선다.

4단계: 순환. 7분

이 단계는 앞의 세 단계를 합쳐서 한 과정으로 연결하는 것이다. 여기서 우리는 생명 활력을 높여 주는 지점에 도달한다.

5단계: 내면의 사원. 약 6분

편안하게 앉거나 눕도록 한다. 음악이 부드럽게 몸을 통해 흐르도록 한다. 평상시처럼 호흡하면서 가슴과의 연결을 느껴라. 양손은 가슴 중간에 대도 좋다.

마지막 단계: 침묵. 약 12분

명상을 마친 후에는 매우 편안한 자세로 앉거나 눕는다. 조화롭고 조용한 음악의 리듬을 통해 소리와 침묵의 영원성 속으로 잠수할 수 있다.

완전한 침묵 속에서 이완하고 싶다면 이 음악 후에는 플레이어의 스위치를 끄도록 한다.

이 명상은 음악 없이 4단계까지만 해도 가슴이 답답하거나 상처가 있는 분들은 많은 효과를 볼 수 있다. 그리고 각 단계의 동작들을 살펴보게 되면 자신이나 다른 참가자들의 에너지 상태를 파악할 수도 있다.

1단계는 물의 에너지. 인생은 물처럼 꾸준히 앞으로 전진해 가는 것이다. 이런 힘이 약한 사람들은 이 단계를 제대로 하지 못하는 걸 볼 수 있다.

2단계는 바람의 에너지. 인생은 양쪽 날개로 균형 잡힐 때 바람 속을 잘 날 수 있다. 이런 균형 잡는 힘이나 주변과의 조화가 없을 때 한때 잘나가던 인생은 곤두박질치기 쉽다. 성격도 대체로 편벽되거나 공감 능력이 부족해 대인 관계가 원만하지 못하다.

3단계는 불의 에너지. 지상에서 유일하게 중력의 법칙에 저항하여 위로 상승할 수 있는 에너지가 불의 에너지이다. 난관에 봉착해도 그것을 극복하는 에너지, 위기를 기회로 삼고 한 단계 더 발전해갈 수 있는 에너지와 추진력을 상징한다. 성적 파워와도 관련이 있다.

4단계는 이 모든 에너지의 조화이다.

땅의 에너지는 네 단계 모두 적용된다. 지상의 모든 생명체는 땅에 연결되고 뿌리를 박을 때 중심을 잡고 생명을 영위한다. 모든 에너지가 발휘되어도 중심이 없이는, 뿌리가 없이는 오래 갈 수도 없고 꽃으로 피어날 수도 없다.

모든 단계에서 한쪽 발의 위치는 항상 원래 자리에 고정되어야 하고 움직이는 다리는 바로 그 자리로 돌아와야만 한다. 하체가 약한 사람, 뿌리박기의 중심이 모자란 사람은 다리가 비틀거리고 원래 위치에서 벗어나게 된다.

좌우 에너지, 음과 양의 에너지도 모든 단계에서 적용된다. 오른쪽은 남성 에너지, 왼쪽은 여성 에너지이다. 양쪽이 균등하게 움직일 때 여성성과 남성성이 조화를 이룬 것이다.

이 해설은 원래의 명상법 안내에 지수화풍(地水火風)과 사방위(四方位)에 대한 고대 동양의 음양론을 참조하여 부연 설명한 것이다.

인생수업

사랑은 당신에게 아무것도 주지 않는다. 줄 것도 없다

시인은 말할 것이다.

사랑받는다는 것, 그것은 불꽃 속에서 타버린다는 것, 불멸의 빛에 의해 빛난다는 것이다라고.

그런가?

철학자는 말할 것이다.

사랑한다는 것, 그것은 모든 회의로부터 도망친다는 것이며, 마음의 명쾌함 속에서 산다는 그런 것이다.

그런가?

하지만 대부분의 사랑은 시도 아니고 철학도 아니다. 그러할 리도 없다.

사랑은 존재하지 않는다. 사람들이 생각하는 사랑은 기껏해봐야 섹스다.

사랑은 느낌으로 시작된다고도 말한다.

하나의 느낌조차도 거대한 사상이다.

느낌은 하나의 사념으로 변하기 전의, 뭉개진 사념의 일종이며,

그 속에는 길고 긴 진화의 메커니즘과 후천적인 유전 정보들이 득시글거리고 있다.

75

느낌은 그리하여 수많은 타협들의 결과물이며,

사람들의 사랑은 그 전쟁터이며,

수컷의 암컷에 대한, 암컷의 수컷에 대한 모든 종류의 권모술수에 지나지 않는다.

사람들의 사랑은 수십 년 전부터 꾸고 있던, 그리고 아득한 태곳적부터 수많은 문명의 시간들을 거쳐 깨지 않고 남아 있던 꿈들의 보기 흉한 집합체이다.

사람들은 단지 어떤 사람을 통해 아직 씻겨져 내려가지 않고 남아 있던 그 꿈과 상처들을 투영하고 있을 뿐이다.

어머니의 품안에서부터 천천히 축적된 기대와 배반, 욕망과 위태, 쌍방간의 화학적 노이로제, 호르몬 사이의 열병, 섹스라는 본문을 위해 기교적으로 써 가는 자기 취향의 서문, 쓰레기통에 뿌려 둔 향수, 고독한 자의 귀에 들려오는 감언이설, 그 사람의 폭음, 가련한 사람에 대한 구원자적 감상과 지배, 단순한 좋은 취향, 불행의 제곱으로 끝나기로 예정된 에고들의 전쟁, 행복해 하고 싶어 하는 악몽들의 카테일, 매춘 가계약시….

사랑이란 사랑의 거꾸로조차도 아니다.

사람들은 아마 사랑을 하기 위해선 이 지구보다 오랜 무엇이 필요하리라.

지구보다 오랜 사랑이라?

나는 사라져야 한다. 에고는 죽어야 한다.

결코 사랑 속에서는 불행을 발견하지 못한다.

사랑은 그 자체가 불행한 어떤 것도 들어 있지 않은 존재의 질을 뜻하는 것이 아닌가?

그렇지 않더라도 역시 사랑에 뛰어드는 것은 좋다. 사랑은 일종의 죽음이기 때문에.

그 속에서 당신은 불에 타들어간다.

그 불꽃은 당신의 과거와 편견과 거짓과 집착들을 하나하나 태워버린다.

당신은 그 속에서 죽어야 하고 많이 죽을수록 좋다.

죽는 만큼만 당신은 새로 태어난다.

혹은 원래의 자신, 사랑의 존재와 가까워진다.

사랑은 일종의 죽음이라는 것―그것이 사랑의 비밀이다.

그러나 아무도 이 여신을 본 적은 없다.

아무도 그 여신이 들려주는 비밀을 엿듣지 못하였다.

사랑은 영원한 빈자(貧者), 빈 손이다.

그녀는 당신에게 아무것도 주지 않는다. 줄 것도 없다.

당신도 그처럼 텅 비어 있어야 할 것이다.

사랑과 에고는 양립하지 않는다.

명상수업 8강

카타르시스를 위한 가장 과학적인 명상
마음속의 쓰레기와 스트레스를 과학적으로 없애주는 명상

엄마와 아빠의 사랑이 망해가던 집이 있었다. 더 심각한 것은 사춘기가 된 딸과 아빠, 엄마와 딸의 사랑도 망조가 보인다는 것이다. 그들은 늘 싸우거나 싸우기 일보 직전이었다.

어느 날 저녁 엄마와 아빠, 그리고 자기 자신까지 참여한 싸움이 시작됐을 때였다. 중학생이 된 딸은 문득 초등학교 때 어쩌다 엄마의 꾀임에 빠져 따라갔던 명상센터에서, 엄마랑 사람들이랑 자신이 함께 했던 이 명상이 생각났다.

딸은 문득 엄마를 방으로 끌고 들어가 이 명상을 둘이서 해보자고 말했다. 분노를 삭이지 못해서 얼굴이 벌개져 있던 엄마는 딸의 제안을 듣고는, 내가 왜 그 생각을 못했을까 올커니 하며 모녀는 같이 신나게 이 명상을 했다.

놀라운 일이 벌어졌다. 대략 5분 정도를 했는데 엄마와 딸은 더욱 사랑하는 사이가 됐다는 것이다.

그 이후 가족 싸움이 벌어질 때마다 엄마와 딸은 아빠가 듣지 못하게 이불을 뒤집어쓰고는 이 명상을 같이 했고 그럴 때마다 엄마와 딸, 그리고 딸과 아빠, 집안 모두 화목을 찾았다고 한다. 이 명상은 지버리쉬 명상이라고 한다. 지버리쉬 명상은 수피 신비가인 자바르라는 사람에 의해 시작된 것을 오쇼가 현대화한 것이다. 횡설수설 말도 안 되는 넌센스 말을 사용한다.

명상법

다음과 같은 명상을 해보자.
불을 끄고 눈을 감고 앉아서 무의미한 소리를 말하기 시작하라.
방해받지 않는 곳이라면 어디서라도 좋다.
어떤 소리나 단어라도 좋지만 단지 의미가 없으며 당신이 모르는 언어로 말하라.
마음 속에서 표현해야 할 필요가 있는 것은 무엇이든지 표현하라. 단 무의미한, 자기가 모르는 말과 단어로써.
모든 것을 그 안에 던져버려라. 생각을 억압하지 않고 그것을 횡설수설 밖으로 내버린다. 10초 이상 멈추지 말고 계속해서 지껄인다. 완전히 그것에 몰두해서 가능한 한 몸도 똑같이 표현이 되도록 해본다. 진지하게, 그것이 진짜 현실인 것처럼 그냥 미쳐버려라.

매일처럼 최소 15분 이상씩 하라. 20분, 30분, 한 시간도 좋다.
그런 뒤 쌀자루처럼 바닥에 쓰러져서 배를 깔고 누워라.
마치 뱃속의 아기처럼 내 배꼽과 어머니인 대지가 연결되어 같이 호흡한다고 느끼며 숨을 쉰다. 완전히 이완한다.
당신은 전에 없는 차분함과 생기를 얻게 될 것이며 비로소 사랑을 할 수 있는, 그대의 에너지를 나눠줄 수 있는 힘이 생겨날 것이다.
텅 빈 보자기가 되어 모든 것을 담아내고 이해하고 포용할 수 있을 것이다.

엄마와 딸은 이불을 뒤집어쓰고 1단계를 했다고 한다. 명상의 전체적인 틀을 정확히 이해한다면 언제 어디서나 응용해볼 수 있다. 전화 통화로 말싸움을 하다가도 "그래 우리 잠깐 지버리쉬하자고!" 해놓고 몇 분간 서로 지버리쉬 형태로 모든 것을 표현해보는 것이다. 그러면 도무지 하지 못할 말이나 심하다고 받아들여질 수 있는 말, 아무런 쓰잘데 없는 이야기도 다 쏟아내고 나면 몹시 후련해진 기분이 들 것이다. 서로 행복해질 것이다.

우리의 내면은 온갖 아우성과 터무니없는 기대감, 환상으로 가득 차 있다. 이런 상태에서 사랑이 가능할까?

자기 안에 각인된 상처와 흉터들을 깨끗이 치유하기 전에는 사랑 같은 것은 없다. 사실 우리는 자기가 가진 것만을 다른 이에게 줄 수 있기 때문이다. 상처가 있는 자는 상처를 줄 것이다. 분노가 있는 자는 분노를, 기쁨이 있는 자는 기쁨을 줄 것이다.

변형이란 자신의 에너지를 투자한 만큼 얻어낼 수 있는 법, 마음의 깊은 평화와 사랑에 들기 전에 우리는 내면의 쓰레기를 청소하지 않으면 안 된다.

이 명상 방법은 내면을 청소하는 가장 과학적인 방법의 하나이다. 결코 당연하거나 평범한 것으로 취급해서는 안 되지만, 이 명상은 훈련이 필요하지 않다. 어린아이라도 지버리쉬를 할 수 있다. 지버리쉬는 어떤 훈련도 필요하지 않다.

인생수업

돌을 내려놓고 꽃을 들라

헤어진다는 것.

아침에 눈을 뜨면 차갑게 식은 검은 피 한 바가지를 꾸역꾸역 들이키는 기분이었다.

밤이 되면 문짝이 부서진 술집에 앉아 나오는 술마다 완샷 수류탄을 만들어 몸속에 계속해서 던져 넣곤 했었다.

검은 안경에 검은 바지, 검은 상의, 검은 수염에 검은 양말, 검은 입마개와 검은 목도리 차림으로 낮이건 밤이건 돌아다녔으며, 사무실에 나가서는 하루 종일 의자를 돌려 놓고 벽만 바라보다 퇴근하는 날도 있었다. 이별은 아프다. 몹시 아프다. 이별은 사랑만큼 어렵다.

그 도시를 지나치다가 우연히 그녀를 보고는 한눈에 반해버렸네.
그녀를 처음으로 만난 날 그녀 앞에서 춤을 추었네.
그녀를 만나고 돌아올 때마다 매일매일 춤을 추었네.
며칠이고 춤을 추었네. 한 송이 꽃을 물고 춤을 추었네.

그랬었다. 삶은 매일처럼 뜯어보지 않은 편지였으며, 계속되는 춤이었고, 노래였다.

세월이 흐르고, 생존의 콘크리트 협곡 속으로 계속해서 몰리고 몰릴 때, 비바람이 몰아치고, 여기 저기 굳은 살이 박히고, 가난한 자들에게 매서운 겨울이 오고, 마침내 완전히 못이 박히고 말 때, 더 이상 춤을 출 수는 없는가? 그렇게 그 춤은 끝나버렸는가?

그렇지 않다. 어떻게 한번 시작된 춤이 끝이 있을 수가 있는가? 한번 맛 본 향기는 이미 영원한 무엇이다. 향기가 사라지고 없다고 해서 어떻게 그것이 존재하지 않는다고 할 수 있는가?

홍대 거리에서 비틀거리던 한 아가씨가 내게 말했다.
"애인 사이는 끝나도 사랑은 계속돼요."
이별은 또 다른 사랑, 다가오는 사랑에 대한 준비이다. 이별할 때 잘 해라. 그러면 다음 사랑은 더 잘 될 것이다. 그렇게 말하고 싶다.
불충분한 사랑은 이별을 두려워하나 충분한 사랑은 모든 것을 받아들인다. 꽃이 될 것인가? 돌이 될 것인가? 돌을 던지는 사람이 그 다음 번엔, 내일엔 꽃이 될 수 있는가? 돌멩이를 쥔 손에서 돌을 내려놓고 꽃을 들라. 꽃을 향해서 가라.

명상수업 9강

부정의 에너지를 기쁨과 긍정의 에너지로—홧병 명상

화가 났을 경우, 깊이 억압된 분노, 호흡이 배꼽 아래로 내려가지가 않을 때. 이유 없이 건강이 안 좋은 분. 데이트 폭력, 분노, 그리고 분노 속의 분노, 홧병 환자들에게 도움이 되는 치유 명상

착한 사람들은 화를 잘 안 내는 경우가 많다. 상대방을 배려하여 화를 참는 것이다. 그가 나를 무척 사랑하는 남편이라서, 나에게 잘 해주는 오빠라서, 모든 면에서 멋있고 칭찬받는 오빠라서. 하지만 그런 사람들은 화를 내지 않는 게 아니라 억압된 것이다. 예의 바른 사람도 마찬가지다. 그는 화를 내지 않는 게 아니라 보이지 않게 할 뿐이다.

우리는 화를 냈지만 화를 내지 않았다고 생각하는 경우도 많다. 차가 밀린다거나 수돗물이 갑자기 나오지 않을 때, 지하철이 조금 늦게 올 때 등등. 분노가 없는 사람은 아무도 없다. 이 치밀한 세상은 빈틈없이 우리를 포위하고 감시한다.

잠깐만 성질을 내면 화이지만 자꾸 쌓아 놓으면 증오, 적개심이 된다. 증오를 억누르면 분노 조절 장애라든지 광증, 철저한 위선자가 되어 버린다. 혹은 이유를 알 수 없는 병이 되어 시름시름 앓게 된다. 약을 먹어도 낫지가 않는다.

도심을 거닐다보면 데이트 폭력을 종종 목격하게 된다. 데이트 폭력은 뉴스에도 자주 오른다.

왜 이럴까? 분노는 우리도 아는 드러난 분노가 있고 드러나지 않는 분노가 있다. 분노가 쌓이고 쌓일 때 분노는 그 사람의 인생 자체가 되어버린다. 층층이 쌓인 분노는 어떤 형태로든 문제를 일으키지 않을 수가 없다.

한 쌍의 연인이 명상을 하러 온 적이 있었다. 여자는 얼굴에 핏기가 없었다. 숨을 잘 쉬지 못한다고 했다. 심지어 말도 제대로 하지 못했다. 이 명상을 시작하자마자 엄청나게 울기 시작했다. 남자가 당황해했다. 이 울음은 억압된 감정이 폭발한 것이라고 말해주자, 남자는 서둘러 여자를 데리고 도망치듯 가려고 했다. 그녀는 이미 암에 걸려 있었다.

남편을 사랑한다는 여자가 있었다. 한약을 10년째 먹고 있다는데 얼굴이 늘 창백했다. 그녀도 호흡이 문제였다. 호흡이 깊지가 않았다. 그리고 몸이 금새 피곤해지고 생기가 없었다. 깊이 억압된 분노가 있을 때 호흡은 배꼽 아래로 내려가지 않는다.

우리 사회에서 분노를 직접적으로 표현하는 것은 어려운 일이다. 자기 자신도 사회도 직접적인 분노 표출을 용납하지 않기 때문이다. 그래서 분노는 억압되고 깊숙이 숨어든다. 목 구멍 아래로, 가슴 아래로 위장 아래로 더더 아래로.

사람들에게 분노를 표현해보라고 하면 대부분 잘 하지 못한다. 혹은 적당히 하려고 한다. 분노가 재발하기에 적당한 크기만큼 호흡을 한다. 호흡이 위장 아래로 내려가 단전에서부터 표출될 때 분노의 에너지가 그 병든 뿌리에서부터 배출되어 제거될 수 있는데, 호흡 자체가 너무 얕고, 호흡 기관과 그를 둘러싼 세포가 굳어져 있기 때문이다.

그러므로 처음엔 억압된 분노층, 병든 부위에서부터 바로 호흡을 하기가 어렵다.

이 명상을 해보라. 분노로 인해 고통 받은 사람들을 위한 황금같은 명상이다. 분노는 깊이깊이 쌓여 있다. 분노, 그리고 분노 속의 분노…. 분노는 체면 문제가 아니다. 그것을 씻어내고 빨아야 한다. 확실하게 정화해야 한다.

명상법

동물명상: 개처럼 숨 쉬기 Pant like a dog

1단계: 개처럼 헐떡이기(30분)

호흡이 위장 아래, 배 아래로 내려가지 않는 사람, 혹은 그럴 때, 호흡이 얕은 사람.

걸으면서 개처럼 숨을 헐떡거린다. 혀를 내밀고 늘어뜨린 채, 개처럼 돌아다니며 숨을 헐떡인다.

반 시간을 헐떡거린다면 분노 에너지는 아름답게 흐르기 시작한다. 신체 또한 그 흐름 속에 참가하게 되어 막힌 것들이 풀어지기 시작할 것이다.

이것을 방안에서 문을 걸고 해보는 것도 도움이 된다. 거울 앞에서 짖고 으르렁거릴 수도 있다.

3주 이내에 당신은 새롭게 될 것이다. 주변의 사건 사물 현상들이 새롭게 다가올 것이다. 모든 것이 빠르게 흘러가며 신선해진 자신을 느낄 것이다. 억누른 화가 풀려 사라질 때 당신은 인생의 새로운 자유를 맛보게 될 것이다.

30분 뒤에는 편안하게 드러누워 모든 것에서 빠져 나와 몸과 마음을 고요히 지켜본다. 혹은 춤을 추며 삶과 자신을 축복한다.

『The Orange Book: The Meditation Techniques of Bhagwan Shree Rajneesh』, 1983. Raineesh Foundation Internation 참조

인생수업

사랑은 자격증이 아니다

사랑은 자격증이 아니다. 자격증은 한 번 따면 두고두고 가지만 사랑은 변해 가고, 성장한다.

대부분의 사람들에게 사랑이란 자격증과도 같은 관계이다. 한 번 애인 관계가 되면 계속해서 애인 행세를 한다. 한 번 남편이나 부인 이란 자격증을 얻으면 평생 남편 행세 부인 행세를 한다. 한 번 남자 로 태어나면 평생 남자 행세를 하고, 한 번 여자로 태어나면 평생 여 자 행세를 한다.

사랑이 지속되려면 두 사람이 모두 성장해야 한다. 하지만 한 쪽 은 성장하려는데 다른 쪽이 발목을 잡고 있거나, 둘 다 성장에는 관 심도 없고 서로 성장을 못하게 감시한다. 혹은 자신의 성취와 야심 을 위해 상대의 성장을 가로막는다.

한 심리학자는 이렇게 말했다. 인간이 인간에 가하는 실존적 착취 목록의 첫 번째는 남자 대 여자이며, 두 번째는 어른 대 어린이이다. 인종이나 국가, 종교, 부와 지식, 계급, 이념 등등이 그 목록을 이어 간다. 이름은 달라도 그것들은 모두 착취의 동업자들이다.

성장이란 무엇일까?

더 많이 사랑하고, 더 많이 기뻐할 줄 아는 것이다. 더 많이 서로를, 서로의 다름과 서로의 같음을, 삶의 모든 것을 지지하고, 축복해 주는 것이다. 삶의 전체성을 이해하고 자각하며 받아들이고 즐길 줄 아는 것이다. 자연의 이치와 마찬가지다. 한 그루 나무가 씨앗에서 싹을 트고 우뚝 자라나 주렁주렁 열매를 맺는다고 성장이 끝난 것은 아니다. 더 많은 꽃과 향기를 날리고, 더 많은 확장의 씨앗을 뿌리고, 그것이 성장하는 나무의 일생이다. 아낌없이 더 더 주는 것, 그것이 자연이 준 성장의 이치이다. 하지만 사람들은, 이 사회는 그런 것 대신 성취나 만족을, 착취를 통한 잉여물의 축적을 심리적으로 제도화한다. 그리고 거기에는 늘 정신적 물리적 폭력과 무자각, 무책임함이 동반한다.

살아남은 자의 슬픔도 고통도 계속되고 있다. 깊은 무의식 속에 우리 모두는 그들을 괴롭히고 죽였다는 큰 슬픔과 죄의식, 답 없는 고통에 사로잡혀 있다. 인간은 자기가 남자라는 사실, 어른이라는 사실 하나만으로 당연하다는 듯 여자와 어린이, 약자를 착취하고 억압하며 그 상태를 태연하게 물려준다. 너무나 오래, 대대로 그러한 비인간적 폭력이 유전되고 있다. 그것들을 끊는 원천적인 한 방법은 일체의 자격증을 내려 놓고 모두가 순수한 어머니다움과 어린이다움을 회복하는 것, 어머니인 대지의 아들딸로 되돌아가는 것이다.

〈혁명의 꽃Rebellious Flower〉이라는 영화가 있다. 오쇼의 삶과 비전에 영감을 받아 만들어졌다는 이 영화 속 주인공 '라자'는 깨달음을 얻은 후 '나니'(외할머니의 인도어)를 찾아간다("나는 언제나 나니를 나의 진짜 어머니로 생각했다"—오쇼).* 그리고 깨달음이라는 귀중한 선물의 지혜를 사람들과 나누기 전에 당신이 먼저 허락해달라고 청한다. 세상에 나가기 전에 당신의 축복이 필요하다는 것이다. 깨달음을 얻은 후에도 말이다!

이야기의 각색 여부를 떠나, 지금도 오쇼의 제자들-산야신들은 모든 여자 이름 앞에는 우주적 모성을 뜻하는 Ma라는 문자를 붙인다. 그녀들의 우주적 모성성을 상기시키기 위해서라고 한다.

모든 여성은 어머니이다. 혹은 우주적인 모성성을 지니고 있다. 우주에 존재하는 모든 생명체는 여자인 어머니에게서 태어났기 때문이다. 우리가 사는 지구는 우리들 모두의 어머니이다. 지상의 모든 생명체는 이 어머니인 지구에서 태어나 지구로 돌아간다. 사람을 살리는 자도, 죽이는 자도, 엄마를 학대하는 자도, 엄마를 구한 자도 모두 지구의 자식, 엄마이자 자연의 모성인 그녀의 자식이다.

여자란 그러니까 지구가 모든 지구 생명체의 어머니이듯이 그녀가 딸이든 엄마든, 나쁜 여자든 좋은 여자든, 어머니가 되기를 거부한 여자라 하더라도 '어머니'인 것이다. 누군가 한 여자를 폭행하고 괴롭힐 때 나는 한 번도 그런 적이 없다고 하더라도 우리 모두가 '어머니'를 죽인 것이며, 나 역시도 어머니로서의 어떤 여자를 죽인 공범인 것이다. 어머니에게는 모두가 다 하나이듯이 이 자식 저 자식의 짓도 어머니에게 그저 다 자식의 짓이다. 그래서 이따금 우리는 흉악한 죄를 지은 자식을 보호하고 두둔하기까지 하는 어머니들을 뉴스에서 볼 수 있다.

심성이 착한 자식이든 싸가지가 없는 자식이든 어머니가 쓰러지면 똑같이 피가 끓는다. 너는 그때 무엇을 하고 있었느냐? 너는 그렇게 되도록 왜 아무 것도 하지 못한 것이냐. 왜 지금까지 그런 일이 벌어지도록 내버려 두었고, 내버려 두고 있느냐? 너는 왜 다른 일에는 유능한데 그런 일에는 그토록 무능한 것이냐? 왜 무관심했던 것이냐? 왜 알고도 모른 체하는 것이냐? 어머니로부터 태어난 존재는 어머니가 피를 흘릴 때 모두 공범이다.

모든 것을 얻은들 어머니의 사랑과 같은 나눔과 기쁨, 다 같이 누리는 축복이 없다면 무슨 소용이 있나? 수백 억짜리 집이라도 엄마의 온기가 없는 싸늘한 공간이라면 무슨 소용이 있을까? 그것은 마치 지구의 축복이 더 이상 없을 때, 지구가 쓰러질 때 개개인의 행복이니 명예니 모든 것이 의미 없는 것과 같다.

우리 모두는 그녀의 아들이 되고 딸이 되고 어렸을 적 그 순수를 회복해야 한다. 그 무구함을 되찾아야 한다. 모든 자격증을 버리고 그 쾌활함과 장난스러움을 되찾아야 한다.

남편도 남자도, 악당도 선한 사람도 늙은이도 젊은이도 여자에겐 순진무구한 아들이 되어보라. 장난꾸러기 아기가 되라. 나이가 먹을수록 그렇게 되어보라. 엄마의 사랑을 받는 가장 좋은 방법은 그녀의 아이가 되는 것이다. 나이가 먹을수록 때때로 어리광을 피우고 때때로 아기처럼 여자 품에서 자라.

나이가 들어서도 어린애처럼 순수하고 무구해질 수 있다는 것, 높은 지성과 의식을 지니고 있음에도 언제든지 유쾌하고 장난스러워질 수 있다는 것, 그것이 진짜 성장이다. 그러면 죽을 때까지 행복하고 다음 생에서도 행복할 것이다.

---

* Osho, 『Glimpses of a Golden Childhood』

명상수업 10강

자신의 본질은 자기의 인격이 사라질 때에만 나타난다
폐쇄성과 허위를 벗어던지고 쾌활하고 자유스러운 인간을 위한 성장 명상

이 명상은 원래 하루 2시간씩 7일짜리 치유 명상이다. 처음 한 시간 동안은 자신만의 공간을 확보하고 자유롭게 어린아이와 같이 행동하고 다음 한 시간 동안은 고요히 앉아 아무것도 하지 않는다.

인생에는 성장이 사라지고 거짓됨이 자라나는 어떤 지점이 있다. 그때부터 우리는 스스로 분리된 채 심각하게 많은 지식을 쌓아가며 다 자란 어른으로서 홀로 외롭게 있다. 그런 채로 닫혀 있는 것이다.

이 명상은 우리가 성장을 멈춘 그 지점으로 되돌아가 일체의 가면을 벗어던지고 어린아이처럼 다시 태어나게 한다. 이 그룹 명상의 창안자 오쇼에 의하면, "자신의 존재 탐구에 있어서 어린이다운 쾌활함과 자유스러움이야말로 본질적으로 중요하다. 왜냐하면 그것들이야말로 가장 일찍부터 억압되고 왜곡되어 왔기 때문이다."

이 명상은 당신의 폐쇄성과 허위를 벗어던지고 삶의 에너지 파장을 근본적으로 바꾸며, 생생한 삶의 맥박 속으로 다시 돌아올 수 있기 위한 것이다. 그를 통해 당신은 더욱 신선해지고, 더욱 무구해지며, 명상은 더욱 쉬워질 것이다.*

명상법

 "이 명상을 하는 동안 진정으로 어린아이가 되어 전적으로 장난스러워져라.

 미움이 올라오면 미워하고, 사랑이 올라오면 사랑한다. 화가 나면 화를 내라. 그리고 잔치를 벌이고 싶다면 잔치를 벌이고 춤을 추어라. 과거의 것은 어떤 것도 지니지 말라. 순간에 진실하게 존재하고, 미래를 신경쓰지 말라….

 어린 시절을 다시 되찾으라. 모두가 그것을 원하지만 그것을 되찾기 위해 실제로 무엇인가를 하는 사람은 거의 없다. 모두가 그것을 원한다. 사람들은 어린 시절이 파라다이스였다고 말한다. 그것을 다시 찾으라. 그대의 어린 시절이 다시 돌아오도록 장난스러워지라. 그대의 마스크를 던져버려라. 인격이라는 그대의 얼굴을 벗어야 한다. 그러나 기억하라. 본질은 그대의 인격이 사라질 때에만 나타나는 것이다."

오쇼 〈명상: 처음이자 마지막 자유〉에서

 이 명상은 혼자서도 할 수 있지만 여럿이 할 때는 그룹 진행에 잘 훈련된 진행자와 적합한 명상 공간이 필요하다. 이것이 어려운 사람들을 위해서 다음의 명상을 소개한다.

자기 자신과 놀기 명상

 커다란 거울을 사용 앞에 알몸으로 서서, 표정들을 짓고, 이상야릇하고 웃기는 행위를 시작한다. 할 수 있는 모든 기기묘묘한 표정이나 동작을 위한 새로운 방법들을 찾아서 무엇이든지 하라. 그렇게 하면 당신은 크게 이완될 것이다. 당신은 당신 자신을 몸이나 얼굴이 아니라 한 의식으로서 바라보게 될 것이다.

　15~20분 동안 그렇게 하면서 단지 지켜보라. 그러면 당신은 놀라게 될 것이다. 당신은 바로 그 표정이나 행위들과 분리되고 떨어져 있다는 느낌을 받기 시작할 것이다. 당신이 만약 그것들과 떨어져 있지 않다면 어떻게 이런 일들을 할 수 있단 말인가? 당신은 그것들을 '나', '나의 행위' '나를 보여주는 것들'로서가 아니라 나의 밖에 있는 일련의 움직임들로 주시하고 있는 것이다. 그때 당신의 육체는 마치 공깃돌처럼 당신과는 상관없이 당신 수중에 있다, 그때 바로 어떤 것이 당신 수중에 들어 있다. 당신은 당신의 소유물이었거나 당신의 일부분이었던 것들을 당신의 바깥에 있는 어떤 그것으로 이리저리 맘대로 가지고 놀 수 있는 것이다. 곧 당신은 당신의 마음을 넘어, 그 마음을 자유자재로 가지고 놀 수 있는 무애 자유의 의식에, 깨침의 의식에 도달하는 것이다.

　위의 두 명상은 처음엔 거북할 수도 있다. 하지만 우리가 진실로 다시 태어나고자 한다면 새로운 것에 대한 모험을 감수해야 한다. 새로운 세계로 기꺼이 들어갈 수 없다면 결코 새로운 세상, 새로운 삶은 오지 않는다.

---

* 『오쇼 본어겐 퍼실리테이터 트레이닝 북』의 오쇼 인용문들 중 재인용 요약.

Chapter 3

생활과 현실

인생수업

현실과 열망 사이의 불화

도둑질을 하든 뭘 하든 생활을 이어간다는 건 눈물겹도록 소중하고 신성한 것이라고 생각되던 시절이 있었다. 적어도 나는 그랬었다. 겉보기가 화려한 요즘 세상에서는 정말 눈물겹도록 생활을 하고 있다는 것, 하루하루 산다는 게 소중한 사람은 별로 없을 것 같다.

그리고, 불꽃 없는 삶이란 이미 저주받은 거야, 그런 생각도 했던 것 같다. 불꽃? 어떤 불꽃 말인가?

세상엔 수많은 사람들, 다양한 사람들이 살고 있다. 그들은 대체로 서른 살 전후로 다들 비슷해진다. 기성 세대는 지겹고, 젊은애들은 한때 뿐이다. 어쨌든 나이든 인간들은 권력을 쥐고 있고, 새로운 세대는 살아갈 날이 더 많다. 권력을 쥔 자들은 늙어도 권력은 늙지 않는다. 젊은이들은 새옷을 차지하지만 입은 옷을 보고 사람 차별하는 것은 변함이 없다. 즉 그들도 기성 세대와 똑같이 된다.

기성세대나 신세대나 그들이 아는 새로운 삶이란 이미 모두가 다 알고 있는 그런 것이다. 그들은 겉으로는 딴소리 하고 있는지 모르지만 대부분은 이 세상을 만든 창조주는 고독과 섹스라고 생각하고 있는 것 같다. 사실 그들은 그것을 이길 수 있는 것은 아무것도 없다고 여기고 있다. 아니 그들 중 그것을 이겨낼 사람은 한 명도 없다.

그 안에 무슨 비밀이 있는지 그 너머에 어떤 세계가 있는지 아무도 관심을 두지 않는다.

도시에 흐르는 음악에는 우아함이 없다. 우아함, 기쁨, 조용함, 그 속에 깃든 넓은 자연, 사랑스러움, 고결하거나 신성한 어떤 존재에 대한 반가움과 어쩔 줄 모르는 손 흔듦, 유현한 평화… 내면에서부터 자연스럽게 꽃피어나는 에너지, 생명의 향기.

도시에서 듣는 어떤 음악에도 그런 것들은 없다. 당연하다. 우아함이란 생명 에너지의 자연스런 흐름과 그 아름다움에 대한 내적 자각과 감수성에서 나온다.

사람들에게서 우아함이라든지, 기쁨이라든지, 혹은 남자와 여자가 갖고 있는 자연적인 아름다움이 점점 사라져버렸다. 그리고 텅 빈 풍요, 시끄러운 꺼리들이 쏟아져 나오고 있다.

이것이 내가 살지 않으면 안 되는 세상, 저 사람들이 나 또한 그중의 하나인 그 사람들이란 말인가? 어디에서부터 어떻게 그렇게 되었나. 아! 침묵을 듣고 싶다.

명상수업 11강

훈련이 필요없는 명상. 명상은 자발적일 때 아름답다
한 순간 전 존재가 떨리고 확장되고 젊어지는 웃음 명상

한때 웃음치유사라는 직업이 유명해진 적이 있었다. 그들 중 상급자 한 사람이 어느날 명상 캠프에 왔기에 그들이 사람들을 어떻게 웃게 하는지 알게 되었다. 그들은 개그맨처럼, 코미디언처럼 여러 가지 연기를 하고 애를 쓰며 사람들을 웃게 만들었다.

그는 내가 여는 명상 캠프에서 체험한 프로그램들 중에 바로 이거다, 써먹자 하는 것을 발견한 것 같았다. 그는 서울도 돌아가 즉각 그 프로그램을 써먹기로 하고 행사를 개최했다. 모임 장소가 모자랄 정도로 사람들이 가득 찼다. 그가 프로그램을 설명한 뒤 시작을 알리는 종소리를 울렸다. 그는 기대에 부풀어 있었다. 명상 캠프에서 사람들이 보여주었던 어마어마한 에너지, 미친 듯이 터져나오는 에너지… 그런 것들 말이다.

하지만 그의 모임에서는 아무것도 일어나지 않았다. 흐지부지 행사를 마감한 뒤 그가 내게 전화를 걸어왔다.

"그때 저한테 뭐 잘못 가르쳐주신 거 아니요. 뭐 음악이라든지 효과음이라든지, 안내 지침이라든지 저한테 빼 놓은 거 있지 않으세요?"

"네? 그런 거 없는데?"

그는 납득이 되지 않는 모양이다. 자꾸 물어본다. 하지만 그때 그 사람이 보고 체험한 것이 다였다.

그들은 사람들을 웃게 하기 위해 무언가를 한다. 사람들에게 웃음이 일어나도록 유도한다. 웃기는 모습을 보여준다.

액티브 명상은 그런 게 없다. 액티브 명상은 나나 다른 사람이 명상법을 안내한 뒤 종을 치면 바로 시작한다. 참가자들의 에너지에 맡겨버린다. 액티브 명상에서 가장 중요한 것 중 하나는 자발성이기 때문이다. 그것이 차이이다.

그래서 '액티브 웃음 명상'은 훈련된 웃음이 아니다. 웃음치유 명상과 울음치유 명상을 처음으로 창안한 오쇼는 이렇게 말한다.

"과학자, 의학자들은 웃음이 몹시 중요하다는 사실을 발견했지만 웃음에 대한 그들의 생각은 대단히 어리석다. 그들은 웃음이 훈련되어야 한다고 생각한다. 그들은 사람들이 웃는 법을 배워야 한다고 생각한다.

그러나 모든 사람이 웃는 법을 훈련한다면 아무런 웃음도 존재하지 않을 것이다. 웃음을 훈련해서 뭔가를 할 수 있을지 모르지만, 그것은 일순간 전 존재가 떨리고 확장되고 젊어지는 전체적인 변형이 될 수는 없다.

웃음을 훈련해야 될 정도면 불쌍한 인간이다. 새가, 지저귀기 위해선 '우리를 먼저 훈련시키시오' 그렇게 말한다면 추한 일일 것이다. 왜 인간은 모든 것을 훈련받아야 하는가? 왜 자발적이 되도록 내버려두지 않는가?"

이 세상에서는 모든 것이 겉치레가 되었다. 사람들이 겉치레를 믿기 때문이다. 어떤 행동이 자발적으로 일어날 때 일어나게 내버려두라. 그 자발성을 즐겨라. 그 "어떤 것이 자발적일 때 그것은 자체로 아름답다."

명상법

이 명상은 당신이 인생의 자그마한 일들도 즐기기 시작하도록 도와준다.

이 세상에 심각한 것은 아무것도 없다. 존재하고 있다는 사실만으로도 얼마나 행복한가? 어린애처럼, 흐르는 물처럼, 거울처럼.

첫 단계는 킬킬거리며 웃고, 두 번째 단계는 대지와 접속하며 이에 의해 당신은 에너지로 차 있게 되며 마지막 단계에서 당신의 춤은 다른 질을 지니게 될 것이다. 하루 중 적당한 아무 때라도 할 수 있다.

첫 번째 단계

조용히 앉아 눈을 감고 당신 존재의 내장에서부터 키들거리는 웃음을 만들라. 마치 자신의 온몸이 낄낄거리고 웃는 것처럼 하라. 웃음과 함께 몸을 흔들면서 시작하라. 그 웃음이 배꼽에서부터 온몸으로 퍼져나가도록 하라: 이를테면 손이 웃고 발이 웃는다. 웃음 속으로 미쳐 들어가라. 요란하게 시끄럽게 되거든 그를 허용하라. 웃음이 잦아든다면, 그때는 때로는 침묵하고 때로는 시끄럽게, 하지만 웃음을 계속하라.

두 번째 단계

누워라. 바닥에 활짝 엎드려 누워라. 대지와 접촉하도록 하라. 온몸이 대지에 누워 있다. 지구가, 땅이 어머니 당신은 어린아이라는 것을 느껴야 한다. 그 느낌과 일체가 되어라. 대지와 함께 호흡하고

101

대지와 하나임을 느껴라.

세 번째 단계

일어나서 춤을 추기 시작하라. 대지와의 접촉과 에너지 충전으로 기운이 왕성해진 당신의 춤을 다른 질을 지니게 될 것이다. 어떤 춤이든 그저 춤을 추라.

깊숙한 중추에서 터져 나오는 웃음은 놀라운 정제 작용과 에너지 통로를 순화시켜준다. 이어지는 춤은 침묵과 환희의 춤이다.

인생수업

당신은 언제가 가장 행복했나요?

　살면서 축복받은 느낌이 기억나지 않는다면 당신의 삶은 슬프다는 뜻이다. 인생은 고달픈 것이고, 계속 끌고 다녀야 하는 짐짝처럼 여겨진다는 뜻이다. 아마 당신은 축복이란 말이 무슨 뜻인지도 모를 것이다.
　당신이 한 줄의 시도 쓸 수 없다면, 자그마한, 보잘 것 없는 것처럼 보일지라도 무언가 이 삶에 자신만의 어떤 것을 만들어 선물할 수 없다면, 당신의 가슴은 수많은 분노와 굴욕감의 언어로 이글거리고 있다는 뜻이다. 당신의 삶에는 아무런 영광도, 절정도, 기억할 만한 어떤 가치 있는 것도 없다는 뜻이다.
　당신은 점점 이렇게 되어 가고 있을 것이다.
　'천사와 어린 왕자들? 그거 돈이 되는 건가? 그러면 빨리 팔아치우자. 뭐든지 다른 놈들한테 뒤처져서는 안 돼.' '슬픔은 사치야. 이 차가운 현실에선 흔적도 없이 해치워야 돼. 물론 가끔은 좋아. 하지만 착해 빠진 겁쟁이들한테나 줘버려라.'
　이런 것이 어른들이 인정하는 어른들이다. 천사와 어린 왕자들이 사라진 자리에 우리는 저마다 슬픔에 관한 치매증 환자들이다. 당신의 뇌는, 당신의 심장은 슬픔 치매입니다.

103

그래도 다들 살아남는다. 살아 있다는 걸 잘 기억하지도 못하면서. 슬픔이 어떻게 찾아오는지 알지도 못하면서. 분노가 어떻게 시작되었는지 알지도 못하면서.

명상수업 12강

타인 때문에 분노가 생긴다는 이론은 진실이 아니다
부정적인 감정을 벗고 인간관계를 회복하고 싶을 때. 완전 빡쳐서 돌아버리기

현대인에게는 뼛속 깊은 곳에서 매섭고 지독한 사악함과 깡그리 적나라한 말투로 자신의 껍질을 벗겨내고 싶은 욕구가 존재한다. 하지만 현재의 인간은 교양의 가면 아래 지나치게 기교적이고 가식적이다. 그리고 그것이 인간을 불구로 만든다.

우리는 늘 내가 화내는 것은 다른 사람이 상처를 주었기 때문이라고 이론적으로 믿고 있다. 그러나 그것은 진실이 아니다. 분노란 항상 거기에 있다. 다른 사람은 화를 내기 위한 구실이 되어주었을 뿐이다.

그러나 "부정적인 에너지는 개인적으로 표현되어야 한다. 다른 사람들에게 던져버리면 안 된다. 모든 문제는 당신의 문제이며 때문에 개인적으로 사적으로 해결되어야 한다.

자신의 더러운 옷가지를 사람들이 모여 있는 장소에서 세탁할 필요는 없다. 왜 불필요하게 다른 사람들을 끌어들이는가? 불필요하게 자신의 이미지를 추하게 만들 필요는 없다."

명상법

이 명상 매일 밤 잠 들기 전에 한 시간 하면 좋다.

1단계: 완전 돌아버리기(Go Bananas)

원숭이가 바나나 먹다가 껍질에 미끄러져 저 혼자 미친 듯이 흥분해서 난폭해지는 모습을 상상하면서 해보면 도움이 될 것이다.

침대에 앉아 마치 빡친 원숭이처럼 하고 싶은 건 뭐든지 다 한다. 화가 나거나 있는 대로 부숴버리고 싶거나 누군가를 패죽이고 싶다거나 할 때 하는 짓을 다 한다. 하지만 비싼 걸 부수지는 않는다. 종이 뭉치를 찢어버리거나 베개를 두드려 패는 것이 좋다.

2단계: 사과하기*

다음 날 아침에 눈을 떠서 원한다면, 마치 원시인들처럼(예의범절을 모르는 어린아이들처럼) 당신이 '때리거나' '화를 낸' 사람에게 가서 사과할 수 있다.

---

* 마음은 극단에서 극단으로 움직인다. 실컷 나쁜 짓을 하고 나면 아주아주 착한 사람이 되고 싶고, 아주아주 현대적으로 산 사람은 갑자기 아주아주 원시인처럼 자연인처럼 살고 싶어진다.

마음을 청소하고 나면 어린애처럼 깨끗해져서 갑자기 화를 낸 상대방에게 사과를 하고 싶은 마음이 들지도 모른다. 그러면 사과하라. 하지만 문명인처럼 사회에서 머리로 배운 예의범절을 지키며 하지 말고 그런 건 전혀 모르는 순수한 원시인처럼 한다. 머리는 머리에서 끝난다. 순수는 순수와 통한다.

『Meditation Inc. 144 Techniques to Transform the Quality Your Work and Life』 참조.

인생수업

지독하게 완전한 것들

모든 것은 반복된다. 지독하게 반복된다.

당신은 지금 생각을 하고 있다. 얼마나 반복된 일이던가? 당신은 불안해하거나 걱정하거나 편안해하거나 하고 있다. 얼마나 반복된 일이던가? 당신은 몇십 년을, 수백 번의 생 동안 그것을 반복해왔다. 이 변하지 않는 반복, 아무리 애를 써도 계속해서 반복된다.

부가 반복된다. 지겹고 무섭다. 착취가 반복된다. 지겹고 끔찍하다. 그렇다고 죽지도 않고 인간으로 계속 살아 있어야 하다니 그저 지겹고 끔찍하게 여겨질 지도 모른다. 무언가 혁명적인 변화가 필요하다. 하지만 혁명도 반복된다. 지겹다. 혁명은 맨날 실패만 하니까 인기도 별로 없는 것 같다. 이 지겨움, 이 지독한 반복을 어디서 끊어야 하나?

이 무한한 반복을 무한한 지복으로 바꿀 수 없다면 인간은 계속해서 반복을 되풀이하면서 허무의 심연 속으로 떨어질 것이다.

선한 마음과 악한 마음이 있다. 지금은 한 가지 더 늘었다. 허무한 마음이다. 허무한 마음은 아주 착할 수도 있다. 하지만 어떤 악한 마음보다도 우수하게 파괴적일 수 있다.

107

라스베거스 총기 난사 사건의 범인을 보자. 그는 어머니한테 효도했고, 일을 그만둔 가정부한테 위로금으로 10만 달러를 주었다고 한다. 전문직 종사자였던 그는 은퇴 후엔 라스베이거스에 가서 도박을 해도 따기만 하는, 운 좋은 재수 없는 남자다. 돈을 왕창 날렸다면 다른 일이 벌어졌을지도 모르지만 돈까지 딴 그는 야외 콘서트장을 물색한 뒤 총질하기 좋은 장소에 숨어서 마구 난사한다. 그날 이후 많은 먹물들이 떠들어댔지만 그가 왜 그런 무차별 난사를 했는지 정확한 원인을 찾았다는 기사는 보지 못했다.

내가 보기엔 그는 허무한 마음의 인간이다. 허무한 마음은 종잡을 수 없다. 미친 놈인가 하면 안 미친 놈이고, 착한 놈 같은데 아닌 것 같고, 나쁜 놈인 것 같은데 딱히 증거가 없고…. 그러다가 그의 허무가 난데없이 인류를 향해, 인간을 향해 화염방사기와 실탄을 쏟아내는 것이다.

매일매일 무섭도록 반복되는 이 마음의 세계, 안정과 풍요의 세계, 무의미의 세계가 지겨운 사람들이 있다. 차라리 핵전쟁으로 망하기나 하지! 그들은 항상 이 도시와 도시의 인간들을 효과적으로 파괴하기 위해선 어떤 발명품이 좋을지 오늘도 궁리하고 있다. 허무주의자는 그러니까 지독한 인간의 탈을 쓴 사람이다. 그런데 이 지독한 인간의 탈이란 '에고'라고 하는 것 이외에 다른 것이 아니다.

선한 마음, 악한 마음, 허무한 마음 말고 무심이 있다. 무심은 모든 마음의 차원 너머에 있다. 선한 마음도 악한 마음도 허무한 마음도 아니다.

서구의 정신은 오래 동안 인간의 마음을 연구해왔다. 하지만 더 진화된 악인들을 탄생시켰을 뿐 진화된 영혼은 가뭄에 콩 나듯 한 것 같다. 있긴 있을까? 한 요기는 백여 년 전 이렇게 말했다—백 년 이상 서구에서는 한 사람의 위대한 영혼도 탄생하지 않았다. 각 분야에 최고라고 칭송받는 사람들은 줄을 잇고 있지만 위대한 영혼은 만나기 힘들다. 에고를 벗어버린 자, 마음을 내려놓은 자가 진정 위대한 영혼이기 때문이다.

서구의 지성과 논리는 마음을 넘어서는 것에는 관심을 두지 않았다. 아니 그들은 오히려 무심 같은 것은 미친 짓으로, 말도 안 되는 헛소리로 정의했다. 기껏해야 신비주의로 남겨두었고 신비주의는 상품화되었다. 그들 중 최고 지성이라는 사람들도 인간은 육체도 마음도 아니며, 마음은 시각이나 청각처럼 인간의 한 기능에 불과하다는 것, 인간 존재는 마음 이상이라는 점을 이해하지 못했다. 그들은 에고를 더 강화시키며 이 세상을 온통 에고의 판으로 만들기로 작정한 사람들이고 거기에 따라 지친 에고들, 곧 허무주의자들이 등장하게 된다.

왜 허무주의는 필연인가? 에고의 세계에서는 실체는 없다. 다만 반복함으로서, 지독하게 반복함으로서 실체처럼 보이게 하는 것이다. 그것이 에고의 생존 방식이다. 에고는 어떻게 해서든지 튀어보려 한다. 어쨌든 이러저러한 사람이 되어보는 것, 그것이 에고의 생존방식이다.

계속해서 나오는 문화적 상품들과 홍행물들은 전부 마음 안에서의 에고가 지지고 볶는 것들이고, 에고의 세계에서 사는 이런저런 마음들이 짜낸 온갖 묘수들이다. 인간의 마음을 연구하기보다는 그것을 넘어서는 방법을 연구했다면 인류는 최소한 10세대 이상 진화

109

의 시간을 절약할지 모른다.

마음을 넘어간 한 선승은 삶의 경이로움을 이렇게 표현한다.

얼마나 이상한 일인가
벚꽃 아래 이렇게 살아 있다는 것은!

왜 살아 있음은 찬탄과 경이의 시가 되지 않는가? 일체에 대한 긍정과 생의 찬가가 들려오는 곳, 매일매일 순간순간이 새로운 순간이 되는 것—인간 존재는 영혼 깊은 곳에서 그런 곳을 찾는다.

절대적인 완전함과 지복의 세계는 사념, 행복감, 성취, 이론 속에 있는 것은 아니다. 더할 것도 없고 뺄 것도 없는 순수한 침묵의 공간으로 들어가보라. 저 너머에서 들려오는 시, 정일(靜逸)한 세계에서 들려오는 아득한 목소리. 가슴의 침묵….

얼마나 경이로운 일인가! 이 햇살, 이 바람, 이 젊은 나무.

명상수업 13강

명상은 근본을 탐구하는 것, 문제가 아니라 답을 주려는 것
우리 안에 있는 모든 소리를 폭발시키기 명상. 신음 치유 명상

　세상에는 많은 명상 치유가 있다. 다들 이론적으로는 완벽하게 보인다. 하지만 시간이 너무 많이 걸리고, 심리적 분석과 체계화를 통해 두뇌 중심적으로 호소한다. 혹은 마음 안에서 마음을 다루는 것에 불과한 것으로 그렇게 해서는 명상의 핵심에 도달할 수가 없다. 마음을 치유하기 위해선 마음 밖으로 나가 마음을 떨어져서 지켜볼 수 있어야 한다. 정신분석이든 마음 치유이든 그저 또 다른 마음으로 어떤 마음을 임시로 대체해놓은 것이다. 마음은 체계적이지만 마음을 뛰어넘은 의식은 한 오라기 이론이나 개념 따위는 없다.
　명상은 근본, 뿌리를 존재 체험적으로 탐구하는 것이며, 문제를 이해시키려는 것이 아니라 답을 주려는 것이다. 그리고 이것이 당신을 위한 답이니 무조건 시키는대로 하라는 것이 아니고, 내 말이 일리가 있다고 여겨지거든 한 번 체험을 해보세요, 그리고 그것이 당신에게 맞는다고 여겨지면 얼마 동안은 계속 해보십시오라고 권한다. 모든 결정은 당신이 내리는 것이고 답은 자기 안에 들어 있기 때문이다.
　세간에 널리 알려진 명상 치유를 사용하면 잘 정리되어 있어서 자기 마음의 문제를 알 것도 같지만 그렇다고 문제가 해결되지는 않는다. 자기 안에 녹이 생긴 이유를 머리로 백 번 천 번 이해한다고 해서 녹이 제거되지는 않는다. 또 대부분의 해결법은 대부분 녹을 제거하는 동안 또 다른 녹이 생기기 일쑤이다. 그래서 액티브 명상은 빠르고 강력하며, 아름다운 해결책들을 제시한다.

아름다운 해결책이라? 상처가 치유되려면 병든 부위만 없어진다고 낫는 것이 아니라, 새 살이, 새로운 삶이, 새로운 기쁨이 돋아나야 하기 때문이다. 이런 것이 명상과 테라피, 진정한 치유에 대한 오쇼의 관점이다. 그가 제안한 명상에는 다음과 같은 것도 있다.

이 명상은 30분 동안 온갖 신음 소리를 내다가 마침내 태양을 찬가하는 것으로 마무리하는 명상이다.

슬퍼하더라도 당신은 살아 있다. 당신이 누군가를 죽도록 미워하더라도 살아 있다.

당신이 절망하더라도 살아 있다. 어떤 감정도, 어떤 마음도 살아 있다는 것을 능가하지는 못한다.

살아 있다는 것은 무엇인가? 생명의 빛이라고 하는 것처럼 우리는 빛이며 빛과 연결되어 있다. 우리가 살고 있는 이 지구에 빛을 주는 것이 태양이다. 태양을 볼 수 있다면 우리는 여전히 살아 있다. 당신은 여전히 살아 있다. 태양의 빛이 없다면 생명의 빛도 꺼질 것이다. 태양을 찬가하라! 또한 생명은 자신을 표현하는 동안에만 살아 있다. 아무런 표현도 없다면 생명이 끝난 것이다. 무수한 방법들을 통해 수많은 생명체들이 자신을 표현하고 있고, 그 소리로 가득 차 있는 것이 자연계이다.

2400여 년 전 장자는 모든 소리를 우주 자연의 소리 천뢰와 사람 소리 인뢰와 땅의 소리 지뢰로 나누어 이것들을 꽤나 상세히 묘사했다. 예컨대 자연의 소리는,

"대지가 내뿜은 소리가 바람이다. 한 번 일기만 하면 지상의 모든 구멍이 모두 성난 듯이 울부짖는다. 자연 속에는 숲, 이런 저런 나무, 구멍, 연못 웅덩이… 골짜기… 여러 가지 바람 구멍들이 있는데 격류와도 같이 쾅쾅하는 소리, 화살이 날 듯이 쉬우 하는 소리, 꾸짖 듯이 거센 소리, 숨을 들이쉬는 듯한 소리, 목청을 높여 부르짖는 소리, 탁 가라앉아 흐린 소리, 깊숙이 기어들어가는 소리, 재재거리듯 이 맑은 소리… 대체로 그 불어내는 것이 만 가지로 같지 않지만 그 것들을 제멋대로 불어내게 하는 것이 천뢰이다."

또한

"만 가지 소리의 울림이 자기 자신의 원리로 울리는 소리며, 일체 의 언론은 바람이 구멍을 지나며 내는 소리와 같다. 사람이 하늘의 입장에 섰을 때 일체를 있는 그대로 긍정할 수 있다"라고도 하였다.

하늘의 입장에서 일체를 있는 그대로 긍정하는 것이 태양을 향한 찬가이다.

장자로부터 2400여 년 후 푸나의 오쇼 아쉬람에는 오쇼의 뜻에 따라 장자홀이 만들어졌고 그의 유언에 따라 화장한 오쇼의 재는 그곳에 안치된다. 오쇼는 이렇게 말한다.

"우리의 기본적인 존재는 소리로 이루어져 있다. 그것은 인간 존

재에 대한 가장 고대의 통찰의 하나이다. 그대가 참가하지 않는다면 그대 자신의 소리는 작동을 시작할 수 없다. 듣는 것만으로는 작동할 수가 없다. 적극적이고 활동적이고 생생하게 되어야만 한다."

"그대의 존재 안에는 저수지와 같은 거대한 소리들이 있으며 그것들은 폭발되고 싶어 한다. 그것이 폭발하지 않으면 그대는 빛을 느낄 수 없을 것이다. 그대는 소리들을 도와야 한다. 소리들은 태어나길 원하고 그대는 그것들에 소유되어야만 한다. 그것이 소리들을 도울 수 있는 유일한 방법이다."

명상법

가장 좋은 때는 아침 일찍 5시경 해가 뜰 무렵. 시간은 30분

방법

콧노래로 웅웅 흥얼거리고, (비통, 비탄, 낙심, 고통, 슬픔, 한탄, 불평) 신음소리를 내고, (낙심, 비웃음, 통증, 불만, 노여움) 신음소리를 내라. 동시에 좌우로 흔들고 휘청거려라.

목구멍에서부터 소리가 올라오는 느낌으로 시작하라. 목구멍에서부터 올라오는 비통한 신음소리, 낙심천만과 노여움의 소리, 콧노래로 주절거리는 소리. 소리의 파문들이 올라오는 것을 느껴라.

부끄러워 말고 망설이거나 숨기지 말라. 소리에 소유당하라. 소리들이 의미 있는 것이 아니다. 그것은 실존적이지 의미가 있는 것이 아니다. 그것들을 즐겨야 한다. 그것이 전부다. 그것이 떠오르는 태양에의 찬가가 되게 하라.(그저 노래를 부르거나 흥얼대거나 중얼중얼거린다. 뜻이 없어도 괜찮지만 귀로 들을 수 있게 소리를 내며 몸을 좌우로 흔들면서 그 소리들을 즐겨라. 소리들이 의미를 갖게 될 수도 있다. 몸을 움직이며 그 소리들을 기뻐하고 즐겨라. 태양이 떠오르거든 그때 멈추라.)

인생수업

당신은 누구인가?

　오늘날엔 가공식품 같은 삶들이 가득하다. 포장지에 들어 있는 삶들이 넘쳐난다. 날것 그대로의 삶은 찾기 힘들다. 구경꾼들이 삶의 형태와 금액과 박수 소리를 결정한다.
　사람들은 모험을 떠나기도 한다. 극한이라고 불리우는 것들을 향해 가보기도 한다. 하지만 그 안에는 아무것도 없다. 가도 가도 그 자리인 것이 어딜 가든 자신의 마음을 끌고 다니기 때문이다. 한때는 이랬다가 저럴 때는 저랬다가…. 당신은 누구인가?

명상수업 14강

액티브 명상 길라잡이-현대인을 위한 전방위 명상 혁명

1. 왜 액티브 명상인가?

　사람들은 늘 무엇을 추구하고 있다. 무엇인가를 찾고 있으며, 무엇인가를 기다리고 있다. 성공을, 합격을, 주식이 오르기를, 병이 낫기를, 아니면 언젠가 다가올지 모르는 사랑을 기다리고 있다. 아니면 이제까지의 삶과 모든 것을 한 번에 바꿔줄 결정적이고 결론적인 그런 빛의 체험을 기다리고 있는 사람들도 있다. 어떤 기다림, 어떤 목마름이 모두에게 있다.
　명상가들은 이렇게 말한다.

　"당신은 단지 존재하고 있으면 명상의 완전한 기쁨을 얻을 수 있다. 왜냐하면 존재 그 자체가 기쁨을 내포하고 있기 때문이다."

　단지 존재 자체만으로 완전한 지복인 존재들을 붓다(Buddha)라고 한다. 붓다는 불교(Buddhism) 용어는 아니다. 불교 이전에도 불교는 있었다. 붓다 이전에도 붓다는 있었다. 앞으로도 그는 존재할 것이다. 그것은 어떤 조직된 종교와도 무관한, 인간의 내적 의식이 도달하는 필연의 일종이다. 현대에 나타난 붓다인 오쇼는 이렇게 말한다.

"모든 이는 중심에 있어서 붓다이다. 이것이 내가 아는 인간의 유일한 동등성이다."

그에 의하면 명상은 우리를 우리 존재의 가장 깊은 중심, 궁극적인 본질에 당도하게 하는 것을 뜻한다. 우리는 모두 붓다이다. 명상은 그를 발견하도록 깨우치는 것이며 그 이외는 이런저런 체험의 도구들일 뿐이다.

오쇼는 현대인들을 위한 액티브 명상을 창안했다. 하지만 자기가 만든 명상이나 그런 명상을 하는 명상 센터들에게 오쇼라는 이름을 떼어버리라며 여러 가지 시행 장치들까지 마련해 놓고 육체를 떠났다. 왜냐면 중심에 들어가는데 있어서, 자기 자신이 되는데 있어서 오쇼니 뭐니 다 걸림돌이기 때문이다. 자기 자신으로 서라. 그것이 액티브 명상의 핵심이다.

인간은 모두가 붓다라는 것 말고는 한 사람도 같은 사람이 없다라는 것 또한 중요한 통찰이다. 말인즉 우리는 누구를 따라서 살 필요가 없다. 예수나 공자나 석가모니, 누구누구를 따라서 그들처럼 살겠다는 것은 우주의 법칙과도 맞지 않는 비자연적인 삶이다.

누구나 당신만의 삶이 있으며 자기 삶을 창조하는 존재들이다. 자기의 존재를 축하하고 더불어 사는 모든 존재들의 삶을 축하하는 것. 어떤 형태의 삶이라도 소중하며 창조적으로, 풍요롭게 사는 것, 그것이 액티브 명상의 이를테면 부수 작용들이다.

액티브 명상에 있어서 진정한 명상가는 전혀 심각하지 않다. 그는 단순하고 명쾌하다. 더 많이 사랑하고, 더더 행복해하는 자이다. 그는 물질주의자인 동시에 영적주의자이다. 그는 쾌락주의자인 동시에 초월주의자이다. 그는 성을 완전히 긍정하고 즐기면서도 그것이 성을 초월하는 유일한 방법임을 알고 실천하는 자이다.

그는 어떻게 생명력이 지성의 깊이를 증가시켜 주며, 삶이 주는 찬란한 측면들을 즐기게 하는지 잘 알고 있으며, 그것들을 충분히 누리고 표현하는 자이다. 그는 이 행성에 대한 사랑도—모든 각도에서의—우리의 권리라고 주장한다. 혹은 그런 결론에 도달하고 그것을 실천하게 된다. 내적 세계 뿐만 아니라 외적 세계에 대한 거대한 발견자이자 창조자로서의 당신을 배우게 되는 것—그런 것이 액티브 명상의 길이다.

액티브 명상은 과학이라고 오쇼는 말한다. 내면의 과학이다. 외적 과학이 실험을 통해 진실을 입증하는데 비해서 명상 과학은 개개인의 체험들을 통해 진실을 입증하는 내면의 과학이다. 또한 현대 과학의 역사보다도 더 오래된 역사와 전통을 지니고 있다.

명상이 진짜라면 그 실천의 효과는 누구에게나 들어맞아야 한다. 진짜는 작동하는 법이다. 진리는 현실 세계에 통하게 되어 있다. 작용하게 되어 있다. 누구에게는 들어맞고 누구는 소용없다면 그것은 과학이라고 할 수는 없다. 그것을 제대로 하기만 하면 누구에게나 같은 결과를 가져오는 것이 과학이고 그렇지 않은 것은 과학이라 할 수 없다.

그런데 오쇼는 모든 사람에게 맞는 명상은 없다고 한다. 인간에겐 최소한 112가지 유형이 있기 때문이다. 오쇼는 예전에는 112가지였지만 현대에는 새로운 유형이 추가되었다고 말한다. 그래서 그는

400여 가지가 넘는 명상법들을 통해 112가지 유형의 모든 사람들에게 적합할 수 있는 모든 명상을 제시한다. 따라서 어떤 사람도 자기 자신에게 맞는 명상법을 찾을 수 있다는 것 — 이것이 오쇼 명상의 내적 과학성이다.

액티브 명상법들은 개인적으로 누구나 생활 속에서 할 수 있도록 고안된 자급자족 명상이다. 곧 개인성을 최대한 고려한 주체 존중의 명상이다. 명상은 본질적으로 개인적이며 자발성이 중요하다. 모든 사람들에게 한두 가지 방편만 죽어라고 가르치는 독재적인 명상, 지도자에 의존하는 특정 수행자들의 명상은 구시대적인 것이다. 오늘날 명상은 과학적으로 접근해야 하며, 민주주의라는 시대정신과도 들어맞아야 한다. 액티브 명상은 각자의 모든 취향과 의견을 존중하면서도 주체적인 자발성을 일차적으로 중요시하는 명상이다.

인류는 지금까지 인간과 자연계의 모든 것을 노예처럼 부려먹는 데 얼마나 골몰해왔던가? 인간의 노예화를 통해 지금의 선진국들과 강대국들이 만들어졌고, 천문학적 재벌들과 강대한 특권층이 만들어져왔다. 빌 게이츠나 스티브 잡스같은 이가 자본주의 대제국을 이룬 것도 자기 회사 직원들을 철저히 노예처럼 만들어버린 다음의 일이다. 노예화 프로젝트는 지금도 언제 어디서나 형태를 바꿔 강력하게 추진되고 있는 대유행이며 멈출 수 없는 유혹이다. 정치나 종교, 경제, 문화, 모든 분야에서 노예화의 술책과 관행과 비법들이 진행되고 있다.

액티브 명상은 주인 대 노예의 구조로 이루어져 온 지금까지의 인류 역사에 대한 가장 본질적이고 실제적인 영적 혁명이라고도 할 수 있다. 왜냐면 그것은 일차적으로 우리 내부의 생명력을 그렇게 재탄생시켜주기 때문이다.

지금은 초광속시대이다. 시간 개념이 과거의 우마차 시대와 판이하게 변했다. 원효가 붓다의 진리를 구하는 시대에는 신라에서 백제까지 한참, 또 백제 국경을 간신히 통과해 서해까지 한참, 배 타고 한참, 중국에 들어가서도 한참… 이런 식으로 몇 년씩 걸리는 게 당연한 시대였다. 혜초를 보라. 수 년간 인도까지 갖은 고생을 하고 갔다가는 결국 신라로는 돌아오지 않고 중국에서 죽었다.

프로이트 생전에 정신분석 상담을 받는 방법도 우마차 시대와 다르지 않았다. 런던에서 프랑스까지 며칠, 또 며칠, 부분적인 증상 한 가지를 상담하는 데만 반 년에서 2년 걸리고, 다른 증상들도 하나씩 또 그만큼 해야 한다.

우마차 시대의 시간관념과 생활 스타일에 기반한 모든 심리치료나 기법들은 곧 사라질 것이라고 오쇼는 예측한다. 21세기도 20년이 넘게 흘렀는데 무엇이 달라진 게 있나? 여전히 많은 것들이, 많은 심리치료법들이 우마차 시대에 머물러 있다.

현대 명상법들은 현대인의 멘탈리티와 생활감각에 맞게 빠르고 강력해야 한다. 액티브 명상은 지금까지 존재해왔던 모든 명상들보다 강력하고 빠르다. 그래서 액티브 명상들은 현대적인 명상이다.

액티브 명상이 현대인을 위한 명상인 데는 보다 더 깊은 이유가 있다. 오늘날 인간과 예전의 인간은 다르다는 것이다. 3천 년 전에 만들어진 명상들은 그 시대의 인간들에 맞게 만들어졌다. 지금의 인간들은 여러 가지로 병들었다. 우리가 먼저 치유가 되지 않고는 명상에 든다는 것은 불가능하다.

그래서 오쇼는 치유적인 명상 방편들을, 말하자면 만들 수밖에 없었다. 처음엔 그도 3천 년 전 방법들을 가르쳐 보았지만 그것이 현대인들에게는 한계가 있음을 깨달았다. 그래서 그들을 위해 다이나믹 명상과 같은 혁명적인 방편들을 만들게 되었던 것이다.

그래서 그것은 어떻다는 것인가? 예컨대, 문 없는 방안에 새들이 사는데 창문을 열고 하늘을 보여주어도 나가지를 않는다. 어떻게 할 것인가? 불을 확 질러보라. 다들 쏜살같이 밖으로 나간다. 그런 점이 액티브 명상의 혁명성이고 전체성이다.

액티브 명상은 머리나 귀로 듣고 가만히 앉아서 하는 명상이 아니라 몸·마음·감정층이 같이 움직이는 전체적인 명상이다. 액티브 명상은 몸과 마음을 나누지 않는다. 그것은 언제나 몸-마음이다. 새가 방 밖으로 뛰쳐나가면서 부분적으로, 몸 따로 마음 따로 어그적거리며 날아갈 수는 없지 않은가? 100퍼센트 자신의 에너지를 투자해야 한다. 그런 만큼 변한다. 그것이 액티브 명상이 변화를 만들어내는 혁명적인 방법론이다.

우리들 현대인은 방안에 갇혀 지내는 새들과 같다. 그곳이 세상 전부인 줄 안다. 그곳에서만 날고, 그곳에서만 번식하고, 하늘 같은 건 아예 모른다. 체험해 본 적이 없다. 머리로는 뭐든지 안다.

어떤 용감한 새가 바깥 세상에 나갔다 와서는 새들에게 창문을 나가면 무한한 하늘, 아름다운 산과 강, 바람이 있다고 말하지만 아무도 믿지 않는다. 그들은 그런 말들을 연구하고 분석하고, 그런 말 하는 새는 정신이 정상이 아니라며 치료하려 든다.

하늘을 날기 위해서는 오래 걸리지 않는다. 그럴 필요도 없다. 단 삼일만으로도 충분하다고 오쇼는 말한다. 그리고 하늘에만 머무르지 말고 다시 이 세상 속으로 돌아오라고 말한다. 당신만 하늘에서 날면 무얼 하겠는가? 아직 새장에 갇혀 있는 새들을 위해 그곳으로 돌아와서 나는 새, 자유로운 새, 행복한 새의 진정한 모습을 분명히 보여주라, 그래야 그들도 하나둘씩 하늘을 향해 날기 시작할 것이다, 그래야 이 세상의 거짓됨과 오염들과 고통과 불행한 사람들이 사라질 것이다.

이 세상 속에 존재하라. 성장은 관계와 명상을 통해 이루어진다. 세상 속에서 명상하라. 관계 속에서 성장하라—그것이 액티브 명상이다. 사랑과 명상이 두 개의 날개가 되라. 그것이 액티브 명상의 생존 방식이다.

그렇지만 3천 년 전이든 현대이든 명상의 본질은 무위의 행위이다라는 점은 변함이 없다. 명상은 있는 그대로 존재하는 것이다.

그래서 오쇼는 액티브 명상은 명상이라기보다는 명상을 위한 테크닉이라고 말했다. 그리고 이 삶 속에서 만나는 어떤 것들도, 어떤 순간도 명상이 될 수 있다. 자. 이제 당장 날아라. 이 점이 정말 중요하다. 가면 곧장 간다.

지금까지 명상은 소수의 영적인 노력을 의미했다. 요즘은 구글이나 빌 게이츠의 회사 같은 세계적인 기업들도 직원들에게 명상을 필수적인 시간으로 배정해 놓고 있다 한다. 우리나라도 점점 비슷하게 되어가고 있다. 앞으로의 시대는 명상은 더 이상 정신적인 사치가 아니라 생존의 필수품이 될 것이다.

오쇼의 말처럼 탄생이 생은 아니다. 그것은 단지 하나의 기회, 스스로의 삶을 꽃피우기 위한 하나의 기회, 과정의 시작일 뿐이다.

당신은 진정으로 이 삶을 긍정하고 충분히 즐기고 있는가? 그것을 무거운 짐이 아니라 선물로 받아들이고 있는가? 당신의 육체를 존경하고 올바르게 보살피고 있는가?

삶이 주는 모든 관계들 속으로 기꺼이 움직여 들어가고 그러면서 여전히 자신의 중심에 남아 있는가? 사랑을 두려워하지 않고, 진심으로 사랑 안에 있는가?

이제 우리 자신을 보살펴야 할 시간이 무르익었다. 어떻게 해결할 것인가?

명상이 곧 그 길이다. 그 길 위에서, 당신은 자신에 대한 한낱 희망사항이 아니라 이미 그것이다. 그 길 위에서만이, 당신은 하나의 의문부호가 아니라 진정한 삶이다. 우리는 그 이외는 달리 될 것도, 될 수도 없다.

2. 액티브 명상 치유-폭풍

지금 전 세계는 치유 요법에 커다란 필요성을 느끼고 있다. 그 모두가 사람들이 짐을 더는데 약간의 도움을 줄 수 있다. 그러나 인간이 진정으로 성장하도록 도울 수는 없다. 그 요법들은 인간의 본성과 참의식이 깨어나도록 도울 수는 없다.

액티브 명상의 치유 심리학은 온갖 종류의 신경증, 마음의 병을 만들어내는 나무의 뿌리 자체를 자른다. 그 신경증은 분열된 인간, 기계적인 인간, 로봇과 같은 인간을 만들어내고 있다.

세상에는 마음 치유를 위한 손쉬워 보이는 그럴듯한 기법들이 여러 가지가 있다. 그러나 그런 것으로는 결코 당신을 어디로든 이끌어 갈 수가 없다. 경험을 요구할 뿐이라면 무엇인가 그럴 듯한 기법들의 희생양이 되는 것이 고작이다.

현대는 명상이라는 문제를 제대로 이해하고 고려하지 않는다면 소위 온갖 권위자들과 전문가들에게 세뇌되고 이용당하게끔 되어 있다. 명상이 무엇인지 모르기 때문이다. 명상이나 마음치유 등등에 대해서 뭔가를 말하면 추종자들이 모여드는데, 진정한 기법은 성장과 관련이 있다.

체험이 일어나는 그 일 자체는 아무래도 좋다. 진정한 명상 기법은 성장에 있으며 이런 저런 체험에는 없다. 성장하면 과거 상태로 돌아가는 것은 불가능하다. 당신은 과거의 그와 동일할 수가 없다.

액티브 명상치유 기법은 그러므로 단순한 좋은 경험이 아니라 당신의 진정한 성장을 이끌어준다. 그것은 당신의 치유와 성장을 위해 모든 방법을 동원하는 것이며, 그것도 폭풍처럼 당신을 깨끗이 청소하고 휩쓰는 방법이라고 할 수 있다.

3. 액티브 명상 스펙트럼

푸나에 있는 국제 명상 리조트에서 시행하고 있는 액티브 명상들을 보면 비파사나를 제외하곤 모두 특정 음악이 사용되며, 각각의 단계들을 표시해주면서 에너지적으로 단계들을 고조시켜준다. 다음과 같은 명상들이 있다.

- 오쇼에 의해 지금 형태로 설계되고 만들어진 명상

다이나믹 명상 OSHO Dynamic Meditation

오쇼 쿤달리니 명상 OSHO Kundalini Meditation

오쇼 나다브라마 명상 OSHO Nadabrahma Meditation

나타라지 명상 Nataraj Meditation

만달라 명상 Mandala Meditation

데바바니 명상 Devavani Meditation

구리샹카르 명상 Gourishankar Meditation

훨링 명상 Whirling Meditation

• 오쇼가 개조한 명상으로 프로그램에 있어서 우선적인 위치를 차지하는 명상

오쇼 비파사나 명상 OSHO Vipassana Meditation.

• 오쇼가 명상홀 프로그램으로 승인하고 개조한 명상

차크라 브레씽 명상 Chakra Breathing Meditation

차크라 사운드 명상 Chakra Sounds Meditation

노 디멘션 명상 No-Dimensions Meditation

황금빛 명상 Golden Light Meditation.

가슴 명상 Heart Meditation

마하무드라 명상 Mahamudra Meditation)

• 오쇼의 공개 강의에 기초한 것으로, 아쉬람 명상홀에서 그때그때 실행되는 명상들로는

오쇼 웃음 명상 Laughter Meditation

지버리쉬 명상 Gibberish Meditation

이상이 오쇼 아쉬람에서 공식적으로 사용하는 명상법들이다.

액티브 명상의 치유적인 관점은 인간 존재에 대한 근본적인 통찰과 심오한 생명과학에서 나온다. 명상은 생명 에너지 현상이다. 그것은 자연에 반하지 않으며 자연을 더욱 심화시킨다. 그것은 전체적이다. 생명 자체가 조립품이 아니며 기계적이지 않고 전체적이고 유

기적으로 움직이기 때문이다.

　한 명상만 평생 할 필요는 없다. 명상을 하고 치유를 하면서 당신은 그때그때 변하게 되므로 거기에 맞는 명상을 하면 된다.

　직접적인 생 체험과 모험이 사라진 시대에 나타난 것이 액티브 명상이다. 그것은 극한에까지, 인간의 궁극에까지 우리를 이끌어간다. 이 명상들을 전체적으로 할 때 당신은 궁극적인 깊이까지 갈 수 있다. 당신은 마음 너머, 언어 너머 형용할 수 없는 세계로 들어간다. 그리고 당신을 과거로 되돌아 갈 수 없다.

　진리의 길, 궁극의 길에 있어서 가장 위험한 것은 무엇인가?
　진실한 삶에 있어서 가장 위험한 것은 무엇일까?
　부분적인 진리, 거짓말하는 버릇이다.
　전체적으로 살아라. 거짓말하지 말아라. 거짓된 삶을 버려라.
　어떤 것도 억압하지 말아라. 전체적으로 깨어 있어라.
　그것이 액티브 명상의 지침들이다.

　"명상은 모험과 같은 것이며, 인간의 정신이 감수할 수 있는 가장 커다란 모험이다. 또한 명상은 행동이나 생각, 감정에 의해서 이루어지는 것이 아니라 스스로 존재하는 것이다."

4. 명상과 창조적 삶—당신의 창조 본능이 폭발하는 법

　오쇼는 여러 곳에서 다음과 같이 말한다.
　모든 사람이 길을 잘못 들었다. 의사가 되었더라면 좋았을 사람이 화가가 된다. 화가가 되었더라면 좋았을 사람이 의사가 된다. 자신의 길을 제대로 선택한 사람은 아무도 없는 것 같다. 사회가 이토록 혼란스러운 것도 그 때문이다. 사람마다 나아갈 길이 다른데, 그 길이 타인에 의해 결정되어 버린 것이다.

모든 사람이 타인의 가르침이나 신조에 따르도록 강요되고 있다. 이것이 불행과 커다란 고통을 몰고 오며, 삶에 있어서 모든 기쁨과 즐거움, 인간의 창조력을 빼앗아간다. 모든 사람은 자기 자신이 되어야 하며 자신의 방식에 따라 삶을 살아야 한다.

음악을 창조하든 그림을 그리든 시를 쓰든지, 문학을 하거나 연기를 하든지 과일을 생산하든지 농사를 짓든지, 아니면 도로를 만들든지 하여 모든 사람은 자신의 잠재적인 성취를 이루도록 해야 한다.

하지만 대부분의 교육은 목적지향적이다. 현재 배우고 있는 것은 중요하지 않다. 중요한 것은 1~2년 후에 있을 시험이다. 그것은 미래를 위해 현재를 희생시키게 한다. 그리고 그것이 바로 현대인들의 생활이 되었다.

지금의 인간들은 항상 지금 존재하지 않는 것을 위해 현재 시간을 희생하고 있다. 그것은 삶에 거대한 공허감과 무기력을 준다. 자신의 재능이 꽃피울 기회나 원천적인 에너지를 박탈하거나 무력하게 만들어버린다.

명상은 자신의 직관적 능력과 잠재력이 최대한 꽃피어나도록 돕는다. 인간은 자기 고유의 직관에 의해 방향을 설정하지 못하고 있다. 명상은 자기 고유의 직관적 능력이 성장하도록 도와준다. 명상을 하면 자신의 잠재성을 완성시키는 데 도움이 되는 것이 무엇인지 분명하게 드러난다. 그리고 그것은 개인마다 다르다. 이것이 바로 '개인'이라는 단어의 의미이다.

모든 인간은 저마다 독특한 존재이다. 자기만의 독특함을 추구하고 찾는 것은 스릴 넘치는 일이며 커다란 모험이다. 액티브 명상은 당신을 완전히 청소할 것이다. 모든 장애물을 남김없이 부숴버릴 것이다.

인간은 누구나 에너지를 가지고 있다. 하지만 그 에너지 주위 전체에 부정적인 바위들을 가지고 있다. 그리고 그것들은 에너지가 표출되는 것을 허락하지 않는다. 이 바위들이 제거되면 인간에겐 아름다운 흐름이 생긴다. 그것은 다만 거기 있는 것이며 드러날 준비를 하고 있는 것이다.(이상은 여러 곳에 걸친 오쇼의 강의를 요약한 것이다.)

액티브 명상은 어떻게 그곳에 도달하는가?

액티브 명상의 강렬하고 다채로운 기법들은 저마다 자신의 알려지지 않은 신비로운 부분과 접촉하게 하고, 스스로를 발견하는 창조적 과정에 대한 모든 저항을 제거해준다. 성, 계급, 직업, 성적 기호, 민족이나 종교, 배움이나 지식 등에 기초한 모든 자기 정체성과 가면들을 과감히 포기하게 하고, 에너지 장의 흐름으로서 진정한 자아에의 탐험을 시도해도록 도와준다.

선과 악은 알지 못한 채 오직 자유만을 갈구하는, 최대한 자유로운 영혼을 위한 원초적 에너지를 회복시켜 주고, 인위적인 가공에 찌들은 인간의 몸 마음의 억압과 찌꺼기를 털어내고, 완전한 총체로서의 자기 자신을 표현하도록 이끌어준다.

그럴 때 개인들은—예술가들, 창조자, 연기자들은 더욱 명상과학에 기초한 생명 에너지의 내적 지도(map)가 그리고 있는 인간의 모든 스펙트럼을, 그 이상을 표현할 수 있다.

자신의 에너지 상태에 따라 긍정성과 부정성이 혼합되고 갈등하

는 그 세계들을 강렬하게 체험하고, 더욱 깊이 이해하고, 공감하며
한층 더 심화된 세계로 진입할 수 있다. 그것들은 대략—

● 첫 번째 생명 에너지 센터의 스펙트럼
우리의 기본적 생존을 지탱해주는 생명의 충동인 본능의 세계
그것에서 벗어나려는 창조적 잠재성과 위대한 가능성의 세계
Vs
성적 무기력과 콤플렉스, 하천한 충동들의 세계
안전본능이 본능이 극대화된 구두쇠나 그것이 극도로 희미해진
자살충동자들의 세계

● 두 번째 생명 에너지 센터의 스펙트럼
관능이나 쾌락, 기쁨, 감정과 만족을 느낄 수 있는 능력의 세계
Vs
관능성에 대한 결핍, 무기력, 좌절, 변태성욕, 나태한 사람들의 세계

● 세 번째 생명 에너지 센터의 스펙트럼
자기 주장, 용기, 개인적 파워, 불굴의 목표의식을 지닌 자들의 세계
삶의 주인이 되려는 사람, 삶을 개척하는 활력과 에너지의 세계
Vs
일그러진 인격, 노예 근성, 이상 심리, 혹은 야심가, 권력 본능에
사로잡힌 독재자, 냉혹한 추진력의 세계

● 네 번째 생명 에너지 센터의 스펙트럼

예술적인 감성, 인간에 대한 자비와 사랑,
너그러움과 이해심의 세계, 창조적 에너지의 세계
Vs
사랑이 부족한 사람, 의심암귀에 고통받는 자들의 세계, 질투와
시기심의 지옥의 세계

●다섯 번째 생명 에너지 센터의 스펙트럼
완전히 열린 마음과 한층 높은 분별력에 이른 사람들의 세계,
커뮤니케이션 능력, 탁월한 설교나 강의 능력자의 세계,
고차적인 창조력의 세계, 사람들을 매료시키는 능력자들의 세계
Vs
창조성, 표현력, 의사소통 능력이 부족한 사람, 인기를 끌지
못하는 에너지 소유자의 세계

●여섯 번째 생명 에너지 센터의 스텍트럼
한층 높은 명징한 지성과 초월적인 심성, 직관, 텔레파시와 같은
영능력의 세계
추상적인 정신능력, 한층 높은 고차원의 의지력의 세계
Vs
의지박약이나 직관력, 지혜 부족, 정신이상, 사이비 교주의 세계

●일곱 번째 생명 에너지 센터의 스펙트럼
우주 의식으로 가는 통로이자 인간성의 완전한 개화를 한
사람들의 세계

신성한 사랑과 영혼의 구현 세계
샤먼, 비전의 전수, 신비주의자의 세계
Vs
정신 이상, 구세주 환상, 종말론적 파멸주의자의 세계

등등과 같은 것이다.

"인생의 근본적인 법칙의 하나는 우리가 창조적인 삶을 살지 않는다면 누구도 최고 최상의, 삶이 주는 절정의 고귀함에는 도달할 수 없다는 것이다. 창조하는 삶에 의해서만 인간은 자유와 힘을 누리고, 지혜와 자각을 얻을 수 있다. 우리는 어떤 분야에서든 창조적인 사람을 공경해야 하며 그렇게 살아야 한다."(오쇼)

그리고 우리의 에너지를 변형시키는 방법도 배워야만 한다. 누구라도 개인 개인의 에너지가 억압되지 않고 마음껏 창조적으로 드러날 수 있는 방법을 배운다면 인간은 이 지상 위에 낙원을 건설할 수 있을 것이다.

5. 명상을 위해 넘어야 할 것들
소위 마음을 챙기고 마음을 초월한다는 개념들은 여전히 개념에 지나지 않는다. 그리고 개념은 마음에 속한다.
초월이라든지, 참자아, 불멸의 영혼, 니르바나 죽음이라든지 이런 미지의 것을 알 수 있는 유일한 길은 직접 그것을 경험하는 것이다.

초월적인 개념 같은 것들은 오히려 마음을 더 강화시킬 것이다. 그런 개념에 대해 명상해서는 안 된다. 그런 명상 기법은 아무 도움도 안 된다. 마음을 통해 마음을 챙기는 것은 결국 마음일 뿐이다.

마음으로부터 시작하지 않을 수는 없지만 어떻게 마음을 놓아 버리고 그 짐으로부터 벗어날 수 있을까?

감정, 느끼는 것이 진짜 삶이다. 생각하는 것은 모조품이다. 왜냐하면 생각은 항상 무엇무엇에 관한 것이기 때문이다. 그것은 결코 진짜가 아니다. 당신을 취하게 할 수 있는 것은 와인을 생각하는 것이 아니라 와인이다. 당신은 와인에 대해 계속 생각할 수 있지만, 와인을 생각하는 것만으로는 결코 취하지 않을 것이다. 여러분은 그것을 마셔야만 할 것이고, 그 들이마신다는 행위는 느낌을 통해 일어난다. 생각한다는 것은 사이비 활동, 대용품의 활동이다. 그것은 그대에게 어떤 일이 일어나고 있다는 거짓된 감각을 주지만 아무 일도 일어나지 않는다.

그러므로 생각하는 것에서 움직이고 느끼는 것으로 이동해야 한다. 생각하는 것이 아니라 체험하는 것, 사는 것으로 들어가야 한다.

액티브 명상은 진정한 살아 있음 속으로 움직이는 가장 살아 있는 방법이다.*

이 장의 내용들은 다음과 같은 책들을 참조하여 요약한 것이다.
『Meditation: The first and Last Freedom』
『Meditation:The Art of Ectasy』
『The Orange Book -The Meditation Techniques of Bhagwan Shree Rajneesh』
『work is Love Made Visible』
『The Golden Future』
『OSHO Medition In-depth and Facilitating Participant Handbook』

『Zen: The Mystery and The Poetry of the Beyond』
이외에도 다수의 오쇼 명상 문헌을 참조.

인생수업

'그대 그리고 나'를 위한 유일한 기도

　나이가 들면서 사람들은 변하고, 그중엔 기꺼이 변질되어버리고, 또 변질된 사람들이 아직 변질되지 않는 이들을 향해 대단한 우정의 충고라도 되는 것처럼 그 변질되지 않음을 꾸짖기도 하고 그러면서 서로서로 변질된 음식들이 되어간다. 한국만 봐도 남북 분단 자체로도 억장 무너지는데 각 지역별로 있고, 서울에 가면 강남식, 강북식으로 변질된 음식들이 있다. 나라별로, 피부 색깔별로, 계급별로, 학력별로… 종류가 너무 많아서 누구나 몇 개는 먹게 되고 그 성분에 길들여진다.
　그들은 저마다 자기들 중심으로 세상이 돌아가며 돌아가야 한다는 여전한 천동설주의자들이다. 조각조각 나눠지고 변질되어버린 인간 먹거리들 속에서 인간은 친구나 연인, 영혼의 반려자가 되는 데 필요한 게 무엇인지를 배우고 익히기도 전에 이런저런 관계를 맺고 결혼을 해버린다. 그렇게 해서 모든 관계는 공허하고 피상적이며 가족은 점점 더 해체되고 있다.
　진정한 인간 관계의 뿌리는 '사랑과 우정'이다. 그것을 통해서만 삶에는 음악이 흐르고 시가 태어난다. 두 가지가 빠진 삶이란 황폐한 벌판, 시궁창, 주정뱅이 잡소리일 뿐. 꿈 같은 시체들의 환각 파티일 뿐.

그러나 우리는 사랑이나 우정에 대해서 뭔가를 알고 있다는 커다란 환상과 착각 속에 빠져서 산다. 상대방에게만 초점을 맞추다가 자기 자신을 보지 못하거나 그 자신에게만 맞추다가 상대방을 전혀 보지 못하는 것이다.

모든 관계를 파괴하는 것은 실은 내부에서 나온다. 명상가들은 이렇게 말한다.

사랑은 두 가지로 이루어져 있다. 열정과 헌신이다. 우리는 다른 사람을 사랑할 수 있기 전에 자기 자신과의 관계를 정립할 수 있어야 한다. 곧 자신의 열정적인 관계성을 키워야만 한다. 이것이 모든 우정의 바탕이며 그 우정은 훌륭한 연인이 되는 법을 가르쳐준다.

우정은 모든 관계의 지주이며, 사랑이란 명사가 아니라 동사이며 자격증이 아니라 진행형이다. 가슴을 열고 낯선 사람들의 새로운 세계 속으로 주저없이 들어감, 그것이다.

진정한 명상은 너와 나의 오랜 상처를 치유하고 좀 더 넓은 관계성 속으로 움직여간다. 모든 관계나 불화는 나의 습관과 관념들을 치유하는 훌륭한 장이 된다. 사랑과 우정은 가슴의 영혼이다!

명상이란 달리 말하면 심장 속의 심장, 가슴 속의 가슴, 단 하나의 가슴 속으로 모든 가슴들이 합쳐지는 것. 존재하는 모든 것들의 상호의존성을 깨우치고 상호 존중과 그 전체적인 조화로움을 통해 존재하는 것이다.

그때 우리는 의도적으로 생각을 하지 않아도 내부의 누군가가 이미 알며, 무언가를 특별히 하지 않아도 이미 너와 나의 조화로운 관계를 만든다.

지혜와 조화 속에서 계속 움직여가는 것, 그런 것이 명상이다. 사랑을 위한 사랑, 우정을 위한 우정, 그런 것이 명상이다. 명상은, '그대 그리고 나'를 위한 유일한 기도이다.

명상수업 15강

잘못된 만남, 긴장 자체인 대인 관계를 기적적으로 풀어주는 명상

사람 때문에 애를 먹는 경우가 많다. 알 수 없는 사람들, 그래서 우리는 항상 긴장을 하거나 능숙하게 가식적이 되거나 한다. 하지만 이 방법을 택해보라. 그러면 기적이 일어날 것이다.

대인관계의 평화를 위한 만트라 명상(Peace be to this man)
"이 사람에게 평화를!"
누가 당신을 보거나 만나러 올 때 당신 안으로 들어가 침묵한다. 그가 늘어올 때 마음 깊이 그를 위해 평화를 느껴 본다.
"'이 사람에게 평화를'하고 느껴라. 말로만 하지 말고 그것을 느낀다. 갑자기 당신은 마치 미지의 어떤 것이 그의 존재 안으로 들어온 것과 같은 어떤 변화가 그 사람 속에 일어난 것을 알게 될 것이다. 그는 전적으로 달라질 것이다. 이것을 시도해 보라."(오쇼)

이러한 기원 자체가 곧 바로 명상이 된다.

사람들이 선망하는 직장이었지만 회사일이 힘들어서 오래 못가 그만둔 친구가 말했다. 아, 진작 이 명상을 알았더라면 좋았을걸요.

집과 작업실을 같이 구하느라고 한여름 내내 진이 빠진 어느 화가가 이 명상이 생각나서 실행했더니 기적 같은 일이 일어났다고 했다. 그는 지내고 있던 집의 임대계약이 끝나가는데 찾아가는 복덕방마다 불친절하고 터무니없는 장소만 보여주어서 기진맥진 절망하고 있었다. 이 명상을 하고 어느 부동산 중개소를 찾아갔더니 하루만에 모든 게 해결되었다는 것이다.

초보 운전자인 한 친구는 고속도로에서 차가 갑자기 멈춰 서 하늘이 노랗게 변했는데 이 명상을 하니 모든 게 순조롭게 풀려서 너무 감사했다고 한다.

이 세상은 내가 보낸 파장의 메아리이다. 이 세상은 내가 보낸 에너지 시냇물들이 모여서 이루어진 에너지 생태계의 강물이다. 모든 강은 바다로 흐른다. 바다로 향한다. 도시의 신호등만 따라가지 말고 강을 따라 흘러가라.

축복 받고 싶다면 먼저 축복을 보내라. 분노를, 지옥을, 슬픔을 사랑 속으로 보내라. 두려움과 낯설음 속에서 있지 말고 존재계의 무한한 사랑의 빛 속으로 들어가라. 강물이 모든 것을 안고 저절로 흘러가듯이 존재계도 저절로 응답할 것이다.

Chapter 4

명상, 세상 속으로

인생수업

C.E.O., 경영자, 직장인, 조직 구성원들을 위한 일과 명상

한 단어를 쓴 뒤 불을 끄고 어두운 방안에 고요하게 침묵한다.
다시 한 단어를 쓰고 불을 끄고 어두운 방안에 앉아 있는다.
점 하나를 찍기 전 조용히 앉아 있는다.
그렇게 세 줄 시를 완성하고 창문을 여니,
아, 봄이 다 가고 벌써 장맛비!

만약에 이런 일이 있다면 정말 아름다운 경험이리라. 작은 일들이 벌어지는 또 하나의 세상은 늘 우리와 더불어 살고 있다. 잠깐만 주의를 돌린다면 그 세상을 발견하고 누릴 수도 있지만 아무에게나 허락되지 않는 세상인 경우가 더 많다.

누구는 그 작은 세상을 빚어
큰 세상을 몽땅 그 안에 따르더니
한 번에 들이마시네.

그런 세상을 누릴 줄 아는 어떤 이는 이런 시를 쓴다.

작은 창 안으로 환한 빛이 방 안으로 밀려오고
나는 오랫동안 눈을 감고 앉아 있네.
소창다명 사아구좌(小窓多明, 使我久坐).*

읽기만 해도 마음이 고요해지지 않는가?

그런데 혼자 방 안에 앉아 시를 쓰는 것과 10만 대군을 이끄는 것은 다른 문제이다. 커다란 조직을 이끈다는 것은 아무나 할 수 있는 일이 아니며, 직장이나 조직 속에서 살아간다는 것도 쉬운 일이 아니다.

일에 대한 명상적 태도는 어떤 효과를 가져오는가?

명상은 눈을 감고 움직이지 않는 것이 아니라 거센 회오리바람이 당신 주위를 도는 동안 그 중심에서 고요한 공간을 발견하는 것이다. 그것은 또한 다음 순간을 만나면서 신선하고 새로워지기 위해 매 순간을 내려놓을 수 있다는 것을 포함한다. 이러한 활력, 인식, 자각심이 일상 활동에 통합될 때, 우리는 매 순간을 즐기며 살기 시작한다.

곧 일은 고급화된 형태의 명상이 될 수 있다. 자연 속에서 휴식을 취하는 것은 쉬울 것이다. 문제는 복작거리는 시장에서 이와 같은 내면의 공간 찾는 것이다.

조금만 스스로를 자각해본다면 우리는 자신이 거의 무의식적으로 사람이나 상황에 반응한다는 것을 발견할 수 있다. 대부분의 사람들은 일에 대한 조건이 맞춰진 아이디어, 무의식적인 습관, 판단을 수집하는 경향이 있기 때문이다.

'그냥 습관일 뿐이야'라는 태도 대신에, 스스로 책임지고 반응하거나, 반응하는 선택지를 이해하는 것은 변화를 향한 첫 번째 단계이다. 자기 자신이 어떻게 영향을 받는가를 선택하는 것, 무의식적인지 의식적인지를 선택하는 것이 자신의 책임이라는 것을 알게 되면, 우리는 더욱 현명하게, 의도적으로 대응할 수 있는 선택권을 갖게 된다.

변화하는 환경 속에서 자신의 거울 역할을 하는 명상적 태도와 그를 돕는 환경이 갖춰질 때 우리는 현실 속에서 마주치는 수많은 상황과 과정을 통해서 자신의 불필요한 짐을 내려놓고 자기의 오래된 습관을 자각하기 시작한다.

이러한 새로운 통찰력을 이용하게 될 때, 우리는 명상을 통한 각성과 자기 이해가 증가할수록 일에 대한 새롭고도 긍정적인, 대안적 접근 방식들을 발견하게 되고 점점 더 기쁨과 보람을 느낄 수 있다. 그리하여 그 과정들을 계속해서 탐색하고 실험해 보면서 새로운 자신을 발견하게 된다.

곧 갈수록 급변하는 새로운 업무 공간에서 최고의 역량을 갖추는 방법을 배워나가면서 이제껏 누리지 못했던 자기 존재와 삶의 새로운 활력과 충만감을 선사받는 것이다. 개개인의 잠재력을 업그레이드 해주면서도, 실수를 하더라도 오히려 더 앞으로 나아가기 위한 필수적인 부분으로 통합해 주는 것—그런 것이 명상의 효과이다.**

---

*어느 스님의 방에서 본 선시禪詩.
**Osho Media International 간행 『Osho Expreances』 참조(이 책은 푸나 인터내셔널에서 센터장들에게 배부되었던 책이다. 일반인도 구할 수 있음).

명상수업 16강

대안이 없을 때 먼저 긍정적인 점을 발견하는 명상
경영자, 조직인, 직장인들을 위한 명상

무슨 일에 대해 먼저 그건 안 된다고 하는 사람들은 실은 자기 자신에게도 그렇게 하고 있다. 언제나 '아니오-노'라는 위치에서부터 출발한다면 그것은 병이다. '아니오-노'로부터는 아무것도 나오지 않는다.

당신이 아니오, 안 돼, 노라고 먼저 말한다면 다른 모든 사람들도 당신에게 그렇게 말할 것이다. 넌 안 돼, 그만둬, 소용 없어…. 그렇게 해서 당신은 두 번 죽는 것이다. 어떤 것을 비판하고 싶어질 때마다 이 명상을 해보라.

명상법: 비판 명상(Criticism Technique)

1단계:
먼저 자신이 그것에 대한 긍정적인 대안을 줄 거라고 결심하라.

2단계:
대안이 없거든 기다려라. 그럴 때 비판을 해서는 안 된다. 그것은 전혀 쓸모없는 일이기 때문이다. 먼저 긍정적인 프로그램에 대해서 결심을 하고 그 연후에 긍정적인 프로그램을 주시하면서, 비판하라. 그러면 당신의 비판도 매우 가치 있게 된다.

사람들은 습관적으로 비판을 먼저 하곤 한다. 불신을 먼저 한 뒤 시험을 해보곤 한다. 이것이 인간관계에 파괴를 가져오고, 스트레스를 증가시킨다.

'No'를 앞세우게 되면, 그것이 습관처럼 계속된다면 당신은 암을 비롯한 여러 치명적인 질병에 노출될 수도 있다.

비판하기 전에 먼저 기다려라. 대안이 없거든 먼저 긍정적인 점을 발견하라. 긍정을 먼저 표현하고 부정은 나중에 하라. 그러면 많은 것이 변할 것이다.

인생수업
명상이 따르지 않는 가슴은 허장성세일 뿐이다

한번은 심리상담센터를 운영하는 몇 분과 식사를 같이 하게 되었다. 특수아동 전문 상담소를 운영하신다는 한 여성 소장님이 바쁜 일이 있다며 자리를 먼저 뜨려고 했다.
"밥도 다 안 드시고 가시면 어떻게요, 이왕 오셨는데?"하고 어느 분이 붙잡으니 그 여자분 대답이 놀라웠다. 중학교에 다니는 딸이 시험 기간인데 공부를 열심히 하나 어쩌나 도서관에 가서 감시해야 한다는 거였다. 일주일 동안은 저녁 아홉 시에서 새벽 두 시까지 같이 도서관에 있는 걸로 했는데, 오늘은 좀 늦었다면서 부리나케 가 버렸다. 어안이 벙벙해졌다.
저렇게 해서 시험 성적이 올라가고 좋은 대학이란 델 가면 뭘 하나? 한참 감수성이 예민할 나이인 그 중학생 딸이 딱하기만 했다. 딸의 어머니도 자신의 어머니 밑에서 그런 식으로 자랐을 것이고, 딸이 엄마가 되면 자기 딸도 그런 식으로 공부 기계로 만들어줄지 모른다.
가슴을 열어줄 것 같은 사람이, 가슴을 지켜줄 것 같은 사람이 가장 먼저 가슴을 억누르는 일에 앞장서고 있는 것 아닌가. 이 사회, 교육제도, 가부장제 중심의 남성적 진리와 학문… 그 모든 것이 그렇게 하고 있다. 권력자나 군대나 돈이나 지식인과 학자들을 동원하는 데 그치지 않고 태연하게 자발적 억압이란 방식으로 그렇게 하고 있다.

그래도 모두들 '나도 가슴이 있다. 나는 누구보다도 가슴이 있는 인간이다'라고 말한다. 맞다. 가슴이 없는 사람은 없다. 하지만 가슴이 활짝 핀 사람은 찾아보기 어렵고, 망가진 사람들, 망가져가는 사람들, 자신이 망가진 것도 모르는 사람들이 많다. 가슴을 억압하는 것이 이 사회의 가장 중요한 생존 방식의 하나이기 때문이다. 그래서 '가슴으로 느껴라'라는 말이 무슨 말인지 모르겠다는 사람들이 갈수록 늘어난다. 그 와중에도 가슴이란 말만 들어도 울먹거리는 사람들도 있다. 그리고, 가슴이 폭발해버리는 사람들이 나타난다!

몸이나 마음의 어느 부분, 특히 성 센터나 가슴 센터에 대한 억압이 지속되면 그 부분이 꼭 복수를 한다. 현대 문명을 만들어오는 남성 가부장제 아래서는 가슴은 수많은 생 동안 억압되고 부정되어 왔으므로 그것이 폭발하면 커다란 혼란을 일으키게 된다. 처음에는 마음의 갈등과 긴장, 근심으로 괴로워하고, 결국엔 가슴이 폭발해가며 고통받는 것이다. 수많은 상처와 아우성들로 발디딜 틈 없는 가슴을 계속해서 억누른 채 살아온 그는 돌연 예측할 수 없게 미치거나 난폭해진다. 극단적인 충동과 선택에 몸을 던지고 그렇게 쓰러진다. 스스로 파괴되는 것이다.

세월호 참사에 많은 사람들이 알콜 중독자가 되었다. 알콜 중독이 지나쳐 아예 몸이 망가져버린 사람들도 있었다. 그들은 원래 가슴의 나라 사람들이었으나 이 사회에서 계속 억압받고 사는 자들이었다. 죄 없는 아이들의 죽음이 그들을 너무나 슬프게 만들어 가뜩이나 억압되고 상처받은 그들의 가슴은 마침내 슬픔으로 미쳐버렸던 것이다. 술과 눈물, 또 술과 눈물, 자신을 지탱할 수 없을 만큼의 술과 한….

성공한 사람이자 명망 높은 사람들이 갑자기 스스로 생을 마감하는 경우도 낯설은 일은 아니다. 완벽한 합리주의자이면서도 희생적인 삶의 궤적을 보여온 그들의 죽음에 사람들은 매우 놀라워하지만 전체적인 생명 현상에서 보면 폭발한 가슴의 복수라고 볼 수도 있다. 특히 서구 교육으로 강도 높게 훈련된 동양인이 지니기 쉬운 지나친 합리주의, 유교적 합리주의가 가슴 센터와 성 센터를 억누르고 희생시키는 경우, 그 억압된 센터는 반드시 복수를 하고 반항하기 마련이다. 외적으로는 여러 가지 사회적 이슈들을 선구적으로 공론화시키며 해결책을 촉구하고, 한 사회의 인간적인 측면과 가슴의 에너지를 고양시키기도 하는 실천력 강한 합리주의자라 할지라도 말이다.

미국이든 한국이든 유명 인사들의 인터뷰 장면에는 종종 그들이 일하는 공간의 모습을 보여주곤 한다. 벽 전체가 해야 할 일들, 건의 사항, 아이디어 등등 엄청나게 많은 포스트잇 메모지들로 빼곡하게 붙어 있는 풍경은 방송 카메라가 놓치지 않는다. 그 사람이 열심히 꼼꼼히 열정적으로 일하고 있는 모습을 보여주기도 하지만 다른 면에서 보면 일종의 정보 변비증, 책임감 변비증이라고 할 수 있는 합리적 이성주의의 과부하 현상이다. 그러니까 그도, 또 우리들도 남성가부장제가 강화해온 소위 전략적 사고방식, 가슴을 철저하게 소외시켜온 지나친 논리와 이성주의의 희생자이다.

미투 운동이란 것 역시도 수천 년 동안 여성을 억압한 결과 그와 함께 지속적으로 파괴되어 온 가슴성의 반항이자 복수이다. 문제는 여성들 역시도 그 과정에서 탈여성화되고 있다는 점이다. 그들도 가슴 대신 머리로 무장하며, 누구 못지 않은 남성이 되고 있다. 수 백 년 동안 억압되어온 여성의 남성성도 문제이다. 미국 대통령 선거 때 등장하는 여성 대통령 후보는 모종의 불안감을 야기한다. 오랫동안 눌리어진 여성 안의 남성성이나 공격성이 남성들에게서보다도 더 강하게 발현될 수 있기 때문이다. 이를테면 여성 정치가들이 전쟁에 더욱 적극적일 수도 있는 것이다.

여성들이 여성성을 상실할 때 남성이 남성성을 상실하는 것보다도 더욱 무서운 재앙을 예고한다. 왜냐하면 여성들은 남성들보다 생존력이 강하기 때문에 여성성이 사회에서 사라져갈 때 인간의 생명 활동의 영역 전체와 방어계, 면역력 체계에 커다란 이상이 생기고 더욱 깊이 훼손되기 때문이다. 그렇게 해서 이 사회의 가슴은 살아나지 않고 더욱 파괴된다. 삶에 대한 식욕과 열정은 갈수록 떨어지고 우리 몸과 마음이 방어할 수 없는 질병들은 갈수록 강해진다.

가슴 자체는 이 냉혹한 현실에서 망하기 딱 좋은 아이템이다. 죽기 딱 좋은 아이템이다. 가장 이용당하기 쉬운 아이템이다. 동물의 세계나 다름없는 이 무정한 인간 사회로부터의 보호벽이 무너질 때 별것도 아닌 자들에게 철저하게 이용당하고 농락당하는 예민한 사람이나 재능 있는 사람들의 이야기가 어느 사회에나 존재하고 있다.

가슴 뛰는 삶을 살라고 한다. 많은 사람들이 그 말에 감동을 받는다. 좋은 말이지만 가슴은 그 하나만으로는 계속해서 실패할 것이다. 가슴은 여린 꽃잎처럼 너무나 민감하고 상처받기 쉬우며, 변덕도 심해서 미세한 바람에도 이리저리 흔들리기 때문이다. 그것은 바람을 이기려고 하기보다는 차라리 꺾여버리는 쪽을 택한다. 가슴에 쌓인 고통과 한을 어떻게든 풀기보다는 차라리 자신의 신체 일부를 제거해야 하는 암 환자처럼 스스로 가슴을 없애버리기를 원한다.

가슴에 침묵이 더해져야 한다. 명상이 따라야만 한다. 침묵은 흔들림이 없는 것이다. 명상은 어떤 것에도 흔들림없이 자기 존재 속에 뿌리내린 채 여여하게 존재함이다. 명상 속에서 가슴은 더욱 가슴다워질 것이다.

그리고 세상이 더해져야 한다. 세상을 피하거나 원망하지 말고 그 안으로 더 깊이 들어가야 한다. 그러면 가슴도 명상도 더욱 강해질 것이고, 세상도 좀 더 살 만해질 것이다.

명상이 있을 때 가슴이 하는 일은 언제나 낙천주의 뿐이다, 의처증이나 사랑이나, 낙천주의나 비관주의나 실은 똑같은 에너지를 가지고 사용법을 달리 한 것 뿐이다. 가슴만으로는 얼마나 괴로운가?

명상이 따르지 않는 가슴은 그저 허장성세요, 어디서 베낀 것들이다. 가슴이 가슴이면서 가슴 이상으로 변형되는 것은 명상을 통해서만 가능할 뿐이다.

명상수업 17강

가슴은 해결책 자체이다. 누구나 시 자체, 누구나 예수
자신을 사랑하는 법. 모든 존재가 나를 어떻게 사랑하는지 느끼는 법
머릿속에 있는 문제의 70퍼센트를 사라지게 하는 법

우리 모두는 머리에 매달려 살아간다. 우리가 다 같이 처해 있는 단 하나의 공통적인 문제는 바로 그 점이다.

머리에서 가슴으로 내려오는 것, 그것이 단 하나의 해결책이다. 문제는 머리에 의해 만들어진 것들이다.

당신이 머리로부터 기능을 한다면 더욱 많은 생각들을 계속해서 지어낼 것이다.

그것들은 실질은 없는, 꿈들의 잡동사니 덩어리이다. 그것들은 많은 것을 약속하지만 배달해주는 것은 아무것도 없다. 마음이란 무척 값싼 것이지만 엄청난 현혹 능력을 가지고 있다. 왜냐면 그것은 투사를 할 수 있기 때문이다.

머리에서 가슴으로 옮겨갈 때 모든 것이 분명해진다. 당신은 지금까지 끊임없이 스스로 문제를 만들어왔다는 것을 알고는 경악을 금치 못할 것이다.

가슴은 그것에 주의를 줄 때 작동하기 시작한다. 그것이 작동할 때 마음에서 움직이는 에너지는 자동적으로 가슴을 통해 움직이기 시작한다.

가슴은 문 없는 문. 그 문은 실체로 향한다. 머리에서 가슴으로 이동하라.

그때 사랑은 남고 문제는 사라진다. 형언할 수 없는 감동과 아름다움만이 남고 번뇌는 증발한다. 이제 당신은 시인이 아니라 시 그 자체가 된다. 가슴의 침묵과 꽃, 사랑의 향기.

명상법

1단계: 15분
가슴에 두 손을 대고 눈을 감고 앉는다.
과거에 사랑했거나 현재 사랑하는 사람을 기억하라.
또는 그대가 사랑을 느꼈던 순간을 기억하라.
단지 석양 또는 꽃을 보면서 느꼈던 아름다운 순간을 기억하라.
그리고 그것이 그대 가슴에 가득 차게 하라.
그대 가슴이 따뜻해져옴을 느껴라.
그대 가슴이 에너지로 차오르는 것을 느껴라.

2단계: 15분
가슴 위의 손을 천천히 펼치며 자기 가슴의 에너지를 주위에 나누어 주면서 자리에서 일어난다. 즐겁게 놀이처럼, 심각하지 말라. 심각한 일이 아니다.

주위를 돌면서 그 사랑하는 에너지가 공간이나 다른 사람들 속으로 넘쳐흐르게 하라. 스승의 사진이나 또는 나무를 볼 수 있다.

아무튼 사랑의 에너지가 넘쳐흐르는 것을 허락하라.
또는 그대 가슴 센터에서 방사되는 따뜻함에 단지 깨어 있어라.
낯선 사람들에게도 나누어라. 그냥 주어라.

3단계: 15분
지금 그대에게 채워진 이 사랑의 에너지로 춤을 추라.
그대를 둘러싸고 있는 사랑 에너지에 깨어 있음으로 춤을 추라.

이 순간들 동안 그대 자신을 사랑하라.

그리고 모든 존재가 그대를 어떻게 사랑하는가를 느껴라.

4단계: 15분

누워라. 단지 이완하라. 부드러움을 느껴라.

이 명상은 오래 전 오쇼 아쉬람 시즌 중에 행해진 특별 명상이다. 특별 명상들은 매년 바뀐다.

인생수업

천국을 만드는 홀로 있음과 사막을 만드는 홀로 있음

세상에는 두 종류의 사람들이 있다. 홀로 있음을 즐길 줄 아는 사람들과 즐기지 못하는 사람들. 니체는 이런 말을 한 적이 있다.

"가장 추악하다. 곳곳을 여행해 본 사람도 세계 그 어디서도 인간의 얼굴만큼 추악한 고장을 발견하지 못할 것이다."

니체는 '새벽에 일어나 책을(이나) 읽는 것은 커다란 죄악이다'라고 할만큼 홀로 있음과 명상을 좋아하는 철학자였다. 그런데 대중사회의 등장과 함께 사람들의 삶이란 정확히 홀로 있음과는 정반대 방향으로 치달아 가고 있다.

그가 만난 사람들이 하나같이 못 생겨서 그런 것이 아니라 홀로 있을 줄 모르기 때문에 추해 보이는 것인지도 모른다. 그래서 이 고독한 철학자는 내면이 없는 사람들의 부산하고 불안한 모습들에 정말 적응할 수 없었는지도 모를 일이다.

사실 지하철이나 버스를 타보면 앞자리건 옆자리건 아름답고 생동감이 느껴지는 얼굴을 발견하기가 쉽지 않다. 정보화 사회이니 고속 와이파이니 엄청난 광고 홍수에다가 주식이니 뭐니 사람들이 모두 머리 중심으로 살기 때문에 저마다 비슷한 얼굴들이 된다. 두뇌 위주로 살게 되면 자기 뿌리인 배꼽 센터로부터 멀어지게 된다. 당연히 호흡은 얕아지고, 가슴은 각박해지며, 느는 건 신경질, 짜증, 공포, 강박증, 불안과 초조이다. 이런 부정적인 감정들을 화장이나 좋은 옷으로 가리려 하지만 세월이 갈수록 얼굴에 고스란히 스며들기 마련이다. 현대인은 갈수록 혼자 있을 수 없는 사람, 홀로 있음을 즐길 수 없는 사람이 되어버린다. 더군다나 내면과 만날수록 그 안에서 추한 것들, 불편한 것들, 보고 싶지 않은 것들만을 잔뜩 발견하기 때문이다.

아무리 성형을 하고, 다이어트를 하고, 아무리 뛰어난 패션 감각을 갖고 있다고 해도, 인간은 모두 홀로 태어난 존재들이다. 그 홀로 있음을 즐기지 못한다면 인간은 끊임없는 도망자 신세이다. 겉보기만 요란하지 평생 불안에 떠는 죄 없는 죄인 신세이다. 그들은 항상 홀로 있음으로부터 도피하기 위해 시끄러운 곳을 찾아다니고 흥분하고 안절부절 못하며, 말과 행동에는 신뢰가 들어 있지 않다. 그들은 자신을 믿지 못하기에 다른 사람도 믿지 못한다. 말은 피상적이고 가식적이며 그 속에는 시기심과 분노, 얼토당토않은 궤변과 자기 정당화가 범벅되어 있다. 그렇게 보이지 않기 위해서는 대단한 연기자가 되어 자기 자신과 남을 속여야만 한다.

홀로 있음을 모르고서는 아무도 천국을 만들 수 없다. 그들이 맛본 모든 쾌락이나 행복도, 만들고자 했던 낙원도 기실 홀로 있음으로부터 도망가기 위한 것이었으니까.

자기 자신과도 잘 지내지 못하는 사람이 다른 사람과 어떻게 잘 지낸단 말인가? 어떻게 낙원을 만들 수 있단 말인가? 그들은 믿음직한 신뢰를 줄 수 없고, 마음의 여유가 없으며, 공정하지 않으며, 산 체험에서 오는 지혜도 없다. 홀로 있지 못하는 사람은 더불어 있지도 못한다.

홀로 있음은 힘이다. 우리는 보통 휴식을 통해서 힘을 얻는다고 말한다. 우리는 어디서 휴식을 취하는가? 어디서 힘을 얻는가? 어둠과 침묵, 홀로 있음이 휴식이다.

한 재벌 창업주가 창사 이래 최대의 위기가 닥치자 했던 인터뷰 내용이 생각난다. 당장 군사대국 소련하고 전쟁이라도 치를 것 같은 분위기라서 하루 종일 모든 방송들이 그 충격적인 사건에 관한 뉴스로 떠들어댔다.

"일단 어디 가서 며칠 혼자 지낸 다음에 하나하나 말씀드리겠습니다."

재벌 회장님이 그 급박한 상황에 자리를 비우고 혼자서 지낸다? 아무튼 위기는 잘 처리된 듯 보였다. 그 회사는 지금도 잘 나가니 말이다.

침묵은 하나의 힘이다. 우리는 침묵으로부터 명증함을 얻는다. 우리는 자기가 있는 곳을 분명히 깨닫고 마주친 상황을 명료히 바라볼 수 있는 힘을 얻는다.

야생 동물들도 치명적인 상처를 입으면 종적을 갑자기 감춰버린다. 어딘가 자기만의 장소에 숨은 채 치료의 시간을 가지는 것이다. 궁핍에 처하고 역경에 놓여 있어도 거울처럼 밝은 광채가 나는 사람들이 있다. 그들은 언제나 홀로 있을 수 있는 사람이다. 침묵의 힘을 알고 있는 사람들이다.

어둠은 하나의 힘이다. 우리는 그로부터 알 수 없는 힘을 얻는다. 우리는 되살아난다. 홀로 있음 자체가 가장 완전한 형태의 힘이다. 힘의 원천이다. 더할 것도 뺄 것도 없기 때문이다.

홀로 있음과 침묵에도 두 가지 형태가 있다. 천국을 만드는 침묵과 사막을 만드는 침묵이다.

한번은 한국에 있다는 돌무덤처럼 만든 수행처를 가본 적이 있다. 인도에 있던 수행처를 본따서 아주 옛날 그 모습 그대로 최대한 재현하여 만든 수행처라고 홍보하는 곳이었다. 그곳에는 최신식 화장실과 최신 자물쇠는 있었지만 아름다운 정원이나 새들의 노래 소리는 없었다. 마치 아무도 없는, 아무 소리 들려오지 않는 무인 판매점 같다고나 할까.

명상은 무덤 속으로 들어가는 것이 아니다. 무덤 속에서 나오지 않는 것이 아니다. 명상은 어떤 중재자도 없이 자기 자신과 만나는 홀로 있음의 절정이다.

누구를 미워한다든지 아니면 그를 미워하지 않으려고 노력한다고 말하는 사람들이 있다. 하지만 그것은 이미 미움이다. 나는 행복해지기 위해 노력한다, 외로워지기 싫어서 무엇을 한다고 말하는 것도 마찬가지다. 그 자체가 이미 불행한, 견딜 수 없게 외로운 어떤 상태이다.

하지만 진짜로 미워하지 않는다, 불행하지 않고 행복하다, 외롭지 않다는 것은 자기가 그렇게 한 것이 아니고 그게 아예 안 되는 그런 것이다. 미움이 안 돼, 불행이 안 돼, 외로움이 안 돼. 그가 할 줄 아는 것은 사랑, 행복, 일체감, 이런 것밖에는 없는 것이다. 이런 것이 명상의 힘, 침묵의 힘이다. 왜냐면 그것들은 자기 자신, 그 사람의 존재 자체의 질이기 때문이다.

명상의 에너지가 강할수록, 침묵의 힘이 강할수록 그는 더욱 유쾌한 인간이 된다. 더욱 기쁨에 넘치는 인간이 된다. 더욱 더 사랑하고 행복해하는 인간이 된다.

　그는 활력이, 생명력이 더욱 넘치는 것이다. 그것은 계속되는 춤이 되고, 축제의 에너지가 되고, 더욱 만개한다. 아름다운 정원이 만들어지고, 축제를 위한 축제, 나눔을 위한 나눔 그 자체가 된다. 그럴수록 그의 침묵도 깊어진다. 침묵과 축제의 에너지는 정비례한다.

　침묵의 본능은 무덤이 아니라 축제이다. 그것은 세상 누구보다도 축제를 좋아하고 즐긴다. 무엇보다도 축하를 나눠주고 잔치를 벌인다. 명상의 본능은 더더욱 많은 기쁨을 퍼트리고 나눠주는 것이다. 그렇지 않다면 그것은… 재미없는 일을 누가 하겠는가? 기쁘지 않을 일을 누가 하겠는가? 명상은 더욱 더 행복해지니까 하는 것이다.

명상수업 18강

불행하고 삭막한 기분은 당신이 표면적인 층에 머물고 있기 때문이다

자신과 타인들 사이에 거리감을 느낄 때마다, 당신 존재가 왜소하게 느껴질 때마다 집을 놔두고 집 앞에서 노숙을 해야 한다고 해보라. 얼마나 외롭고 처량한가? 여행을 떠나는 친구들이 같이 가자며 반갑게 당신을 부르며 달려오는데 당신은 고개를 돌려 외면하고 못 들은 척하다가 혼자 남아서 울고 싶은 심정이 된다면 얼마나 바보 같은가?

집으로 들어가라. 당신의 집이다. 만나는 모든 것들과 모든 곳, 모든 게 친구들이다. 손을 흔들어주고 눈을 마주쳐라. 눈 속을 바라보라. 모든 것과 친구가 될 것이다. 모든 것들과 연결되어 있음을 알게 될 것이다.

자기 자신과 존재하는 것들에 거리를 느낄 때는 당신이 표피적인 층에 있다는 것을 의미한다. 그러므로 표면의 작용에 속지 말고 더욱 깊이 들여다보아야 한다.

액티브 명상에서는 서로 눈을 마주 보는 명상들이 여러 개 있다. 그것은 타인의 시선에 기죽지 말라고 하는 명상이 아니다.

그가 나를 본다.

나도 그를 본다.

그때 서로가 서로가 있음을 알아 차리고 있다.

상대의 생김새는 서로 다르지만 알아차리고 있음은 둘 다 동일하다. 곧 저 사람 안에도, 내 안에도 알아차림은 동일한 것이며 한 가지인 것이다. 의식의 대상과 방향은 달라도 의식 자체는 동일한 '한' 의식인 것이다.

수많은 존재자들이 있다. 존재하고 있다는 점에서는 모든 존재자는 동일하다. 만 가지가 하나로 돌아가네(萬法歸一)와 같은 것이다.

명상법: 응시명상(Eye-Gazing)

1단계

자리에 앉아 서로의 눈 속을 들여다본다. 가능한 한 눈을 깜박이지 말고 부드럽게 응시한다. 생각을 하지 말고, 깊게 아주 깊이 바라본다.

떠오르는 생각을 버리고 단지 두 눈의 안쪽을 그윽하게 바라본다면 곧 표면의 파도들이 사라지고 바다가 드러날 것이다. 눈 안쪽 깊이 들여다볼 수 있다면 그 다음엔 사람이 사라져버리는 것을 느끼게 될 것이다. 거대한 대양의 현상이 뒤에 감춰져 있다. 이 사람은 다만 어떤 깊이가 물결을 치고 있는 것이다. 어떤 미지의 것, 숨겨진 것의 한 물결인 것이다.

처음엔 인간 존재와 함께, 그 다음엔 동물, 그 다음엔 나무를 대상으로 한다, 인간과 당신은 파도의 형태와 가깝고 동물은 약간의 거리가 있을 것이고, 나무는 좀 더 큰 파도가 있을 것이다, 그런 다음에 바위로 옮겨간다.

2단계

얼마 후 당신은 주위 모든 곳에서 바다를 알게 될 것이다. 그러면 당신 또한 그 한 물결임을, 당신의 에고 또한 한 물결임을 알아차리게 될 것이다.

그 에고의 뒤에는 이름 없는, 하나인 존재가 숨어 있다. 단지 파도만이 태어난다. 바다는 여전히 같은 채로 남아 있다. 많은 것들이 태어난다. 하나인 것만이 같은 채로 남아 있다.

인생수업

독수리는 둥지를 버리고 하늘을 난다
당신은 새들의 왕인 독수리의 아들이기 때문이다

    어머니의 가슴이 무한하지 않다면 무엇이 무한할까? 어머니가 나를 용서하지 않는다면 누가 나를 받아 준다는 말인가? 사람들은 어머니로 인해 비로소 무한한 것을 안다. 어머니의 자궁 속에 있었기 때문에, 어머니의 따뜻한 가슴을 체험함으로써 무한함과 성스러움을 알게 된다.
    설사 자신이 낙오자가 되고 죄인이 되는 것이 이 세상의 인과 법칙에 합당하다는 것을 알고 있다 하더라도 본능 깊이 무한한 어떤 것을 안다. 그렇지만 돈과 형식이 지배하는 세상 안에서 헛된 꿈을 키우다가 거품처럼 사라져간다. 슬픈 것은 꿈속의 일이다. 아니, 꿈속 같은 한 세상이 슬픈 것이다.
    저마다 가슴 안쪽에 슬픔을 묻은 채 살아가기 시작하고, 슬픔은 더욱 깊은 슬픔이 된다. 마침내 저 사람도 이 사람도 몇 사람의 몇 생을 불구로 만들기에도 충분한 슬픔의 바다를 가슴 속에 묻어둔다. 슬픔은 언제나 차오르고 있지만 그때마다 묻어두고 만다.
    대다수의 사람들은 슬픔의 인력에 이끌려가고 있다. 그것으로부터 헤어나오는 방법을 모르고 있다. 생이 주는 중력을 걷어내지 못하고 끌려가고 있는 것이다. 그렇게 해서 불행해도 괜찮다는, 불행은 행복보다 정상적이다라는, 불행은 행복보다 다수이다라는 암묵적인 합의에 도달한다.

슬픔을 쏟아내지 않는다면 우리는 계속 슬플 것이다. 불행해지는 버릇, 슬퍼하는 버릇을 버리지 않는다면 슬픔이 우리를 죽일 것이다. 단순히 슬픔으로 그치는 것이 아니라 정말 불행한 삶으로 나타날 것이다. 슬픈 노래를 너무 많이 부르는 가수들이 불행해지는 것을 보곤 한다. 한때는 대단한 인기를 끌었지만 종종 불치병에 걸렸다거나 암에 걸려 사망하는 일을 보곤 한다.

그러니 안에 있는 어떤 것이든 쏟아내야 한다. 그 뿌리를 드러내어 마주보아야 한다. 슬픔이든 분노이든 어떤 것도 실체는 아니다. 그릇이나 책상, 바위나 산처럼 항상 고정적으로 있는 어떤 실체가 아니라 우리가 에너지를 주기 때문에 실체처럼 보이는 것뿐이다. 그러니 그곳에서 나와야 한다. 슬픔에서 행복으로, 분노에서 사랑으로, 혼돈에서 이해와 받아들임으로 옮겨야 한다.

나도 슬플 때가 많았다. 화도 많이 냈다. 슬픔도 분노도 먼 나라 남의 나라 얘기처럼 들릴 때 역시도 내 가슴 안쪽은 알게 모르게 피를 흘리고 있었을 것이다.

"지금은 거의 다 나은 상태이지만, 와! 흔적이 장난 아니게 화려하구만."

나의 가슴 상태를 시각적으로 볼 줄 아는 어떤 이가 탄성을 지른 적이 있었다. 영원히 계속될 것 같은 악몽의 시간들이 있었기 때문이다. 그래서 저래서 아무 말이나 주절거릴 때도 있었다.

그런 것도 명상이 될 수 있다. 터져 나오는 대로 이야기를 계속하는데, 어떤 부분은 자르고 어떤 부분은 검열하고 하지 않는 게 핵심이다. 이를테면 마구잡이 이야기 명상이다. 천일야화 작가처럼 이야기 창작을 즐기며 아름답게 할 수도 있고, 뭐가 뭔지 모르게 주구장창 떠들 수도 있다.(자세한 건 다음 명상법의 차례를 참조할 것)

하여튼 쏟아내라. 빨래하는 데 왜 부끄러워 하나? 때는 때일 뿐이니 이상하게 생각 말고 자신 안에 있는 모든 불행들, 상처들, 분노들, 광기, 쓰레기를 남김없이 쏟아내야 한다. 단 남이나 자신에게 해를 끼치지 않는 범위에서 해야 한다.

자신을 남김없이 정화하는 것. 안에 있는 것들을 자유롭게 쏟아낼 때 우리는 하늘을 향해 비로소 비상할 수 있다.

액티브 명상에는 이런 말이 있다. 욕도 제대로 못하는 사람들은 사랑한다, 감사하다와 같은 더욱 높은 감정 표현을 제대로 하기 어렵다.

그렇다, 욕을 하는 건 쉬운 일이다. 분노하기란 어렵지 않은 일이다. 하지만 사랑이나 기쁨, 감사, 기도, 평화, 축제, 나눔 이런 것들은 훨씬 고차원적인 일이다. 그러니 저차원적인 표현도 제대로 못하고 억눌려 있는 사람들은 사랑이나 기쁨과 같은 더 높은 차원의 표현을 하는데 어려움을 겪게 될 것이다. 표현을 잘 한다고 하더라고 가식과 위선일지도 모른다.

그래서 액티브 명상에서는 부정적인 것을 쏟아내는 작업을 중요시한다. 사랑이나 감사, 긍정적인 마인드 같은 것은 지지를 해주고 응원하는 것은 좋지만 강요되어서는 안 된다. 그렇게 되면 인간은 필연적으로 분열된 인격을 지니게 되고 온갖 위선과 자기 방어와 끝나지 않는 내부의 갈등에 휘말리게 되기 때문이다. 마음 속에 있는 모든 부정적인 것을 정화할 때, 깨어 있는 의식을 가지고 모든 판단을 내려놓을 때 사랑이나 평화는 자연스레 나타나게 되어 있다. 분노나 미움이 아니라 사랑이 인간의 본질이기 때문이다.

인간에 대한 중요한 사실이 또 하나 있다. 인간은 고정된 존재가 아니며 더 높은 차원으로 나아가려 한다는 것이다. 곧 인간은 누구라도 진화 중에 있다는 것, 유한한 존재에서 무한한 존재에로 나아가려 한다는 것이다.

일체의 속박에서 무한한 자유의 존재로 나아가는 것, 이 무한성은 외적인 진화로는 결코 도달할 수 없다. 외적인 충족으로는 결코 만들어질 수가 없다. '사물이 극極에 이르면 반드시 사기邪氣를 생한다'는 것은 역사 속에서 늘 반복되어온 동양의 오래된 가르침이다. 물질주의의 극한은 통제불능한 파괴적 에너지로 나타날 것이다. 자본주의든 공산주의든, 현실주의자이든 유토피아주의자이든 주의나 이념도 변함이 없다. 몇몇 선구적인 지식인들은 제3의 길이나 통합적인 관점, 전체적인 관점 등을 운위하고 있지만 역시 한 관점에 불과할 뿐이다. 또 다른 주의 주장일 뿐이다. 이런 모든 것을 내려놓을 적에 내적인 차원의 진화, 의식의 진화가 시작된다. 그것이 진정한 제3의 길이며, 전적으로 새롭게 시작하는 방법이다. 매일 새롭게 사는 방법이다.

맨 처음 푸나의 오쇼 아쉬람에 도착한 첫날, 재미 있는 명상 시간이 있었다. 매일 저녁 열리는 이브닝 미팅이라는 프로그램이었는데 사람들 전체가 양손을 하늘로 번쩍 치켜들며 시원하게 소리를 세 번 지르는 것으로 시작했다. 무한한 것을 향하여, 저 하늘의 별을 향하여 자신의 가슴을 밑에서부터 들어 올린다는 의미라고 했다.

가슴 속에는 무엇이 있을까? 무한한 하늘이 있다. 무한한 바다가 있다.

큰 것을 향하여 들어 올릴수록 인생은 더 커질 것이다. 작은 것을 향하여 굽힐 때 인생은 더 작아질 것이다.

위대한 시인이자 성자인 밀라레빠는 이렇게 노래한다.

"소년이여, 둥지를 벗어나 하늘 끝까지 날아오르라."

어린 시절 내내 우리는 어머니라는 둥지에 누워 있었고 자라서는 그 보금자리 같은 둥지의 세계를 지키고, 자기 식으로 개조하고, 확장하고 방어하려고 애쓴다. 그것은 너무나 편안하고 안정되고 달콤하고 따뜻했기 때문이다.

그러나 언제까지 둥지 속에 있을 것인가? 언제까지 독수리가 하늘을 날지 않은 채로 새끼로만 지낼 것인가?

둥지를 잊지 못한다면, 집착하고 있다면 둥지도 새도 절대 무사할 수 없을 것이다. 다 같이 썩어가고 불구자가 될 것이다. 정신적인 기형아로 살고 죽게 될 것이다. 왜 작은 연못, 그것도 썩어가는 우물 속에서 지내고 있는가? 왜 아직 둥지에만 있으려고 하는가? 왜 날으려고 하지 않는가?

인간은 성장하지 않을 수가 없다. 더 넓은 세계로 나아가지 않을 수가 없다. 성장한 독수리는 둥지를 버리고 하늘을 난다. 성장한 독수리가 되기 위해서 하늘로 날아올라야 한다. 하늘을 나는 독수리는 그때 비로소 끝없는 하늘에서도 동요되지 않고 좁은 땅에서도 두려워하지 않을 것이다. 위대한 물고기의 아들은 대양을 누비고 다니고 다녀도 더 이상 물속에서도 동요되지 않겠고 어부의 그물도 그를 놀

라게 할 수 없을 것이다.(밀라레빠의 시)

당신은 실은 누구인가? 당신은 원래 당신 이상이다. 당신은 어린 새끼로 남아 있을 수가 없는 그 이상의 존재, 원래 그것인 존재이다.

인간의 가장 큰 슬픔은, 가장 큰 불행은 이루어질 수 없는 사랑이나 욕망 때문이 아니라 한 집착에 있다. 비워라. 그러면 더 높이 날아오르게 될 것이다.

명상수업 19강

명상 에너지는 자기 재능과 창조력을 최대한 표출시킨다

명상을 통해 해방된 에너지가 당신 안에 흘러 들어올 때, 그 에너지는 자신을 표현하기 위한 모든 종류의 통로를 발견할 것이다. 그것은 당신이 어떤 종류의 재능을 가졌는가, 당신의 능력, 개인성과 성격에 달려 있다.

누군가가 화가이고, 명상이 에너지를 방출한다면 그는 더욱 훌륭한 그림을 그릴 것이며, 미치도록 그림을 그릴 것이다. 그의 모든 에너지는 그림으로 집중될 것이다. 무용가라면, 명상은 그를 매우 뛰어난 무용가로 만들 것이다. 그것은 각자의 역량, 재능, 개인성에 달려 있다.

명상을 통해 무슨 일이 일어날지는 아무도 알 수 없다. 말수가 없던 조용한 사람이 갑자기 자신의 감정을 다양하고 극적으로 표현하는 경우도 있다. 그동안 억눌려 있어서 한 번도 표현해보지 못했던 것일 수도 있다. 에너지가 일어나고 흘러나올 때 그는 표현하기 시작할 것이다. 그림이나 음악, 문학, 예능에 관심 없던 자가 세상사를 모두 잊은 채 오로지 그 속에만 빠질 수도 있다. 그동안 잠자고 있던 모든 재능이 명상과 함께 표현되어 나오기 시작할 것이다.*

명상법: 이야기 명상(Letting your voices out)

매일 밤 잠들기 전, 벽을 보고 앉아 40분 동안 이야기를 시작한다.
큰 소리로 이야기 하라. 그것을 즐겨라… 이야기와 함께 있어라.
거기에 두 개의 목소리가 있다고 생각되거든 그 양쪽에서 이야기 한다.
이쪽에 가담했다면 대답은 다른 쪽에서 해가면서 당신이 얼마나 아름다운 대화를 창조할 수 있는가를 깨달으라.
결코 대화를 독점하려고 하지 말라.
당신은 누군가를 위해 그것을 얘기하고 있는 것이 아니다.
만약에 미쳐가고 있다면 그렇게 내버려두라.
결코 어떤 것은 자르고 어떤 것은 검열하려 하지 마라.
그렇게 되면 전체적인 요점을 놓치게 될 것이다.
최소한 열흘간 그렇게 하라.
당신의 전체적인 에너지를 그것에 퍼부어라.

이 명상을 처음 해본 한 참가자는 이런 얘기를 남겼다.

"명상에 명 자도 몰랐지만 메일을 받아보고 이번에는 왠지 끌림이 남달리 강렬했었습니다… 첫번째 명상 시간. … 무슨 이야기를 해야 하나하고 생각할 틈도 없이 이런저런 이야기들이 내 입술을 뚫고 터져나오더군요.
이렇게 많은 말들이 흘러나오고 싶었는데, 나는 가슴을 닫고, 입술을 꼭 앙물고 그 많은 나의 이야기들을 묻어둔 채 외면하고 있었다는 것을 알게 되었지요.

　나 자신에게 들려주는 나의 이야기들… 온몸은 땀과 눈물로 범벅이 되었지만 아무도 나의 모습을 보는 이도 없고, 나의 부끄러운 이야기를 듣는 이도 없기에 오로지 나 자신만이 말하고 나 자신만이 그 이야기를 진지하게 듣고 있었을 뿐이지요…. 어떤 모습으로든 자신의 모습과 마주할 수 있고 자신의 말을 들을 수 있었던 소중한 시간이었어요."

---

* 『The Orange Book-The Meditation Techniques of Bhagwan Shree Rajneesh』, Raineesh Foundation International, 1983. 참조.

인생수업

모든 것은 우리가 누려야 할 인생의 품목들이다

당연한 얘기지만 인생은 이런 저런 사람들의 전유물은 아니다. 많은 사람들이 그렇게 되고 싶어 하는 훌륭한 사람, 성공한 사람의 전유물은 더욱 아니다. 모든 인생이 가치 있고 소중하다. 모든 곳에 인생이 있고 모든 인생에 생명계의 신비한 나타남이 있다. 신의 반대도 신이다. 신적 현상의 또 다른 나타남이다.

진리나 지혜 역시도 누군가의 전유물이 아니다. '그들'에게만 주어지는 것도 아니며 때로는 있다가 때로는 존재하지 않는 그런 것도 아니다. 있는 그대로가 진리다. 어린아이 속에도 새들 속에도 순간 순간 어디에나 있다. 모든 곳에 있다. 그렇지 않은가?

부처는 중이나 절의 전유물이 아니고, 예수는 교회나 신도의 전유물이 아니다. 창조성은 예술가의 전유물이 아니고, 문학은 문학가의 전유물이 아니고, 철학은 철학자의 전유물이 아니다. 사랑도 아름다움도 누군가의 전유물이 아니다. 그것들은 우리가 누려야 할 인생의 품목들이다.

선함은 착한 사람들의 전유물이 아니다. 악함은 악한 사람들의 전유물이 아니다. 당신도 누구보다도 악할 수가 있다. 누구보다도 악독해질 수가 있다. 지금 악인이 아니라고 해서 악인이 될 가능성, 나

뿐 짓을 할 가능성이 전혀 없다고 할 수는 없다.

악인도 선하다. 병들었을 뿐이다. 사랑을 덜 받았을 뿐이다. 사랑이 모자랐을 뿐이다. 누려야 할 것을 누리지 못했을 뿐이다.

불행이란 누려야 할 것을 누리지 못한 인생이다. 인생의 구석구석을 누리는 것, 구석구석 안 가본데 없이 들어가 보는 것, 골짜기이든 봉우리이든, 지옥의 끝이든 천국의 나라이든, 저승이든 이승이든 다 삶이다. 죽기 전에도 삶이고 죽은 후에도 삶이다. 우주 밖이든 우주 안이든 거기서도 다 삶, 또 다른 삶일 뿐이다.

이 삶을 어떻게 할 것인가? 액티브 명상을 해 온 사람이라면 이렇게 말할 것이다―탄생과 죽음, 탄생과 죽음 사이, 그리고 그 너머 모두가 다 선물이고 기회이다. 다만 무의식의 구덩이로 도망치는 길을 차단해야 한다.

눈을 질끈 감고 외면해 보려는 습관은 휴지통에 버려야 한다. 말끔하게 태워버려야 한다. 겁이 나면 겁에 깨어 있고, 흥분되면 흥분에도 깨어 있으면 된다. 분노할 땐 분노에 깨어 있고 슬플 때는 슬픔에 깨어 있으면 된다.

졸면서 먹는 일품 요리는 요리가 아니고, 잠을 자며 끼고 있는 다이아몬드 반지는 반지가 아니다. 소화기관을 해치고 수면을 방해하는 것들일 뿐. 깨어 있을 때만 현실이 된다. 더더욱 깨어 있을수록 당신의 삶과 우주도 확장된다.

액티브 명상은 또 이렇게 말한다―심각하지 말아라. 심각한 건 병이다. 심각함은 긴장이다.

생각해보면, 심각한 것은 인색한 자들의 전형적인 특징이다. 별것도 아닌 걸 뭔가 갖고 있는 척 하는 자들의 소심함일 뿐이다. 아무것도 하지 않는데도 무슨 중요한 일을 하는 것처럼 보이려는 꿍꿍이일 때도 있다.

긴장할수록, 심각할수록 병든 자가 될 것이다. 심각할수록 암 덩어리는 커질 것이다. 심각할수록 현재는 지워지고 과거만 무거워질 것이다. 미래의 비중이 커질수록 근심도 커질 것이다.

누군가 이 세상이, 이 우주가 기뻐할 일을 해본다고 하자. 천 명 만 명의 심각한 자들이 잔치를 열었다고 상상해보라. 계산서만 잔뜩 늘어날 것이다. 어른들은 놀이도 내기 게임으로 만든다. 경쟁으로 만든다. 그들의 축제는 소동이고 광증이며 연출이다.

한 어린아이가 까르르 웃고 뛰어다니는 것을 보라. 당신도 나도, 이 우주도 기뻐할 것이다. 다 같이 까르르 웃을 것이다. 삶이란 영원한 놀이이고 축제이다. 어린아이처럼 놀 수 있는 것. 다시금 어린아이로 돌아가 논다는 것, 그렇게 놀지 않으면 어떻게 놀겠는가?

세상을 살다보면 잘 되는 경우와 안 되는 경우가 뒤섞여 있다. 그런데 잘 들여다 보면 인생이 망하는 방법, 지구가 망하는 방법은 언제나 같다. 한 곳으로만 숨을 쉬며 사는 것이다.

사람이 죽을 때는 누구나 숨을 내쉬면서 죽는다. 한 곳으로만 숨을 쉬고는 죽는 것이다. 태어나서 첫 번째 하는 일은 숨을 들이마시는 것이고 죽기 전에 마지막으로 하는 일은 숨을 내쉬는 것이다. 숨을 들이마시고 내쉬는 가운데 우리의 생은 계속해서 흘러간다.

한숨을 자주 내쉬는 사람은 인생이 잘 풀리지 않을 것이다. 점점 더 무기력하고 자신감도 사라질 것이다. 숨을 들이마시면 활력과 쾌감이 생기지만 너무 많이 마시면 폐나 심장에 이상이 생길 것이다. 혹은 그와 관련된 병에 걸리거나 그로 인해 사망하게 될 것이다.

나만 살겠다는 것, 나만 누리겠다는 것이 죽음이다. 한 곳으로만 통하는 것은 죽음이며, 외부적인 빛과 성공에만 집착하는 것이 종말이고, 활동적인 데만 주의를 기울이다보면 반드시 생명 에너지 생태계에 교란이 일어날 것이다. 아마 코로나 팬데믹 같은 것이 그 한 예가 될지 모른다.

외적인 성공, 외적인 정복에 집착하는 것은 인간의 삶의 경우이건 역사의 사례들이건 종말로 가는 확실한 예행 연습이었다.

성공만한 실패는 없다. 실패 속에는 실패만의 쓰디쓴 깊이가 있고 가난 속에도 빛나는 위엄과 보석 같은 진실이 들어 있다. 가난과 풍요, 모두 다 누리는 것, 이쪽과 저쪽이 통할 때 가장 삶다운 삶이 일어난다.

골짜기와 봉우리를 동시에 있는 것이 산이고 오른쪽과 왼쪽으로 같이 걸어야 하는 것이 인생이다. 그래서 골짜기와 봉우리를 같이 살 수 있어야 한다. 당신이 명상을 통해 당신을 정화하고 당신의 호흡을 자각할 수 있다면 이 사실들은 일부러 배우고 찾아다닐 필요도 없이 자연스레 주어지는 그런 깨달음일 뿐일 것이다. 그러므로 내면으로 가되 외면과 내면을 조화시켜야 한다는 깨달음도 저절로 일어난다.

명상가들은 자주, 즐겨 침묵에 들어가 보라고 우리에게 권한다. 그러면 전과는 다른 새로운 질의 에너지를 갖고 살게 될 것이다. 명상을 사랑하는 자들이 명상을 마칠 때 그 마지막은 항상 자비로 끝날 것이다. 명상의 끝은 항상 사랑을 널리 퍼트리는 것으로 끝날 것이다.

오쇼나 모든 위대한 명상 스승들은 말했다—항상 자비심을 가지고 명상을 끝내라. 그러면 내면과 외면, 끝과 시작이 마땅할 뿐이다. 향기로운 끝은 향기로운 시작으로 이어지고 그 첫 번째 향기는 더욱 깊어져서 끝 모를 향기가 될 것이다. 그렇지 않다면 당신은 아마도 맨 처음으로 돌아가 다시 첫 출발을 하게 될 것이다. 일단 시작하라. 시작이 중요하다. 잘 모르더라도 누구나 한 걸음씩은 갈 수 있다. 한 번에 멀리 가려 하면 반드시 실패한다. 좌절한다. 한 걸음씩이라면 누구나 할 수 있다. 매일 할 수 있다. 인생에 엄청난 차이를 가져오는 것은 그 한 걸음 한 걸음들이다.

조금씩만 더 자각해보는 것. 봄에 시작한 한 걸음 한 걸음으로 가을이 되면 황금빛 들판에 도착해 있을 것이다. 석양 속에서도, 어둠 속에서도 더욱 빛날 것이다. 많은 고통과 슬픔이 있었을지라도 더욱 찬란한 봄날을 만날 것이다.

슬픈가? 슬픔 속으로 가능한 한 깊이 들어가보라. 내리고 내리고 또 내리는 장대비처럼 계속 울어보라. 슬플 때는 남김없이 슬퍼해보라.

화가 나는가? 천둥 번개처럼 적나라한 언어로 그대의 분노를 표현해보라. 분노의 밑바닥까지 표출해보라. 실체는 남고 꿈 같은 허상은 사라질 것이다. 건강은 남고 병든 부위는 사라질 것이다. 기쁜 것은 남고 불행한 것들은 사라질 것이다. 왜냐하면 기쁨만이 실체이기 때문이다.

웃을 때는 남김 없이 웃는 것. 영원할 것처럼 미친 듯이 웃고 또 웃는 것. 기쁜가? 춤을 춘다. 춤을 추는 자가 사라질 때까지.

길은 끝이 없다. 삶은 끝이 없다. 우리는 인생을 잘 모른다. 사실 아무도 모른다. 내일은 무슨 일이 생길지 누가 알겠는가? 다음 순간이 어떻게 될지 누가 알겠는가?

　삶의 불꽃이 우리를 태우고 태우고, 또 타들어가고 타들어가고, 어디선가 한 줄기 바람이 불어오고, 결코 이 지상의 것 같지는 않은 그런 바람이 불어오고, 그러다가 어떤 씨앗 하나가 심장 속으로 떨어져 내리는 날이 찾아올 것이다.

　툭!

　이 세상 속에서 이 세상을 버리지 않고 액티브 명상을 하는 이들의 사는 방식은 이와 같다. 아마 그럴 것이다.

명상수업 20강

명상은 자기만의 통찰이 갈수록 늘어나는 방법
나이 들수록 신선해지는 방법

자기 중심을 가지고 인생을 살고 싶다면 그 사람의 내면에는 자기만의 비밀이 있어야 한다. 자기만의 통찰이 늘어나야 한다.

호흡을 자각하면서 하는 것이 그 비결이다. 호흡은 항상 지금 여기이다. 날숨에는 많은 비밀이 있다. 날숨은 텅 비워내는 것이다.

"그리고 이 아무것도 없음으로부터 모든 것이 생기는 것이다. (and from no-thing comes everything)"

자기 자신에게 먼저 깨어 있으려면 몸부터 시작한다.

호흡에 늘 깨어 있는다. 인생을 다시 살고 싶으면 날숨에 중점을 두고 호흡을 자각해보라. 순간순간 자기의 날숨을 자각해보라. 누구나 다시 태어나게 될 것이다.

명상법

일할 맛이 나지 않을 때, 기분을 바꾸고 싶을 때, 너무너무 피곤할 때를 위한 명상

기분이 좋지 않은데 일할 때, 그럴 때마다 일을 시작하기 전에 5분 동안 숨을 깊이 내쉬어라. 숨을 내쉬면서 안에 있는 어두운 기분을 모두 버린다고 느껴라. 5분 내로 놀라게 될 것이다. 당신이 갑자기 정상적으로 돌아오고 침체된 것들은 사라질 것이며 어둠, 꿀꿀함은 더 이상 거기 없다.

언제: 빈속에 혹은 밥 먹고 최소 세 시간 후. 하루에 세 번이나 그 이상 하되 앉아서 일곱 번 이상은 하지 않는다.

1단계: 할 수 있는 한 최대한 깊이 숨을 내쉬어라. 한 방울의 공기도 안 남을 정도.

2단계: 위장 근육을 최대한 바짝 끌어당겨서 몸안 공기를 좀더 멀리 내보내라.

3단계: 이젠 최대한—2~3분 동안 날숨을 쉰다. 날숨 상태를 계속하라. 길수록 좋다. 처음엔 어렵지만 나중엔 쉬워질 것이다.

4단계: 어떤 지점에서 당신은 공기에 완전히 굶주리고 공기가 안으로 밀려들어올 것이다. 그 밀려옴 속에서 커다란 기쁨, 커다란 활력을 느끼고 그 쇄도가 당신의 가슴을 열어준다. 이것이 가슴을 여는 가장 유용한 방법 중의 하나다.

무한한 행복을 느끼고 싶을 때, 우울할 때, 힘이 없을 때, 살기 싫을 때

1. **깊이 호흡을 하라.** 그것이 가슴 한복판을 치는 것을 느껴보라.

마치 전 존재가 그대 속으로, 그대의 가슴 속으로 쏟아지고 있는 것처럼 느껴라.

그러니 숨을 깊게 들이마시고, 그럴 때마다 적어도 다섯 번은 깊이 숨을 쉬라. 호흡을 안으로, 가슴을 가득 채워라. 가슴 센터에서 호흡을 느껴보라-

존재가 가슴으로 쏟아지고 있다, 생명력, 삶, 신성함, 자연… 모든 것이 가슴으로 쏟아지고 있다.

2. **이제 가슴 센터로 깊이 숨을 내쉰다.** 가슴 센터로부터 내쉰다. 그리고 그대에게 주어지고 있던 모든 것을 다시 이 우주 속으로, 존재계 속으로 퍼부어준다고 느껴본다.

2부

액티브 명상 활동가의 노트

Chapter 1

푸나, 그리운 이름

한국 오쇼 명상센터장의 인도 명상 여행기

나는 평범한 주부였는데 지금까지 15년째 한국 오쇼 명상센터인 〈현대 액티브힐링 명상센터〉에서 활동하고 있다.

어느 날 나에게 치유가 일어나고, 다른 차원의 새로운 기쁨이 일어났을 때 그날은 햇빛이, 나무가, 새가 그리고 모든 소음조차도 내게 말 걸고 웃음 지어준 날이었다. 두 손을 가슴 센터에 얹고 깊게 숨을 들이쉬며 생각했다. 한국에 오쇼 센터 하나는 있어야지, 사람들이 입고 있는 무거운 감옥 같은 각자의 갑옷을 벗어버리고 자신이 만들어 놓은 한계를 넘어서 자유롭고 행복한 저 푸른 하늘로 비상할 수 있게. 명상이나 테라피 이후 몸은 건강해지고 에너지가 넘쳐나는 것을 느끼게 되었다. 얼마나 오랫동안 나를 잊고 살았는지 그것을 발견했을 때 많은 눈물이 흘렀다.

우여곡절 끝에 2011년 서울 마포에 현대인들을 위한 액티브 명상센터를 열게 되었다. 명상센터는 늘 새로움을 받아들이며 각자 성장하는 공간, 성장을 이끌어주는 공간의 역할을 계속하고 있다. 그에 동반하여 나 자신도 여러 과정들에 에너지를 보태고 성장하는 나날들이기도 하였다.

초기엔 인도 푸나 코레곤 파크에서 국제 공인 오쇼 명상센터 운영자 트레이닝을 하고 차근차근 13여 년간 오쇼 4대 그룹 테라피 트레이닝 및 바디 워크 작업, 마인드 작업, 감정치유 작업 등을 포함한 테라피 그룹들을 경험하고 배웠다.

그리고 한국에서는 유일하게 오쇼 명상 안내자를 양성하는 양성 과정 교육 자격을 6년 만에 갖게 되었다, 하나의 나눔과 의식 성장을 이끄는 전달자의 역할들을 자기 수행으로 삼아 하고 있다.

그 이외에도 다른 훌륭한 가르침들도 배우고 익혀서 현장에 적용하고 있다. 평생을 치유와 명상으로 살다 가신 파트마사트 구루(오쇼 산야신이기도 하다)의 가르침으로 네팔에서의 싱잉볼 사운드 트레이닝과 35년간 명상 공(징) 퍼포먼스와 가르침을 주시는 팡 선생님께 대만에서 직접 사사받은 공 연주와 퍼포먼스 트레이닝, 늘 배움이 끝이 아니고 시작임을 알게 된다. 배우고 경험될수록 항상함이 없는 것을 배운다. 과거나 미래에 대한 것들을 내려놓고 지금 여기를 있는 그대로 수용할 때 새로움이 늘 드러나고 겸손해야 함을 가슴 깊이 담곤 한다.

트리반드리움 남인도 케랄라에서 아유르베다 트리트먼트 트레이닝과 요가 트레이닝 코스를 거쳐 4년 뒤 리뷰 프로그램 참가했고, 지금은 산속에 머무시는 무일 선생님께 천부경 공부와 대아공, 지능기공과 형신장, 오원장, 팔금식 등의 자연과 하나되는 수련법 등을 수련했다. 몸이 열리고 마음이 몸과 하나되는 공부, 대자연과 하나되는 공부, 멀리 퍼져나가는 의식은 걸림이 없고 환하고 가득 찬 빛으로 연결되는 공부이다.

한때는 갱스터에다가 마약 중독자였던 비레쉬의 깊은 인간 이해와 사랑으로 설립된 네델란드 휴머니버시티 컬리지에서 사회적 명상 트레이닝(A.U.M)을 마쳤고, 동국대 불교대학원에서 명상심리 상담과 정통 비파사나 명상과 심리 상담적 기법들을 체험하고 있다. 수천 년 전 고대부터 내려오는 향기 요법으로 현대인들에게 사랑받는 아로마 에센셜 요법과 감정 아로마 리딩, 깊은 무의식 차원과 알아차림하는 오쇼 젠타로와 유니버셜 타로 교육까지 약 15년간은 배우고 나누는 삶을 살았다. 시간이 지날수록 배우는 것이 가르치는 것이고 가르칠 때 가장 많이 배운다는 것을 이해하게 된다.

명상을 처음 시작하던 무렵의 이야기들은 2014년에 나온 리아님의 책 〈한국의 명상 세계 사람들〉 속에 실려 있기도 하지만 그 사이 상상도 할 수 없던 많은 일들이 내게 일어났다. 푸나의 오쇼 국제 명상 리조트 방문은 지금도 많은 사람들의 꿈이자 관심사이기도 하다. 푸나, 그리운 이름. 그곳의 에피소드를 중심으로 나의 명상 여행기를 간략하게 재구성해본다.

1. 나를 멈추게 한 숨, 그리고 명상으로의 초대

내가 오쇼 명상을 만나게 된 것은 약 15년 전의 일이다. 당시 나는 딸아이 하나를 둔 평범한 엄마였고, 아이의 학업과 진로에 깊이 관여하며 하루하루를 치열하게 살아가고 있었다. 20대 초반부터 직장 생활을 시작했고, 아이를 출산한 이후 잠시 육아에 전념했지만, 다시 사회생활에 뛰어들어 끊임없이 움직였다.

가난한 부모님과 사남매 중 세째였던 나는, 각자의 세계를 개척하기 위해 치열하게 살아가는 가족들 속에서 언제나 독립적이고 주도적인 삶을 살아야 한다고 생각했다. 늘 어머니의 가난에 대한 한숨 섞인 푸념을 많이 들었기 때문에 학교를 졸업하고는 온전히 부모로부터 경제적인 독립을 해야 한다는 생각이 나를 쉬지 못하도록 다

그쳤다. 30대 초반, 취미로 시작한 배드민턴 운동은 뭐든 열심히 해야 하고 잘해야만 하는 내 성격을 반영해주듯 생활체육지도자 자격 취득으로 이어졌고, 여성 최초로 선수 출신 코치들과 함께 배드민턴 아카데미와 주말 체육 프로그램을 운영했다. 나름대로 성공적인 사업가였고, 지역 사회에서도 제법 이름이 알려진 사람이었다.

사업을 확장해 또 하나의 체육관을 열었고, 음식점까지 병행했다. 바빠진 만큼 수입도 많아졌고, 지역 활동에도 활발히 참여했다. 모 국회의원의 블라인드 모니터링 활동에 참여한 적도 있고, 동네 봉사 모임에서도 자주 얼굴을 비쳤다. 지금 돌이켜보면, 그 시절의 나는 분명 열정적이고 활기찼지만, 내면 어딘가에는 채워지지 않는 허기가 있었다. 돈과 명예라는 이름의 욕망이 삶의 중심을 차지했지만, 그것이 곧 삶의 전부는 아니었다는 것을 어렴풋이 느끼고 있었던 것 같다. 물론 그 안엔 웃음도 있었고 보람도 있었겠지만, 내 안 깊은 곳에 말없이 웅크리고 있던 어떤 갈증은 늘 남아 있었다.

그러던 어느 날, 운동 중 사고로 무릎 연골이 파열되었다. 수술을 받고 한 달 넘게 깁스를 했는데, 깁스를 제거한 날, 가늘게 말라버린 다리의 모습에 충격을 받았다. 그것은 단순한 체형 변화가 아니었다. 튼튼하던 다리가 앙상하게 변해버린 모습은 마치 내 삶의 기둥이 무너진 듯한 공포와 슬픔을 안겼다. 절뚝거리며 체육관에 나서는 길, 나는 더 이상 예전의 내가 아니라는 것을 직감했다. 다리에 힘이 없어 걷기도 힘든 상태였고, 움직일 때마다 흔들거리는 다리를 끌고 나가는 날엔 깊은 우울감과 좌절이 파도처럼 밀려왔다. 뒤따라 오던 학생들이 장난 삼아 내가 걷는 모습을 흉내내는 걸 보고는 집으로 되돌아 가기도 했다.

그 후 8개월 동안 음식도 제대로 먹지 못했고, 계속해서 몸이 무너져내렸다. 몸무게는 어느새 10킬로그램 이상 빠져 있었다. 예전의 내 모습을 아는 사람들은 "도저히 못 알아보겠다"고 말하곤 했다. 병원에서는 특별한 이상이 없다고 했지만, 정신과에서는 외상후스트레스 장애, 우울증, 불안장애, 공황장애 진단을 내렸다. 외형도, 마음도 점점 무너져갔고, 결국 엄마는 나보다 더 다급한 마음으로 용하다는 한의원과 건강원을 전전했다.

어느 날, 정신과에서 처방받은 약을 몇 봉지 복용하고 나서 깨어 있으면서도 전신이 마비되는 듯한 경험을 했다. 몸은 심연으로 가라앉고 있었고, 나는 무력하게 그 상태를 지켜볼 수밖에 없었다.

명료한 의식은 끊임없이 묻고 있었다.

'나는 누구인가? 나는 누구지? 나는 왜 이러고 있는 거지? 왜 먹지 못하는 거지? 움직여, 일어나, 일어나….'

가만히 있는 몸을 대신해 머릿속은 무수한 이야기들로 가득 찼고, 나는 그것들을 그대로 몸으로 느껴야 했다. 누우면 심장 소리가 너무 크게 들려서 옆 사람이 들을 수 있을 정도였고, 불안이 갑자기 몰려오면 도무지 누울 수가 없었다. 결국 나는 몇 달 동안 거실의 불을 모두 켜 둔 채 소파에 앉아 쪽잠을 자는 삶을 이어갔다.

당시 나는 집 근처 교회의 새벽기도에도 의지해보려 했지만, 내 안의 공허함과 불안은 신앙만으로는 가시지 않았다. 50일 기도를 마친 뒤, 나는 교회 출석을 멈추었다. 믿음이 약해서가 아니라, 그 시간에 교회에 가는 것보다 집에서 홀로 기도하는 편이 더 안전하게 느껴졌기 때문이다. 사실 기도는 매 순간 내가 할 수 있는 유일한 일이었다.

그러던 어느 날, 10층에서 엘리베이터를 타고 아래층으로 내려가는데 그 느낌이 내게는 '쿵' 하고 큰 물체가 떨어져 내리는 순간처럼 느껴졌고, 갑작스럽게 정신을 잃고 쓰러졌다. 응급실로 실려 갔고, 그날 밤 또다시 열이 오르고 구토와 함께 피를 토했다. 내시경을 위해 콧줄을 끼웠지만 소견은 없었고, 며칠 뒤에는 뇌수막염이라는 진단을 받았다. 이유를 알 수 없는 이상 증상들이 계속해서 나를 덮쳐왔고, 병명은 늘 달라졌지만 고통은 늘 같았다.

병원에서 약을 받아 집으로 돌아오는 길, 나는 어느새 아무 기대 없이 처방전을 쥔 손을 내려다보고 있었다. '이제 어떻게 살아야 할까.' 그렇게 매일이 고비였고, 매일이 끝 같았다. 시간은 너무 천천히 흘러갔다. 몸은 계속해서 기능을 잃어갔고, 삶의 기반이 무너지는 경험을 했다. 어느 날, 거실 창문으로 쏟아져 들어오는 햇살을 따라 자리를 옮겨 눕게 되었고, 그 빛 속에서 처음으로 작은 안정감을 느낄 수 있었다.

그 순간 문득 떠오른 생각. "나는 왜 정씨로 태어났는가?" "왜 이 얼굴로, 왜 이 가족으로 태어났는가?" "왜 대한민국, 왜 서울인가?"

끊임없이 올라오는 의문들. 나는 누구인가. 나는 어디서 와서 어디로 가는가.

그 질문이 나를 명상으로 이끌었던 것 같다. 나는 더 이상 버틸 수 없었고, 다른 방식의 삶이 필요했다. 나를 멈추게 한 이 위기는, 삶의 새로운 시작을 알리는 조용한 초대장이었다.

2. 릴라와 사치다, 웃음 명상을 만나다

몸이 자기 궤도를 잃는 동안, 나의 의식은 더 강렬하게 정신이 무너지지 않기를 붙잡고 있었다. 그러던 어느 날, 동네 횡단보도 앞에서 명상을 하던 두 친구들을 우연히 마주치게 되었다. 한 사람은 나의 친언니 릴라(유희, 놀이라는 산스크리트어), 그리고 그녀의 영적 도반 사치다(시치다난다, 지복이라는 뜻의 산스트리어)였다. 릴라는 스물두 살에 집을 나가 오랫동안 수행자로 살아온 사람이고, 몇 년에 한 번, 연락이 닿을 때만 볼 수 있는 사이였다. 우리는 종종 예기치 않게 만나곤 했다. 바로 그날처럼.

두 친구는 내 얼굴을 보자마자 무슨 일이 있었는지를 물었다. 평소 운동도 좋아하고 건강했던 내가 병색이 완연한 얼굴로 서 있었으니 놀랄 수밖에 없었을 것이다. 나는 그 동안의 이야기를 담담하게 풀어놓았다. 병원에서의 진단, 정신과 약물, 기도와 좌절, 버티는 하루하루.

릴라는 내게 에너지가 막혀 있다고 말하며, "습이 꽉 차 있어. 까르마가 겹겹이 쌓였고, 에고와 집착이 몸과 마음을 조이고 있어"라고 했다. 알듯 모를 듯한 말이었지만, 그녀는 멈추지 않았다.

"옷도 바꿔야 해. 신발이나 액세서리에서 금속은 모두 떼고, 샴푸며 비누도 쓰지 말고, 먹는 소금도 정제된 건 안 돼. 유기농, 무농약 식품으로 바꾸고, 가능하면 자연에 가까운 삶을 살아야 해."

그 말을 듣고 있자니 어리둥절했지만, 내 마음은 오직 하나였다. 살고 싶었다.

두 친구는 내게 웃음 명상을 권했다. 혼자서가 아니라, 함께할 수 있다고 했다. 불암산 중턱의 햇살 가득한 너럭바위 위에서 매일 한 시간씩 웃고, 그 후에는 따뜻한 햇빛 아래 몸을 눕혀 이완하는 방식이었다. 릴라는 말했다.

"우리는 매일 같이 웃을 거야."

그렇게 우리는 매일 산에서 만났고, 나는 간절한 마음으로 웃기 시작했다. 처음에는 10분도 견디기 어려웠다. 억지로 웃다가 눈물이 터졌고, 그 안에서 온갖 생각들과 감정들이 마구 뒤엉켜 휘몰아쳤다. 그렇게 생각지도 못한 감정들이 웃음 사이로 흘러나왔다.

어느 날, 명상을 마치고 너럭바위에 누운 채 눈을 감고 있는데, 울음 사이로 새소리가 들려왔다. 바람이 이마를 스치고 지나갔다. 흘러나온 눈물은 바위를 타고 조용히 흘러내렸고, 그 순간 내 몸은 잠시나마 고요 속에 머물렀다.

릴라는 내 얼굴에 자신의 머플러를 덮어주며 속삭였다.

"지나가는 사람들의 시선은 그냥 바람이라고 생각해. 아무 신경 쓰지 마. 그냥 계속 웃어. 눈물이 나와도 웃고, 어떤 생각이 올라와도 웃어. 그러다 보면 뱃속 깊은 곳에서 진짜 웃음이 나올 거야."

그 말처럼, 나는 웃음과 눈물 사이를 오가며 점점 살아 있음을 느끼기 시작했다. 그 웃음은 단지 입술 끝의 움직임이 아니라, 내 존재 깊숙한 곳에서 솟구치는 생명력의 신호였다.

27일간의 웃음 명상이 끝났을 때, 릴라는 내 손바닥 위에 자신의 주먹을 올려놓으며 살며시 자신의 손가락을 펴며 "선물이야"라고 말했다. 아무것도 보이지 않는 손바닥의 선물을 가르키며 나는 물었다. "무슨 선물인데?"라고 묻자, 그녀는 웃으며 답했다.

"명상."

지금 돌이켜보면, 나를 회복시킨 것은 두 가지였다. 하나는 그들의 무조건적인 사랑, 그리고 또 하나는 매 순간 알아차림을 통해 불안의 흐름을 지켜보는 힘. 불안이 올라올 때마다 나는 깨어 있으려 했고, 오히려 그 불안을 환영하려 했고, 그렇게 불안은 사라지기 시작했다. 그렇게 치유는 이미 시작되고 있었다.

명상이 나를 초대한 것은, 어쩌면 그토록 무너지고 있던 내 삶이었는지도 모른다. 나는 살고 싶었고, 무엇이든 붙잡고 싶었다. 그렇게 시작된 웃음 명상은 단지 생존을 위한 시도였지만, 시간이 흐르며 그 안에 깃든 또 다른 차원을 느끼기 시작했다.

명상을 초대한다는 것은, 한 사람만의 개화다. 누구의 흉내도 아닌, 그 사람만의 방식으로 꽃피어나는 것이다. 명상은 성장이며, 궁극의 평화다. 나는 그때 뭐가 뭔지도 모른 채, 그저 살고 싶다는 이유 하나로 명상을 열심히 했다. 그러다 문득문득 변화되는 몸의 증상들을 지켜보며 생명이라는 것, 에너지라는 것의 신비에 눈을 뜨기 시작했다.

그리고 그 무렵, 나는 처음으로 '오쇼'라는 이름을 듣게 된다. 명상가, 깨달은 자, 영혼의 스승. 아직 그는 나에게 단어 하나의 울림이었지만, 머지않아 그의 세계가 내 안으로 들어오고, 나 또한 그 세계로 걸어 들어가게 될 것이었다.

3. 오쇼 쿤달리니 명상 - 몸과 에너지를 흔들다

웃음 명상 이후 나는 일반적인 식사를 할 수 있게 되었고, 불안 증세도 한결 잦아들었다. 그 무렵 두 친구는 내게 또 하나의 명상을 권했다. 바로 〈오쇼 쿤달리니 명상〉이었다. 안내를 해 보면—

이 명상은 하루의 끝, 해질 무렵에 하는 것이 가장 이상적이다. 하루 동안 긴장으로 굳어진 몸과 마음을 부드럽게 풀어주고, 에너지를 다시 흐르게 하며, 고요한 휴식으로 이끈다. 총 1시간 동안 15분씩 4단계로 나뉘며, 각 단계는 종소리로 전환된다.

1단계 - 흔들기(Shaking). 무릎을 약간 굽히고 땅을 디디며, 발바닥부터 위로 올라오는 에너지를 느낀다. 억지로 흔드는 것이 아니라, 자연스럽게 몸 전체가 떨리도록 허용한다. 손, 발, 척추, 머리끝까지 에너지가 흔들림 속에서 깨어난다. 눈은 감거나 떠도 좋다.

2단계 - 춤(Dancing). 음악에 몸을 맡기고, 생각 없이, 판단 없이 춤춘다. 자유롭게, 그저 느낌 가는 대로 이성의 통제를 내려놓고, 몸이 이끄는 대로 에너지를 흘려보낸다. 생명력의 리듬과 조우하는 시간이다.

3단계 - 관조(주시)(Watching). 조용히 서거나 앉아, 몸과 마음의 흐름을 그저 지켜본다. 눈을 감고, 내면의 에너지가 어떻게 움직이고 있는지, 어떤 감각이 남아 있는지 주시한다. 아무것도 하지 않고 머무는 시간이다.

4단계 - 이완(Relaxation). 몸을 바닥에 눕히고 모든 것을 놓아버린다. 완전히 힘을 빼고, 숨결과 함께 있는 그대로 머문다. 깊은 침묵 속에서 평화와 고요가 스며든다.

이 명상을 처음 접한 곳은 사당동에 있던 '댄싱붓다'라는 오쇼 명상센터였다. 센터는 나시브라는 산야신이 운영했으며, 그는 또한 릴라와 사치다의 친구였다. 나는 그곳에서 처음으로 오쇼 쿤달리니 명상을 체험하게 되었다. 친구들은 나를 위해 몇시간 동안의 명상 프로그램들을 안내해 주었는데 새로운 명상에 대한 갈급함으로, 쿤달리니를 포함해 웃음, 눈물, 침묵 명상까지 경험을 하게 되었다.

첫날은 모든 게 낯설었고, 각 단계의 동작에 집중하느라 특별한 느낌을 느꼈다기보다 무엇이든 열심히 하려고 애썼던 마음들을 알아차렸다. 그저 마지막 누운 상태에서 잠이 스르르 들었고, 그것이 기억에 남을 뿐이었다. 그러나 그날 이후, 나는 명상 음원을 받아 매일 밤 집에서 스스로 쿤달리니 명상을 실천하기 시작했다. 하루의 마지막, 잠자리에 들기 전, 나를 위해 쓰는 한 시간이었다.

며칠간은 혼자 하는 것이 무섭기도 했다. 첫 단계에서 불쑥불쑥 공포감이 올라왔고, 다음날 그 이야기를 두 친구에게 전했다.

"불을 끄지 말고 눈을 감지 말고 해봐. 그래도 무섭다면, 그 두려움을 끝까지 지켜봐. 회피하지 말고."

나는 그 조언을 받아들였다. 그리고 어느 날은 명상 전에 마음속으로 말했다.

'불안아, 와도 괜찮아. 기다리고 있을게. 내면의 눈을 빠짝 부릅뜨고 무엇이 오는지를 지켜보았다.'

그렇게 불안은 오지 않았고, 나는 처음으로 전 단계를 온전히 몰입할 수 있었다.

23일째 되는 날, 마지막 누운 상태에서 종소리가 울릴 무렵, 내 몸에서 왼쪽에서 오른쪽으로 동심원처럼 퍼져나가는 파동이 느껴졌다. 그날 이후 몸의 통증이 사라졌고, 아침에 눈을 떴을 때 세상이 마치 처음 보는 것처럼 맑고 새로웠다. 소리 하나, 빛 하나에도 가슴이 울리는 경이로움. 평화로움과 감사함으로 함께하는 하루를 맞이했다.

　이 명상을 시작할 때, 떨림이 올 때까지 오랫동안 기다리는 분들도 있다. 그러나 이 단계는 에고와 내면의 딱딱함을 떨쳐내는 작업이다. 발바닥을 대지에 디디고, 대지로부터 에너지가 온몸으로 흘러드는 것을 느낄 때 몸은 자연스러운 흔들림에 협조하게 된다. 그렇게 단순하고 명료한 방식으로 몸의 흐름을 깨운다.

　이 명상은 세계적으로 널리 행해지며, 외부 강의나 집단 안내에서도 연령과 성별을 불문하고 누구나 쉽게 참여할 수 있다. 명상은 언제나 자발성을 전제로 한다. 참여 동기가 뚜렷한 이들과 함께할 때, 그 에너지는 더욱 깊이 있고 고요하고 평화롭다.

4. 리아(윤인모), 자연명상 캠프 - 새로운 만남의 시작

　오쇼 쿤달리니 명상을 경험한 이후 명상에 대한 갈증이 커져가던 2009년 12월 무렵이었다. 사치다에게서 전화가 왔다. 홍대 앞에서 열리는 송년 모임에 오쇼 명상캠프를 운영 하는 '리아'라는 명상가가 온다고 했고, 그를 만나면 앞으로의 명상 여정에 많은 도움이 될 거라고 했다. 나는 주저하지 않고 참석하겠다고 답했다.

　크리스마스이브 저녁이다 보니 택시도 없었고 하필이면 담배 냄새가 너무 심한 택시를 타서 숨쉬기가 힘들어서 내리고 다시 다른 차를 잡아 타는 고생을 하며 모임 자리를 찾아갔지만 첫 모임은 왁자지껄한 여느 송년 모임과 별로 다르지 않아 보여서 혼란스럽고 불편했다. 망설임 없이 일찍 돌아와버리고 말았다.

　그날의 실망감으로 인해 한동안은 혼자 명상을 해야겠다고 다짐

했지만, 어느 날 문득 그 모임의 기억이 떠올라 리아님이 운영하는 카페 '삶과 명상'(훗날 지금의 한국 오쇼 명상센터인 현대 액티브 힐링 명상센터로 변경되었다)을 인터넷에서 다시 검색하게 되었다.

그곳에서 발견한 2010년 3월의 캠프 공지. 제목은 〈삶이란 선물이 아니라 보물이다〉. 안내문을 읽는 순간, 가슴이 콩콩 뛰기 시작했다.

겨울이 지나고 봄이 왔다.
아무도 봄을 오게 하거나 못 오게 할 수는 없다.
우리의 삶도 그와 같다.
아무도 자신의 삶을 노력을 해서 더 많이 얻거나 혹은 돈을 들여 더 비싸게 산 것은 아니다.
그것은 그저 저 너머로부터 찾아온 선물이다.
아니 선물이 아니다. 보물이다.
삶이란 짐이나 보수가 아니고 선물이며, 단순한 선물도 아니고 보물이며, 보물도 이만저만한 보물이 아니라 엄청난, 계속 증가하는, 숨이 막히도록 놀라운 보물이라는 것.
그것을 아는 것이 명상이다.
삶을 더욱 존경할 줄 아는 기술,
삶을 더더욱 감사히 여기며 은혜와 축복으로 받아들이는 것,
삶의 모든 요소, 인생의 구석구석을 가능한 한 최대로 즐기고 맛보고 꼭꼭 씹어보고, 한 점 남김없이 소화시키는 것,
더욱 명증해지는 것, 더욱 용감해지는 것, 더욱 평온해지는 것,
더욱 행복해하는 것, 더욱 많이 사랑하는 것, 춤추는 것, 웃고 울 줄 아는 것, 최대한 사는 것, 모든 것을 긍정하게 되는 것, 더욱 그

렇게 되는 것… 그것이 명상이다.

그렇게 될 수밖에 없는 것, 그것이 명상이다.

-2010년 3월 명상 캠프 〈삶이란 선물이 아니라 보물이다〉 안내문

삶이 단순한 선물이 아니라 점점 더 깊어지고 커져가는 보물이라는 문장에 마음이 움직였고, 나는 '꼭 갑니다' 하고 댓글을 남기고 기차표를 예매했다. 기차표를 예매하기 위해 일부러 역까지 가서 종이 티켓을 손에 쥐었다. 혼자서 어딘가로 기차를 타고 가는 건 내 생애 처음이었다. 손바닥만한 표 한 장이, 그날따라 꽤나 기특하고 대견해 보였다. 캠프를 기다리는 매일매일이 행복했다. 어느덧 햇빛은 간간히 따뜻하게 비추고, 바람은 아직 겨울 끝자락의 차가움을 머금고 있는 그런 봄의 초입. 기차에 올라 자리를 찾아 앉았는데, 우연인지 운명인지, 바로 옆자리에 리아님이 앉아 있었다.

선글라스를 끼고, 말라서 코끝이 날카로워 보이는 그는 묵묵히 창밖만 바라보고 있었다. 인사는 나누었지만 목적지인 양동역에 도착할 때까지 우리는 단 한마디도 나누지 않았다. 나는 한번씩 곁눈으로 리아님을 쳐다보곤 했는데 아무 미동도 없이 앉아 있는 모습에 까칠하게 생긴 이 양반이 명상 안내를 한다니, 처음엔 도무지 실감이 나지 않았다. '사람은 정말 겉모습만으로는 아무것도 알 수 없구나' 싶은 생각이 들었다.

전국에서 모인 사람들과 그렇게 명상캠프가 시작되었다. 이곳은 완전히 다른 세계였다. 여기서는 다양한 명상 기법을 통해 '나'라는 존재를 직접, 깊이 만나도록 이끌었다. 조용한 사색이 아닌, 감정의 진동과 몸의 각성을 경험하도록 하는 살아 있는 체험의 세계.

조용히 몸을 쉬고, 마음이 평화로워지는 것이 명상이라 믿었던 나는 그 캠프에서 전혀 다른 경험을 하게 되었다. 명상이란 앉아 있는 고요함만이 아니었다. 그것은 나라는 존재를 다양한 방식으로 흔들고 깨우며, 그동안 덮어 두었던 감정과 기억들을 하나하나 끄집어내는 작업이었다.

저녁 명상 시간, 우리는 '아티샤의 하트 명상'을 했다. 눈을 감고 가슴을 향해 깊이 숨을 들이쉬고 내쉬는 그 명상은 단순한 호흡 이상의 것이었다. 아주 오래전부터 쌓여 있었던 내 슬픔들―말 못 했던 외로움, 삭이고만 있었던 분노, 누구에게도 말하지 못했던 상처들이 눈물과 함께 밀려 나왔다. 나는 내 가슴 안에 그렇게 무거운 것들을 안고 살아왔다는 것을 처음 알았다. 생각하지도 않았던 지난 시간들이 내면에서 오가며 나를 깨웠다.

명상의 마지막, 나는 앞산에 어렴풋이 뜬 달빛에 내 슬픔을 조용히 흘려보냈다. 별빛은 어깨를 쓰다듬듯 다가왔고, 눈물은 마음속 오랜 눌림을 데리고 흘러내렸다. 울고 나니 가슴이 한결 가벼웠다. 명상이 이렇게 사람을 비워내는 것이구나, 처음으로 실감이 났다.

그날 이후, 나는 매달 오쇼 명상 캠프에 참여했다. 캠프 날짜가 다가올수록 설렘이 컸고, 기차표를 예약하면서부터는 마음이 날개를 달았다. 캠프에서 돌아오면 또 다음 캠프를 기다렸다. 명상은 이제 나의 일상이자 중심이 되어가고 있었다. 캠프가 열린다는 감사함에 과일이니 먹거리들을 많이 준비해 갔고, 처음 오는 사람들을 챙기기도 하고 기쁨 속에 그저 모든 것들이 자연스럽게 흘러갔다.

얼마 후, 리아님에게서 전화가 걸려왔다. '삶과 명상'(지금은 '현대 액티브 힐링 명상센터')라는 카페를 함께 운영해보지 않겠느냐는 제안이었다. 명상할 수 있다는 것만으로도 벅찼던 나는, 기꺼이 "하겠습니다"라고 대답했다. 캠프에서 쓸 과일을 준비하고, 나눌 글을 쓰며, 명상이라는 하나의 중심에서 점점 더 깊이 숨을 쉬고 있었다.

그리고 또 하나의 전환점이 다가왔다. 리아님으로부터 인도 푸나로의 명상 여행 제안이 온 것이다. 나는 망설이지 않았다. 2011년 구정 명절, 차례를 지내고 에어인디아 비행기에 몸을 실었다. 그 여행은, 내 삶이 '오쇼'라는 이름과 더 깊이 만나는 시간으로 이어지게 될 것이었다.

5. 인도 푸나로 떠나다 - 2011년 2월 3일, 뭄바이 공항에서

전날 새벽, 가족들에게 양해를 구하고 차례를 지낸 뒤 나는 생애 첫 해외 여행을 위해 인천공항으로 향했다.

오후 1시 40분 비행기, 환전도 하고 티켓도 받아야 하니 11시까지는 도착해야 했다. 국내 여행도 혼자 가본 적 없던 내가, 낯선 인도라는 나라로 향하는 길. 두려움보다 더 컸던 건 설렘이었다.

인천공항 에어인디아에서 항공편 짐을 부치며, 지난해 계획했던 일정대로라면 편안한 대한항공을 탔겠지만 스케줄을 맞추다 보니 항공사 시간대가 맞지 않았다. 에어인디아 항공은 좀 위험할 수도 있다는 이야기에 전날 부랴부랴 여행자 보험도 들었다. 그래도 인도 대표 항공사인데 별일이야 있겠나 싶었다. 유류세를 포함해 총 89만 원, 대한항공보다 약 40만 원 저렴했다. 대신 환승을 두 번이나 해야 했고, 기다리는 시간까지 합치면 총 비행 시간은 거의 두 배 가까이 늘어났다.

현지 시간은 한국보다 세 시간 반 느리다. 새벽 1시 30분 뭄바이 도착 예정이니 꼬박 열다섯 시간을 비행기 안에서 씨름해야 했다. 영어책 한 권을 가방에 넣고, 가족들과 마지막 커피를 나눈 뒤 게이트로 들어섰다. 이제 진짜 혼자였다.

인천에서 홍콩까지 약 3시간, 홍콩에서 한 시간 대기 후 델리로 향했다. 델리 공항에서는 환승 수속 때문에 한 시간 반을 기다렸고, 그 사이 일본인 여성 도모코를 만났다. 델리-뭄바이 구간에서 우연히 옆자리에 앉은 그녀와의 대화는 긴 여정의 후반부를 가볍고 유쾌하게 만들어주었다.

도모코는 일본 항공사에서 일하는 스물다섯 살의 승무원이었다. 뭄바이에서 호주 친구를 만나 고아로 여행을 떠날 예정이라 했다. 밝고 귀여운 성격, 웃을 때 볼록 올라오는 광대가 인상적이었다. 우리는 남대문시장과 목욕탕의 세신 문화 이야기로 한참을 웃었고, 사진도 찍고 이메일도 교환했다.

"언제든 도쿄에 오면 내가 가이드해줄게!"

그녀의 말에 마음이 따뜻해졌다.

2월 4일 새벽 1시 30분, 드디어 뭄바이에 도착했다. 기내식은 세 번이나 나왔는데, 인도 식당보다도 더 진한 향의 커리라 입에 대기 어려웠다. 대신 인도 음악은 낯설지 않고 편안하게 들렸다.

도모코는 호주 친구를 만나 고아로 떠났고, 나는 머물 집의 주인인 오쇼 산야신 아발론과 만났다. 그는 푸나에서 뭄바이까지 밤새 운전해 나를 데리러 와주었고, 집에 도착해서는 전기 사용법, 뜨거운 물 스위치, 출입 방법까지 하나하나 친절히 설명해주었다. 경찰서에 제출할 입주 신고용 서류를 챙기겠다며 여권 복사본과 비자를 가지고 떠난 그의 뒷모습을 보며, 'Thank you'라는 말만으론 부족함을 느꼈다.

낯선 집, 낯선 땅. 베란다 밖 커다란 나무, 까마귀 울음소리, 새소리가 낯선 풍경을 채웠다. 차가운 대리석 바닥이 발끝에 닿는 감촉이 선명했다. 침대 위에는 잘 정돈된 머룬 로브와 숄. 향긋하게 말려진 옷에서는 오쇼를 알고 명상을 아는 사람의 따뜻함이 스며 나왔다. 나는 그 순간, 깊은 환대 속에 있음을 느꼈다.

밤을 꼬박 새우고도 피곤함은커녕 마음이 또렷했다. 오전 9시에 아쉬람 등록을 해야 했기에 짐을 풀고 정리를 시작했다. 오후 두 시에는 아야(인도인 도우미)가 집 청소를 도와주러 오니 귀중품은 아쉬람 안 디포짓에 맡겼다.

머룬 로브와 숄, 등록 서류, 작은 물병 하나를 가방에 담고 7시 40분 집을 나섰다. 까마귀 소리가 소란한 거리, 사리를 입은 여자들이 나와 거리를 빗자루로 쓸고 있다. 어두운 새벽에 도착해 택시에 내렸을 때와는 전혀 다른 분위기의 거리. 입구의 나무며 대문 색깔까지 낯설고 생경하게 느껴졌다.

모퉁이를 돌자 릭샤(오토바이 개조 택시)꾼이 나를 향해 뭐라고 소리를 친다. 유턴한 릭샤가 내 앞에 선다. 영어 한 마디 제대로 못하는 내가 무슨 용기로 인도까지 왔을까. 그는 끊임없이 무언가를 말하고, 나는 어림짐작으로 '오쇼 메인 게이트'라고 말하며 릭샤에 올라탔다.

아침 공기는 먼지로 탁했고, 여인네들은 긴 빗자루를 들고 거리를 쓸며 낯선 이방인을 쳐다보고 있었다. 개들이 길바닥에 눕거나 어슬렁거리고, 교통 표지판이나 신호등 하나 없이 사람들이 차도를 마구

건넜다. 릭샤는 경적을 요란하게 울리며 사람과 오토바이를 비켜갔다. 나는 창밖의 풍경을 기억하느라 정신이 없었다.

한참은 갈 줄 알았는데 고작 오 분 남짓. 마침내 사진으로만 보던 아쉬람 메인게이트 앞에 도착했다. 릭샤꾼에게 20루피를 건네며, 말했다. "Thank you, have a good day!"

6. 오쇼 인터내셔널 메디테이션 리조트

오쇼 인터내셔널 메디테이션 리조트에 도착한 시간이 여덟 시 조금 넘었을 무렵, 아쉬람((오쇼에 의하면) 아쉬람은 스승이 살아 계실 때의 공간을 칭한다. 지금은 아쉬람이라는 단어를 사용하지 않는다 그리고 오쇼라는 이름도 개인이기보다는 오시아닉(Oceanic), '대양의'이라는 단어의 의미로 사용된다. 삶과 명상이 공존하는 하나의 공간이라고나 할까.) 게이트 앞 거리에는 총을 든 군인들이 경계를 서고 있었다. 얼마 전 '독일 베이커리'라는 유명한 카페에서 폭탄 테러가 있었다는 소식을 들었다. 군인들은 지나가는 이들의 가방을 하나하나 검사하고 있었고, 긴장감이 도로 위를 덮고 있었다. 표정없는 인도 군인은 무섭게 생겼다.

웰컴 센터는 아홉 시에 문을 연다고 했다. 삼십 분 가까이 남은 시간, 머룬 로브를 입은 서양인들이 발걸음을 재촉하며 안으로 들어가고 있었다. 동양인은 눈에 띄지 않았다. 나는 굵은 대나무 아래에서 하늘을 올려다 보았다. 거리의 소란함, 향신료 냄새, 까마귀 울음과 함께 풍기는 이국의 정서를 느꼈다. 나는 분명 이방인이었다.

아홉 시가 되자, 데스크의 컴퓨터 덮개를 열고 안내판이 세워졌다. 나는 한국인이고, 처음 방문이라 통역을 부탁하고 싶다고 말했지만, 한참을 기다려도 한국어를 할 수 있는 사람은 오지 않았다. 이

곳에서 일하는 한국인은 없고, 오늘은 한국 방문객도 없다는 말에 당황스러웠다. 가슴이 철렁 내려앉았다. 직원은 어깨를 으쓱하며 말했다 "음, 한국어 통역은 오늘은 없어요"라고 했다. 이십 분을 기다려도 다른 언어 통역은 오는데 한국 사람은 오질 않았다. 직원은 다시 어깨를 으쓱하더니 '어쩌죠?'라는 표정을 지으며 웃었다. 당황스러웠다. 한국에서 듣기로는 한국어 통역자가 있다고 했는데.

'이럴 수는 없어….'

아니 그럼 내일 다시 와야 하나? 머릿속이 하얘졌다.

그토록 설레며 준비한 여행이었다. 밤을 새우고, 열다섯 시간을 날아와 도착했는데 포기할 수는 없었다. 나는 마음을 다잡았다.

'말도 안돼… 얼마나 설레며 기다렸는데… 꼬박 하루 걸려 오고, 밤을 새고 왔는데….'

나는 마음을 다잡았다. 이대로 포기할 수는 없었다.

'그래, 내 영어는 짧아. 하지만 내 정성은 길다. 내가 영어는 짧지마는 느그들이 도와주면 어째 한번 해볼란다.'

나는 마음으로 용기를 내어 하나씩 차근차근 등록절차를 시작했다. 여권을 펼쳐 여권번호를 기입하고, 인적사항을 입력했다. 에이즈 검사도 받았고(최근 몇 년 전부터는 이것을 하지 않는다), 카드에 넣을 사진도 찍었다. 하루 입장료 800루피, 에이즈 검사비 850루피, 식권과 갤러리 바우처 카드 포함 2,000루피를 냈다. 하루 임시 출입증을 받아 들고, 마침내 명상센터 아쉬람 안으로 들어갔다. 가슴이 설렘임으로 벅차올랐다!

편도 일차선의 작은 길을 사이에 두고 메인게이트와 미라게이트가 마주 보고 있다. 메인게이트에 들어서면 왼편으로는 오쇼의 영어본, 힌두어본 책들과 명상 CD들을 판매하는 서점이 있고, 그 옆에는 경비 사무실이 있다. 왼쪽 길을 따라 걸어가면 키 큰 나무들이 햇빛을 가려주는 넓은 대리석 광장이 나오는데, 그곳이 바로 붓다 그루브다.

이곳에서는 아침마다 요가, 타이치, 궁도, 그리고 월링이라는 원형 회전춤이 진행된다. 일본인 페인터 미라가 진행하는 페인팅 그룹이 있을 때는 아침 명상과 함께 예술 작업이 이루어지기도 한다. 낮에는 이곳이 댄스 셀러브레이션의 무대가 된다. 세계 각국에서 온 친구들이 음악을 공유하고 디제잉을 하며, 몸은 음악에 반응하여 저절로 춤을 만들어낸다.

명상적 춤에는 규칙이 없다. 누구도 누구를 의식하지 않고, 자기 안의 리듬과 감각에 따라 움직인다. 눈을 감고, 오직 지금 이 순간의 감각과 흐름에 집중한다. 붓다 그루브는 명상과 춤, 쉼과 교류가 자유롭게 어우러지는 공간이다. 한쪽에서는 사람들이 춤을 추고, 다른 쪽에는 바닥에 누워 명상하는 사람들도 있다.

붓다 그루브를 가운데에 두고 좁은 오솔길이 나 있으며, 그 길을 따라 벤치에 앉아 음악을 듣는 시간은 사치 없는 호사였다. 인터넷 카페와 프라자 카페에서는 간단한 스낵과 커피, 짜이 등을 마실 수 있다. 그룹 명상 후 사람들이 삼삼오오 모여 티타임을 갖기도 하고, 약속 장소로도 자주 쓰인다.

저녁이 되면 각기 다른 요일마다 특별한 이벤트가 열리고, 매일 다른 조명과 공간 설치가 이뤄진다. 같은 장소이지만 매일매일 다른 분위기를 연출하는 이 창의적인 연출은 마치 야외 미술관의 설치 미술을 보는 듯 흥미롭고 아름다웠다.

다음 날을 기대하게 만드는 공간, 매 순간 새롭게 다가오는 공간. 바로 그곳이 붓다 그루브였다.

그리고 엠비 프라자는 피라미드형 유리 지붕을 가진 미팅 장소로, 멀티버시티 프라자라고도 불린다. 이곳에서는 오쇼의 4대 그룹 테라피를 포함한 교육, 개인 세션, 명상 그룹의 사전 미팅이 이뤄진다.

메인 게이트에서 앞으로 걸어가면 오른편에는 오피스 센터와 워커들의 사무실이 있고, 방문자들을 위한 웰컴 모닝이 열리는 라다홀이 나온다. 더 안쪽으로 들어가면 유리벽 너머로 오쇼의 롤스로이스가 보이는 장쯔홀이 있다. 대리석 바닥과 아름다운 샹들리에로 장식된 장쯔홀은 오쇼의 사마디가 안치된 곳이다. 이른 아침과 오후에 두 번의 침묵 명상이 이곳에서 진행되고, 미스틱 로즈나 노마인드 그룹도 이곳에서 열린다.

장쯔홀을 사이에 두고 펼쳐지는 정원을 따라가면 조르바 붓다 카페, 수영장, 테니스장, 탁구장, 바쇼(사우나)가 이어진다. 특히 수영장을 중심으로 한 이 공간은 초록의 능선과 키 큰 나무들이 둘러싸고 있어 단정하고 이국적인 정원의 느낌을 준다. 일본식 정원처럼 절제된 아름다움과 오쇼 특유의 미적 감각이 곳곳에 배어 있다.

햇빛 사이로 반짝이는 나뭇잎, 따뜻한 바람에 나부끼는 꽃잎, 그리고 잔잔하게 퍼지는 새소리들. 이곳은 무엇을 하지 않아도, 어떤 걸 할 필요조차 없이 있는 그대로의 나로 존재하는 법을 가르쳐주는 곳이었다.

한 노인은 햇살을 등지고 벤치에 앉아 책을 읽고 있었고, 누구 하나 급하게 뛰는 사람 없이 각자 자신만의 리듬으로 존재하고 있었다. 그 광경 앞에서 내 마음은 이상하게도 뭉클해졌다. 복잡한 생각들이 목구멍까지 차오르더니, 어느새 눈물이 맺혔다. 왜 그런지 몰랐다. 하지만 그저 그 자리에 있다는 것만으로도 숨이 턱 막히도록 벅찼다. 심호흡을 반복하며 나는 천천히 마음을 진정시켰다. 이곳은, 나를 이완시키는 평화의 공간이었다.

나는 엠비 프라자에서 주간 명상 프로그램들의 팜플렛을 받아들고 오디토리움 피라미드 명상홀로 향했다. 메인게이트를 마주보고 있는 미라게이트 앞에는 가방을 검색하는 사람들이 서 있었고, 가방을 열어 보인 뒤 안으로 들어갔다. 오른쪽에는 로브와 생활용품을 판매하는 갤러리와 은행 환전소가 있었고, 왼편에는 라커룸과 화장실이 있었다. 넓은 광장에는 탁자와 의자들이 질서 있게 놓여 있었고, 잔잔히 흐르는 벽 분수와 예쁜 사각 연못이 중앙에 자리하고 있었다. 피라미드 명상 홀로 향하는 길은 연못 사이로 나 있었고, 계단은 양쪽으로 나뉘어 있었다.

마음이 콩닥거렸다. 나는 조용히 그 계단을 따라 올라갔다. 입구에서는 보안 요원 같은 여성이 핸드폰과 지갑 소지 여부를 확인하며 검열을 하고 있었다. 사진 촬영은 금지되어 있었다.

마침 쿤달리니 명상 시간이 시작되려는 참이었다. 천장이 높이 솟은 피라미드 구조의 홀 안, 검은 대리석 바닥 위에 사람들은 가득 들어차 있었다. 중앙 오디오 시스템에서는 명상 지침이 담긴 음성과 음악이 흘러나왔다. 검은 로브를 입은 명상 안내자가 앞에 있었다.

내가 눈을 감는 순간, 홀 안은 내게 아무런 영향도 주지 않는 듯했다. 수백 명이 함께 있었지만, 나는 철저히 혼자였다. 그리고 그것은, 오히려 나를 깊이 나로 돌아오게 했다. 쿤달리니 명상—몸을 흔들고, 춤추고, 침묵에 잠기는 네 단계의 구조 속에서 나는 처음으로 아무 생각도 나지 않은 채 순식간에 명상을 마쳤다.

그 순간, '눈을 감는 순간 나로 돌아오는 것' – 이 문장이 온몸에 박혔다. 이것이 내 첫 푸나 명상에서의 알아차림이었다.

7. 23일의 여정 - 나를 깨우는 다이나믹 명상의 시작

그 이후 23일간 나는 매일 새벽 다이나믹 명상과 밤 10시 30분까지 이어지는 데일리 명상을 거의 빠짐없이 했다. 21일간의 다이나믹 명상은 내 안의 새로운 에너지를 발굴하게 해주었다.

오쇼 다이나믹 명상은 112가지 오쇼 명상 기법의 전체가 이 하나의 명상으로 압축되어 있다고 해도 과언이 아니다. 나는 발바닥에 물집이 생기고, 근육통과 콧물, 다양한 통증을 겪으며 명상에 임했다. 그러나 매일 조금씩 가벼워졌고, 고질적이었던 등 통증이 사라지기 시작했다. 명상이 힘들게 느껴질 때면, 오디토리움 밖으로 나와 아침 햇빛을 맞는 그 시간이 내게는 가장 큰 기쁨이었다.

한동안 말이 사라졌고, 온전히 자연과 하나 되는 체험이 이어졌다. 어떤 날은 햇빛에 비친 초록 나뭇잎이 살아 있음을 강렬하게 느꼈고, 나무를 껴안고 조용히 대화를 나누었다. 그 나무는 마치 특별한 사람처럼 내게 안식을 주었다.

불규칙한 호흡, 감정의 폭발(카타르시스), 점프와 만트라, 그리고 모든 에너지를 쏟아낸 후의 멈춤. 그 멈춤에서 오는 깊은 이완은 저절로 주시하게 만들었다. 머리로 준비하며 명상에 들어간다면 그것은 잘못된 시작이다. 지금 이 순간 일어나는 모든 것을 그대로 허용해야 한다. 좋다거나 나쁘다거나, 평화롭다거나 불편하다거나 – 이런 분별조차 없이 그저 있는 그대로 존재할 때, 명상은 그 본모습을 드러낸다.

하지만 우리는 너무 많은 경험을 통해 '나'라는 자아를 쌓아왔다. 보는 순간, 듣는 순간, 냄새 맡고 맛보는 순간마다 수많은 생각과 해석이 일어나고, 그것들은 곧바로 판단과 저항이라는 구름이 되어 시야를 흐린다. 명상은 그것을 인식하고 알아차리는 훈련이다. 그리고 그 알아차림을 통해 불필요한 것들이 서서히 사라진다.

명상은 때로는 지옥과도 같다. 모든 억눌린 감정이 올라오고, 내면의 어둠이 덮칠 때도 있다. 하지만 그 끝에는 언제나 아름다운 음악과 자유로운 움직임이 기다리고 있다. 살아 있다는 사실에 감사하게 되고, 지금 여기에 존재하는 것만으로도 기쁨이 솟아오른다. 어찌 눈물이 흐르지 않을 수 있을까? 어찌 내면에 미소가 머물지 않을 수 있을까?

이제, 그 체험의 토대가 되었던 오쇼 다이나믹 명상에 대해 좀 더 깊이 들여다보고자 한다. 그것은 단순한 호흡법이 아닌, 내 몸과 영혼의 혁명을 일으킨 도구였고, 내 인생을 돌이킬 수 없게 만든 하나의 문이었다. 보통 카타르시스 기법을 부정성을 버리고 정화하는 차원만을 이야기하는데 오쇼 명상에서는 에너지를 100퍼센트까지 끌어 올리는 과정들로 인해 보다 강렬하게 삶을 살아 갈 수 있는 에너지 확장을 갖도록 한다. 운동보다 더 체력이 강해진다고나 할까.

이 명상은 단순한 기법이 아닌, 몸과 의식을 관통하여 삶의 전환을 이끄는 가장 강렬한 수행 중 하나이다. 앞에서 나왔지만 오쇼 다이나믹 명상은 자연 전체가 살아나고, 밤이 끝나고, 태양이 솟아오르고, 모든 것이 의식적이고 깨어나는 때인 이른 아침에 하는 명상이다. 사람을 과거에 가두는 몸마음에 뿌리 깊이 박힌 낡은 패턴을 깨부수기 위한 빠르고 강력하고 전체적인 방법의 명상이다. 그 감옥의 벽 뒤에 감춰진 자유, 주시, 침묵, 평화를 경험하게 한다.

오쇼 다이나믹 명상은 총 다섯 단계로 구성된다.

1단계 - 혼돈 호흡 (10분): 빠르고 깊고 불규칙한 호흡을 통해 몸 안의 에너지를 흔들고 일깨운다. 빠르고 깊게 리듬없이 패턴없이 날숨에 주의를 두며 호흡한다. 이런 주의는 완전히 지금여기에 깨어 있도록 고안되었다.

2단계 - 카타르시스 (10분): 억눌린 감정과 에너지를 모두 표현하고 분출한다. 울고 웃고 소리치고, 몸의 리듬을 따른다. 당신이 하고 싶은 무엇이든지 하라.

3단계 - 점프와 만트라 (10분): 손을 들고 "후! 후! 후!" 소리를 내며 점프한다. 에너지를 성 센터에서 위로 끌어올린다. 모든 에너지를 소진하라. 나가떨어져라.

4단계 - 정지, 주시 (15분): 어떤 동작도 멈추고 완전히 고요히 있는다. 모든 활동은 멈추되 의식은 깨어 있게 한다.

5단계 - 축하와 통합 (15분): 춤과 음악으로 축복의 시간을 가진다. 억압되지 않은 존재의 에너지를 자유롭게 표현한다. 이 확장된 에너지로 하루를 보낸다. (명상수업 3강에서 언급한 자료 외에 『Osho: A Bird on the Wing』, 1, 『Osho: The Miracle』, 4, 『Osho: The Beloved』, Vol. 2, 5 등을 참고하였다.)

오쇼는 이 명상법을 통해 현대인의 억압된 감정, 습관적 사고, 잠든 의식을 깨우고자 했다. 특히 초기 단계의 격렬한 호흡과 감정 해방은 의식 깊숙한 곳까지 영향을 미치며, 마지막의 침묵과 축복의 순간은 내면의 중심을 일깨운다.

그는 이렇게 말한다 "처음 세 단계는 계단이고, 네 번째 단계는 문이며, 다섯 번째는 축제다. 다이나믹 명상은 명상의 가장 본질적인 흐름을 체험하게 해준다."

이제, 오쇼의 말처럼, 나도 말할 수 있다. 나는 그 문을 지나 축제에 도달했노라고.

그리고 다시 돌아와 말하자면, 그 체험은 내게 단지 한 번의 명상이 아니었다. 몸이 변하고, 감정이 흐르고, 눈물이 터지고, 웃음이 솟았다. 자연과 하나 되고, 사람들과 눈빛을 나누며 춤추고 껴안던 그 모든 시간들이 내게 하나의 삶이 되었다. 나는 여전히 그 여운 속에서 살아간다. 다이나믹 명상이 내게 준 것은 일상의 평범한 순간들 속에서도 깨어 있을 수 있는 힘, 그리고 그 깨어있음 속에서 나를 다정하게 바라보는 새로운 눈이었다.

8. 산야스 셀러브레이션 – 새로운 이름, 새로운 삶

2월 11일, 산야스 셀러브레이션을 받는 날.

새벽부터 잠이 오지 않았다. 수희씨의 소개로 미투라는 살롱에서 맞춘 이브닝 드레스를 입었다. 집에서 가지고 간 목걸이와 귀걸이를 꺼내어 착용해본다. 어색해서 다시 빼고, 다시 착용하고, 새벽 4시 어두운 조명 아래서 영어공부를 하다가 핸드폰을 켰다. 이곳은 인터넷 사정이 좋지 않아서, 문자 메시지가 여러 개 동시에 도착했다.

하나씩 읽으며 답장을 보내는데 눈물이 터졌다. 미안하고 고맙고, 명상을 하며 감정을 자연스럽게 표현하는 법을 배운 이후 처음 흘러나오는 눈물이었다. 예전에는 눈물이 금기였다. 누가 볼까봐 참았고, 울면 안 된다고 여겼다. 하지만 지금은 다르다. 괜히 웃음이 터지면 미친 듯이 웃고, 눈물이 나와도 그냥 흐르게 두었다. 배고픔도 느껴지지 않았다. 기분이 좋은데, 그 이유를 찾으려 해도 찾을 수 없는, 말로 설명할 수 없는 상태. 마치 매일 아침, 내게 기적 같은 사랑이 쏟아 부어지고 있는 느낌이었다.

새벽 다이나믹 명상을 마치고 장쯔홀에서 침묵명상을 마친다. 오트밀과 바나나 하나로 간단히 아침을 먹고 오전 명상을 세 개 더 한다. 오후에는 나다브라마, 쿤달리니 명상, 그리고 이브닝 미팅까지 마치고 저녁을 먹고 오디토리움으로 향한다.

저녁 9시 30분, 아름다운 라이브 음악이 흐르고 산야스 축제가 시작된다. 참가자들의 이름이 하나하나 호명된다. 마… 다야… 사난다. 나의 새로운 삶으로 나아갈 이름이 불리워지고, 나는 감격에 겨워 자리에 앉았다. 과거로부터 벗어나 지금 여기에 존재하겠다는 선언, 더 이상 삶을 불구로 살지 않겠다는 다짐. 산야스 음악이 울려 퍼지자 눈물이 왈칵 쏟아졌다.

모든 여정이 결국은 나를 사랑으로 성장시키기 위한 것이었다는 생각이 밀려온다. 함께한 친구들과 허깅하고, 춤을 추고, 함께 웃고 함께 울었다. 축하해주는 사람, 축하받는 사람 모두가 경계를 허물고 하나가 된 기쁨의 축제였다.

그날 이후, 나는 명상이 단지 수련이 아니라 삶 그 자체라는 것을 더욱 깊이 이해하게 되었다. 명상은 내게 깨어 있음의 축복이었고, 존재의 중심에서 다시 살아가는 길이었다.

'마 다야 사난다.'

'지복의, 기쁨에 찬, 유쾌한' 등을 모두 의미한다. 그것들은 모두 각기 다른 층 위에 놓여 있다. '지복에 차 있음'은 절대적으로 내적인 어떤 것, 어느 누구도 그것을 외부에서부터는 알아볼 수 없는 어떤 것이다. 이것은 표면적인 것에는 적용될 수 없다. 이것은 단지 깊이에 있어서만, 표면의 물결들로는 알아볼 수 없는 심연과 같은 것으로서 존재한다. 그대는 그대 존재의 심오 속으로 깊이 들어가야만 할 것이다. 그때에만 그대는 그것을 발견할 것이다.

기쁨은 지복의 외적인 표현이다. 그것은 지복은 아니지만 지복의 표면적인 반사이다. 지복은 핵심에서의 일어남이며, 그것은 그대의 전 존재를 진동시킨다. 그리고 그 표면에서는 기쁨이 일어난다. 그러므로 기쁨이란 지복의 부산물이며, 지복이 없다면 기쁨도 없다. 사람들이 통상 기쁨이라고 부르는 것은 실은 기쁨이 아니다. 다른 어떤 것 곧 쾌감이다. 사람들이 '난 즐기고 있어'라고 말할 때 그것은 단지 이러이러한 느낌이 기분이 좋다라는 것이지 거기에 기쁨이 들어 있다는 뜻은 아니다. 기쁨은 지복이 없이는 불가능하며 지복의 부산물인 것이다. 그리고 같은 방식으로 유쾌함이란 기쁨의 부산물이다.

기쁨은 때로는 일어났다가 때로는 사라질 것이다. 유쾌함은 그대 인성의 한 특징이 된다.

기쁨이 또 다시 몇 번이고 찾아온다면 그때 천천히 그대의 인성은 그를 통해 변화되고 유쾌함이라는 성격적 특징을 지니기 시작한다, 그 사람은 전혀 아무 이유 없이도 유쾌하다. 기쁨이 자꾸자꾸 되풀이되어 일어날 때 그것은 당신의 얼굴과 눈과 입술, 당신의 촉감과 당신의 진동 속에 흔적들을 남긴다.

지복이야말로 진정한 것이며 기쁨은 그 첫 번째 부산물, 유쾌함은 그 두 번째 부산물이다. 하지만 사난다(sananda) 속에는 그 모든 것이 결합되어 있다. 이것은 그 모든 표현 속에서의, 뻗어나올 수 있는 모든 가지 속에서의 기쁨이다. 그리고 그 모두가 흡수되어야만 한다, 이 세 가지 중 어느 하나라도 놓쳐버린다면, 그대는 지복의 차원을 놓치고 있는 것이다.

참으로 지복에 찬 사람은 기쁨에 차 있으며 또한 유쾌하기도 하다. 유쾌함이 일어나지 않는 다면 단지 어떤 것이 잘못되었다는 것을 뜻한다. 아마도 그대의 표면이 그대의 깊은 이면과 접촉하고 있지 않으며, 그대의 의식적인 마음이 그대의 무의식적인 마음과 소통하고 있지 않은 것이다. 어떤 다리를 어딘가에서 잃어버렸으며, 어떤 연결이 어딘가에서 파괴된 것이다. 하지만 모든 다리들이 완전하게 잘 작동하고 있을 때는 언제나 이 세 가지 모두는 함께 나타난다. 그것이 곧 기쁨의 완성이다. 이것이 나의 산야스 이름이 되었다.

오쇼는 이렇게 말했다

"그대는 스스로 자각하지 못한 채, 단지 외부의 것에 대해서 각성을 사용하고 있다. 그것은 내면의 교통을 위하여 사용될 수 있는 같은 각성이다. 그대가 눈을 감으면, 거기 사념들, 감정들, 꿈들 상상들, 온갖 종류의 일들이 번개처럼 스쳐 지나가기 시작할 것이다.

외부 세상에서 하던 것을 똑같이 내면세계에도 하라. 그러면 그대는 주시자가 된다. 그대가 한 번 맛보게 되면, 주시자가 되는 즐거움이 너무 커서, 너무 초월적이어서, 더욱더 내면으로 들어가고 싶어질 것이다. 시간이 있으면, 더욱더 내면으로 들어가고 싶을 것이다.

이것은 어떤 자세의 문제가 아니다. 이것은 어떤 사원이나 교회나 집회당의 문제가 아니다.

버스나 기차 역에 앉아서 달리 할 일이 없을 때, 그냥 눈을 감아라. 그것은 바깥을 봄으로써 눈이 피곤해지는 것으로부터 그대를 구해줄 것이다.

그리고 그대 자신을 주시할 수 있는 충분한 시간을 줄 것이다.

이런 순간들이 가장 아름다운 체험의 순간이 될 것이다.

그리고 서서히 각성이 자라나면 그대의 전 존재가 변하기 시작할 것이다.

비 자각에서 자각으로 가는 것은 가장 위대한 도약이다."

참고로 오쇼 국제 명상 리조트에서 매일 시행되는 일반적인 프로그램은 다음과 같다.

오쇼 명상 매일 프로그램

06:00-07:00 다이나믹 명상-오디토리움
07:15-08:15 침묵 명상-사마디홀
아침식사

09:30-10:30 모닝 명상-래핑드럼 명상, 노디멘션 명상, 웃음 명상, 차크라 호흡 명상(매일 바뀜)

10:45-11:45 비파사나 명상-오디토리움

12:00-13:00 오후 명상 월링 명상, 만다라 명상, 나타리지 명상(매일 바뀜) 본어게인 명상, 미스틱 로즈 (본 명상 그룹 테라피 전에 테이스터 프로그램)-오디토리움

점심식사

15:00-16:00 나다브라마 명상-오디토리움

16:15-17:15 쿤달리니 명상-오디토리움

저녁식사

18:40 -20:50 이브닝 미팅 (화이트로브)-오디토리움

21:30-22:30 나이트 명상, 데바바니 명상, 구리샹카르 명상, 하트 명상, 어둠 명상 (매일 바뀜)

9. 푸나와의 작별—귀향하는 비행기 안에서

한 달 간의 첫 푸나의 여정에는 많은 만남과 배움이 있었다. 인도의 향기, 타잔이 타고 다녔을 법한 덩굴들이 마을 전체를 숲처럼 감싸고, 붉은 꽃이 핀 큰 나뭇가지가 길 위를 수놓았다. 백게이트 쪽 찻길 건너에 자리한 주얼리 가게 '해피허트'의 샤인과 마하무드 아빠, 오쇼 공원이 있는 코레곤 파크, 저먼 베이커리 앞 오 호텔에서 마신 카푸치노와 야채 브리아니, 한국에서 온 사비타, 정성스레 바느질해주던 미투 살롱의 미국인 재봉사, 웨스틴 호텔의 뷔페, 춤꾼 상현과 인도 친구 산디야, 생일날 받은 케이크, 말라카스파이시 타이 레스토랑, 슬기, 그리고 직접 만든 나초가 있는 라피제리아 이탈

리안 레스토랑, 명상시인 카샤까지―하나하나의 기억들이 빛나는 순간이었다.

서울로 돌아가기 위해 합승 택시를 타고 뭄바이 공항으로 향했다. 2,400루피 거리도 650루피에 함께 나눌 수 있었고, 동행한 인도 사람들의 친절함 덕분에 여정은 한결 편안했다.

그러나 마음은 늘 그렇듯 일어나지 않은 일을 걱정하고, 없는 것을 상상해낸다. '왜 나는 지금 이 기다림 속에서 불편한가?'―그 불편함을 있는 그대로 알아차리며 마음을 지켜보았다. 모든 걱정은 결국 지나가는 마음일 뿐이다. 그저 오고 가도록 두면 되는 것이다.

고속도로를 달리며 톨게이트를 통과하고, 손님을 태우고, 주유소에 들르는 광경들. 낯설지만 흥미로운 일상이었다. 휴게소에서 10루피짜리 플라스틱 컵에 짜이를 사 마셨고, 그 짧은 한 모금마다 아쉬움이 스며들었다.

공항의 화장실에서는 손을 내미는 여인에게 돈을 내고 입장을 했고, 익숙지 않던 물 호스 사용에도 제법 익숙해졌다. 초행길의 욕심으로 사들였던 물건들은 결국 짐이 되어, 공항에서 일부를 놓고 올 수밖에 없었다. 그럼에도 마음은 기쁨으로 가득했다. 몸으로, 눈으로, 귀로, 마음으로―오쇼 명상 하나하나를 오롯이 경험하게 해준 푸나의 에너지가 내 안에 살아 있었다.

나는 행복해졌고, 더 용기 있어졌으며, 더 많이 웃을 수 있게 되었다. 겉으로 보이는 것 너머의 것을 순간순간 들여다보게 되었다. 이 모든 시간을 선물처럼 안고, 나는 지금 하늘 위를 날고 있다. 비행기 안에서, 멀어지는 인도의 도시를 바라보며, 나는 지금 이 순간을 온전히 즐기고 있다.

《비우고 채우고》

여행을 다니다 보면
참 과하게 살았구나, 하는 생각이 든다.
한 달간의 일정.
7킬로 남짓 되는 작은 가방 하나.
얇은 옷가지, 잘 마르는 속옷,
썬크림과 100ml 이하의 세면도구들.
생각보다 꼭 필요한 건 많지 않다.
쌓아둔 욕실 속 사물함이 떠오른다.
꽉 찬 집. 답답한 공간.
바람이 통하지 않는 삶.
바람이 스며들 틈을 주며 살아야겠다고,
나는 조용히 마음을 다잡는다.
시큼한 가는 면발 라면 두 개를
천천히 끓여, 천천히 먹는다.
비운다, 비운다, 비운다… 하면서도
뭐든 달기만 한 이 입맛은 어쩔까.
그래도,
비우고, 채우고, 들이쉬고, 내쉬며
오늘, 나는 다시 푸나로 날아간다.
그렇게 푸나의 여행은 지금도 계속된다.

-마 다야 사난다

Chapter 2

시장 속의 명상, 생활 속의 적용

1. 명상, 삶이 되다 - 한국 오쇼 명상센터 이야기

　　15년간의 몸과 마음 공부 여정은 때때로 힘들고, 때때로 기뻤다. 그 기쁨을 얻기 위해 힘든 모든 것들을 기꺼이 맞이했다. 매년 사람들과 함께 푸나에 명상 여행을 떠났다. 짧은 기간에도 사람들의 생활 패턴이나 조건화, 불안이나 두려움, 장애, 부정적 태도까지 여과 없이 드러나는 공간에서 나 역시 무심하지 못해 끄달리는 시간들이 있었다. 매일 함께 생활하다 보면 자연스레 부딪힘이 많다. 다행인 것은 그럴 때마다 명상을 하며 뒤돌아보고 앎이 생기면 자연스레 풀려나갔다는 점이다.
　　어떤 사람은 비용도 받지 않고 많은 사람들을 끌고(?) 왔다며 생고생을 한다고 했지만, 초행길에 겪었던 우여곡절만 피할 수 있다면 좋겠다는 마음, 또 나처럼 보다 자유롭고 독립적인 삶을 살 수 있도록 이 공간을 한국 사람들과 나누고 싶은 마음 하나로 계속해서 길을 열었다.
　　거리에서 지도를 팔던 인도 아저씨에게 2천 루피를 주고 잔돈을 바꿔온다는 말을 믿고 기다리다 결국 시간도 돈도 받지 못한 일, 달러를 요구하던 뭄바이 택시 기사에게 루피를 주었더니 지폐에 찍힌 고유 번호를 찢어 못 받겠다며 억지를 부렸던 일, 오토바이에 탄 가족을 살짝 치고도 그냥 가려던 택시 기사에게 돈을 건넨 일, 틈만 나면 거짓말하던 일부 인도 사람들과의 충돌. 거리에서 구걸하는 여인에게 10루피를 주고 매일 사람들이 몰려와 나를 에워싸서 힘들었던 일까지—물론 좋은 사람들도 많았지만, 초행길에 함께해주는 사람이 있다는 것만으로도 감사할 일이었다.

앞서 밝혔듯이 해마다 오쇼 명상 그룹들의 각각의 안내자 과정을 마쳤는데, 2016년엔 오쇼 명상 심층 과정과 안내자 과정을 두 차례 더 수료한 뒤, 나는 한국에서 유일하게 오쇼 액티브 명상을 공식적으로 안내할 수 있는 퍼실리테이터가 되었다.

이것은 예상치 못한 일이었다. 그해 당초 계획했던 푸나의 모든 일정을 마치고 한국에 돌아가기 며칠 전, 글로벌 사무장이었던 바타야나로부터 국제 인증 오쇼 액티브 퍼실리테이터 코스를 하고 가라는 제의를 받았던 것이다. 날짜상, 그리고 그룹이 열리기 위한 필수적인 참여자 숫자상 모두 불가능한 일이었다. 하지만 오쇼 센터의 여러 가지 배려로 그룹에 합류할 수 있게 되었다. 오쇼 액티브 퍼실리테이터 지도자 코스는 좀더 많은 사람들을 명상으로 인도하라는 오쇼의 선물이었던 것이다!

그밖에도 아로마 에센셜, 사주, 오쇼 젠 타로와 유니버설 웨이트 타로, 심리상담과 코칭, 호스피스 돌봄, 다람살라에서의 23일 침묵 리트릿, 태국의 탄트라 그룹, 그리스 레스보스섬 어프로즈 센터에서의 다양한 테라피 경험과 페스티벌, 고아의 에스테릭 댄스와 사운드 힐링까지—명상은 나를 알아차림과 이완의 길로 인도했고, 나는 점차 자연스러운 흐름에 나를 맡기게 되었다. 미련도 후회도, 무거운 계획도 내려놓은 가벼운 진지함으로.

삶의 뿌리는 결국 관계 속에서 드러난다. 나의 가장 깊은 스승은 내 아버지였고, 이혼 후에도 내 집에 여전히 머무는 고집스러운 전 남편이었고, 웃음 한 방으로 내 주장을 무장 해제시키는 사랑스러운 딸이었다. 이 사랑의 굴레 안에서 나는 나를 보았고, 결국 삶과 우주가 하나로 연결돼 있다는 사실을 체감했다. 누군가가 아프면 나도 아프고, 누군가가 기쁘면 나도 기쁘다. 이 연결된 감각은 나를 도반, 이웃, 그리고 세상의 모든 존재와 이어주었다.

한국에서 액티브 명상을 할 수 있는 공간이 없던 시절, 명상센터는 대부분 단OO, 마음OO, 기체조, 요가 학원 등의 수련 공간 뿐이었다. 이후 템플스테이나 불교계 명상 프로그램들이 등장했지만 여전히 명상은 대중적이지 않았고, 센터 운영은 녹록치 않았다.

그때 나는 오피스텔 같은 공간을 얻어 명상을 하고자 했다. 액티브 명상은 카타르시스와 음악이 함께하기에 독립 공간이 아니면 민원이 생기기 쉽다. 개인 세션과 월 1회 명상 캠프를 운영하던 리아님에게 명상센터 공동 운영을 제안했다. 리아님은 처음엔 단호했다.

"센터는 아무나 하는 게 아니야. 사난다."

하지만 나는 모든 준비를 맡겠다며 설득했고, 3개월 후 다시 만나 같은 이야기를 꺼냈다.

"사난다가 모든 일을 접고 전념한다면 고려해볼게."

당시 나는 주말 체육 활동을 운영 중이었다. 그럼 집세랑 운영비는 어떻게 하지? 라는 현실적인 걱정이 들었지만, 다시 6개월이 지나 리아님을 다시 찾아갔고, 그제야 리아님은 내 눈을 바라보며 이야기를 들어주었다.

"명상센터 자리 한번 보러 갈까?"

그렇게 마포 토정동에서 우리의 첫 오쇼 명상센터가 문을 열었다.

2. 국제공인 한국 오쇼 명상센터의 창립

오쇼 명상을 사랑하고 푸나의 추억이 깃든 친구들이 모두 축하해주고, 액티브 명상센터의 오픈을 진심으로 기뻐해주었다. 우리는 자본 없이 시작했지만 발품을 팔고, 서로의 노동을 보시하며 그 공간을 사랑으로 가꾸어 나갔다.

지하 35평의 공간은 명상홀과 조그만 사무실, 응접실로 나뉘었고, 높은 천장에 피라미드 형식으로 무광 광목을 걸고, 벽면은 따뜻한 아리보리색으로 칠했다. 소리 나지 않는 8쪽 미닫이문과 바닥 공사를 거쳐, 한 달간의 공사 끝에 명상센터의 첫 하루가 시작되었다.

이른 아침의 다이나믹 명상과 오후의 쿤달리니 명상이 주말마다 열렸다. 매월 열리는 정기 명상 캠프는 192회를 넘었고, 주말 명상은 470회가 이어졌다.

그 지하에서 3년을 보내고, 같은 건물의 2층을 얻었다. 이후 다시 1층 상가까지 확장하여, 지하에서는 카타르시스 명상, 1층에서는 지도자 수업과 기공 수업, 2층에서는 세션과 상담이 이루어졌다. 그렇게 12년의 시간이 흘렀고, 코로나 시기를 지나 지금의 현석동 공간으로 이사해 2년째가 되었고 다시 근처 신수동에 공간을 하나 더 확보하게 되었다.

처음에는 명상 공간이 생긴 기쁨이 컸지만, 6개월이 지나며 운영에 대한 현실적 고민이 밀려왔다. 방문자만을 기다리는 수동적인 운영은 한계가 있다는 것을 깨닫고, 나는 새로운 결심을 하게 된다. "명상을 알려야 해. 보다 많은 사람들이 이 명상을 경험해봐야 해."

그렇게 외부 강의로 발걸음을 넓히기로 했다. 얼마 후, '행복한 문화나눔'을 모토로 하는 〈사색의향기문화원〉 황진하 사무국장님의 연락이 왔다. 아름다운 자연 속에서 몸과 마음을 회복하는 '힐링캠프' 프로그램에 다양한 문화예술 강사들이 참여했고, 나 역시 힐링명상 강의로 첫 외부 강의를 시작하게 되었다.

그 첫 강의는 내게 명상을 세상에 더 깊고 넓게 전할 수 있는 전환점이 되었다.

3. 현장으로 간 액티브 명상 - 강의의 시작과 문화적 충돌

자연치유 20년 경륜의 체질 라이프 스타일 코칭 전문가, 체험을 통한 치유 비전 전문 교육자, 인도에서 수련한 정통 명상가. 이렇게 세 사람이 함께 2013년 강원도 영월 동강 시스타리조트에서 열린 삼성전자 임직원 힐링캠프에 참여하게 되었다.

약 4개월간 25회, 총 1,800여 명의 직장인들이 건강강좌의 일환으로 명상 안내를 받게 되었고, 이 경험은 나의 '찾아가는 명상 강의'의 시작점이 되었다.

당시엔 명상이란 주제 자체가 생소했기에, 호흡, 간단한 기체조, 일상 속에서의 알아차림, 짧은 명상 체험 등으로 수업이 구성되었다. 그러나 사람들에게는 명상도 낯설고, 특히 액티브 명상은 큰 문화적 충격이었다. 움직이며 소리를 지르고, 춤추고, 울고 웃는 행위는 자의식이라는 걸림돌을 만나곤 했다. 간단한 구령에도 멈칫하는 그 거리감 속에서, 나는 자주 당황했고 강의는 쉽지 않았다.

명상 음악에 포함된 종소리조차 '불교적'이라며 불편하다는 피드백을 받기도 했다. 명상은 종교 의식이 아닌, 자신과의 만남이며 지금 여기를 알아차리는 의식 성장 기법임을 설명해야 했다. 지금은 명상이 대중화되어 병원, 학교, 공공기관에서도 활발히 활용되지만, 그 시기에는 하나하나 설명이 필요할 정도로 도전의 연속이었다.

기공 수행의 전통 속에는 동공(動功)과 정공(靜功)이 있다. 몸을 움직이며 의념을 함께 사용하는 것이 동공이며, 움직임 없이 의념으로만 수행하는 것이 정공이다. 동공으로 기혈이 순환되면 정공으로도 충분한 기 순환이 이루어진다.

액티브 명상이 진정한 주시 명상이 되기 위해선, 움직이는 자신을 지켜보는 '알아차림'이 필수다. 우리는 도시의 삶 속에서 수행해야 한다. 산속에만 머무는 수행은 지속가능하지 않다. 액티브 명상은 시장에서도, 회사에서도 가능한 살아 있는 명상이다.

부처님 시대의 사람들은 소의 힘을 빌어 농사 짓고, 사냥하며 온종일 몸을 써야만 했다. 현대는 제트기의 시대이다. 머리만 쓰며, 클릭 몇 번으로 모든 것을 해결하는 세상이다. 그런데 왜 점점 아프고 병든 사람들이 늘어날까?

몸을 쓰지 않으면 생각이 많아지고, 그 생각은 복잡한 사념으로 쌓여 망상이 되고, 망상은 실체 없는 허상을 만들어 고통을 만든다. 이 허상은 불안과 우울을 키우고, 결국 사람들을 긴장시키고 밤잠을 설치게 만든다.

이제는 초등학생부터 교사, 의료인까지 우울증 약을 복용하는 이들이 많아졌다. 우리는 매일 몸은 씻지만, 마음에 쌓인 스트레스와 부정성은 어떻게 씻을 것인가?

억압되고 회피된 감정은 내면을 썩게 하고, 결국 주변 사람까지 힘들게 만든다. 명상은 그 억압을 해소하고 마음의 먼지를 씻어내는 자연스러운 방식이다. 나의 길은, 그 자연스러운 치유를 전하는 여정이었다.

4. 일상 속 알아차림

어느 겨울날 해가 지기 전, 나는 한강변을 산책하며 글을 써야겠다는 생각에 나섰다. 걷는 내내 춥던 바람이 줄어들고, 앙상한 나뭇잎들이 바스락대며 눈길을 끌었다. 햇빛이 잎 사이로 반짝이며 들어올 때, 내 마음에 잔잔한 정지와 환희심이 일었다. 어느새 걸음은 춤처럼 가벼워지고, 손끝으로 바람을 느끼는 기쁨이 퍼져갔다. 그 순간, 닥스훈트 한 마리가 지나가고, 엉덩이를 살랑이는 모습에 나도 모르게 웃음이 났다.

나는 주인을 찾기 위해 주변을 둘러보았지만 보이지 않았다. 그 개가 길을 따라 혼자 걷고 있다는 사실에 불안감이 올라왔다. 마음은 다시 이리저리 흔들렸다. 결국 벤치에 앉아 있던 노인이 다가와 개에게 목줄을 채우는 모습을 보고서야 나는 안도했다. 그 순간, 마음이 다시 평온해졌고 '감사하다'는 마음이 일어났다.

이 사소한 경험은 명상의 본질을 일깨워준다. 명상은 의식을 한 곳에 집중하는 것이 아니라, 전체적으로 열어두는 것이다. 마음은 수시로 들락날락하며 현재에서 벗어난다. 하지만 그 흐름을 있는 그대로 바라보고 다시 지금 이 순간으로 돌아오면 된다. 우리는 삶을 통해 무의식적으로 '나'라는 조건들을 쌓아가며, 그 안에서 안정감을 찾지만, 진정한 힘은 매 순간 수용적으로 받아들이고 내려놓을 수 있는 내면에서 비롯된다.

그런데 우리는 일상에서 말과 생각 속에 얼마나 많은 부정성을 담고 있는지를 쉽게 간과한다. 억눌린 감정과 불만족이 결국 화와 짜증으로 튀어나오게 되지만, 액티브 명상은 이러한 마음의 쓰레기를 청소할 수 있는 강력한 도구이다. 액티브 명상은 몸과 마음을 따로따로 된 것으로 보지 않고 한 전체의 다른 측면으로 본다. 하지만 마음이 아니라 몸에서부터 출발해야 한다고 강조한다. 몸은 항상 우리와 함께 하고 항상 지금 여기에서, 모든 곳에서 활동하고 있기 때문이다.

그리하여 액티브 명상의 첫 번째 효과는 몸과 마음의 정화다. 이완과 판단 없는 주시를 통해 몸이 젊어지고 가벼워진다. 두 번째는 삶을 덜 심각하게 바라보고 더 유쾌하게 살아갈 수 있게 된다. 세 번째는 웃음과 울음이라는 카타르시스를 통해 억압된 감정이 해소되고, 삶을 긍정적으로 바라보는 시야가 열린다.

웃음 명상, 울음 명상, 춤 명상 등은 모두 자발성과 주체성을 바탕으로 하며 훈련이 필요 없다. 웃기 위해 훈련이 필요하다면 얼마나 우스운 일인가. 액티브 명상은 형식화되지 않고, 각자의 신체와 느낌에 따라 자유롭게 표현된다. 특히 춤 명상은 생명력과 내적 자유의 표현이다. 훈련된 춤은 자발성을 잃고 기계화될 수 있지만, 틀이 없는 춤은 생명 그 자체가 되어 우리를 자유롭게 한다.

음악에 맞춰 몸이 원하는 대로 움직이다 보면 어느새 생각은 사라지고, 의도 없는 아름다운 에너지의 곡선이 몸을 따라 흐른다. 누군가는 격렬한 울음을 터뜨리고, 누군가는 조용히 눈물을 흘린다. 그 모습은 모두가 자신의 생명력으로부터 태어난 표현이다. 춤은 자유이며 환희이며 축제다. 많은 이들이 "나도 춤을 좋아하는 사람이구나"라고 말하며 감격스러워했다.

　명상은 철저히 개인적이고 개별적이다. 각자의 경험은 나눌수록 더욱 아름다워진다. 몸은 거짓말을 하지 않는다. 춤 속에서 우리는 자신에 대한 새로운 자각과 '아하'하는 깨달음을 만나게 된다. 이때 느껴지는 깊은 지복감은 명상의 세계로 한걸음 더 이끈다.

5. 마음의 폭력과 반복에서 벗어나는 황금열쇠

어느 해 대학가를 지나다 깜짝 놀랐다. 예쁘게 생긴 여학생이 자기보다 키가 더 큰 남자 친구의 머리채를 휘어잡고, 휴대폰 모서리로 머리를 내리치는 광경을 보게 된 것이다. 남학생은 고통스러운 비명을 지르며 사과했지만, 여자 친구는 멈추지 않았다. 그 얼굴에는 악마처럼 분노가 서려 있었고, 나는 충격을 받았다.

집에 돌아와 딸아이에게 이 이야기를 전했더니, "맞을 짓을 했겠지"라고 대수롭지 않게 말했다. "그건 그 사람들 일이야." 딸의 반응은 또 다른 충격이었다.

도대체 폭력성은 언제부터 학습되는 것일까? 태아 시절의 불안, 유년기의 억압, 선택권의 무시, 존중받지 못한 성장 환경… 우리는 분노를 표현하는 법도, 감정을 건강하게 푸는 방법도 배우지 못한 채 살아간다.

사랑이라는 이름 아래 벌어지는 무언의 폭력들—집착, 질투, 강요, 희생의 강제. 이별을 두려워한 나머지 불행한 관계를 지속하는 연인들. 우리가 '사랑'이라고 부르는 것은 과연 진짜 사랑일까? 진정한 사랑은 '주는 것'이고, 주고 난 것도 잊어버리는 것. 그저 반복되는 패턴 속에서 만남과 이별을 되풀이하고 있을 뿐이다.

이별을 통해 우리는 반드시 배워야 한다. 무엇이 가장 힘들었는지, 어떤 변화가 필요한지를 성찰해야 한다. 상대 탓은 그만두고, 자기 내면의 꽃씨를 가꾸는 데 힘을 쏟아야 한다. 평화로워지기 위한 노력은 오직 자신에게서 시작된다.

거리에서의 폭력적인 연인을 보며, 나는 가해자와 피해자 모두에게 연민을 느꼈다. 자신의 감정을 어떻게 표현해야 할지 몰라 그저 분출하는 모습이 안타까웠다.

그렇다고 분노는 무조건 나쁜 감정일까? 아니다. 에너지는 하나다. 이름이 다를 뿐이다. 감정은 손과 발처럼, 자기 상태를 표현하는 수단일 뿐이다. 우리는 감정 그 자체가 아니며, 감정에서 벗어나는 경험은 삶과 영성 모두에서 우리를 더 높은 단계로 이끈다.

그래서 액티브 명상이 필요하다. 현대인은 감정을 억누르며 살아간다. 웃고 싶지 않아도 웃고, 화가 나도 참는다. 그 결과 마음속에는 수많은 쓰레기와 독소가 쌓인다.

명상은 경험으로 만나는 앎이다. 지금 이 순간의 나를 자각하고, 그 상태에 에너지를 쏟아붓는 것. 그러면 새로운 차원의 삶이 열린다. 책이나 조언이나 약이 아니라, 명상이 진짜 변화의 열쇠이다.

"새로운 삶을 원하는가? 그렇다면 뛰어들어야 한다. 지금 여기로."

6. 화가 사라진 날

21일간의 미스틱 로즈 명상 그룹 테라피를 하는 중에 늘 가까이에서 함께 명상을 하던 인도계 영국인 남자가 어느 날 내게 말을 걸어왔다. 명상을 하면서, 그리고 그룹원들이 함께 식사를 하면서도 소탈하고 잘 웃는 모습에 호감이 갔던 이였다.

"내일 아침, 함께 차 한 잔 어때요?"

나는 갑작스런 제안에 놀라기도 했지만 기쁘게 수락했고, 다음날 누구보다 먼저 자리에 도착했다. 짜이를 한 잔 사서 탁자에 놓고 앉아 있다가 너무 일찍 온 것같은 생각이 들어 붓다그루브를 천천히 한바퀴 걸었다. 다시 자리에 와 앉았는데도 그가 오지 않았다. 곧 그룹 명상이 시작될 참이라 나는 그가 지금 오더라도 정말 짧은 시간만 볼 수 있겠구나하는 생각이 일어났다.

1분, 2분, 5분… 마음속엔 수많은 생각이 오고 갔다. '혹시 내가 알겠다고 한 말을 잘 듣지 않은건가?' 그런 생각을 하고 있는데, 그 순간, 멀리서 그의 모습이 보였다. 그는 빨래 주머니를 들고 다른 여자와 웃으며 걸어오고 있었다.

나는 뚜렷하게 느꼈다. 가슴속에서 피어오르는 화를. 하지만 동시에 그 화를 지켜보는 나가 있었다. 내 안에서 올라오고, 피어올랐다가 사라지는 그 감정의 실체. 그 모든 것이 빠르게 흘러갔다. 그는 단지 늦게 왔을 뿐이었다. 그 짧은 시간 동안, 내가 키워 낸 수많은 상상과 감정들…. 그 모든 것을 바라보며 나는 웃을 수밖에 없었다. 그날, 나는 화라는 감정도 피어오르고 사라지는 실체가 있구나. 바라보며 알아차리면 사라지는 것이구나 하는 것을 알게 되었다. 그는 여전히 나를 향해 장난기 가득한 미소로 손을 흔들고 있었고, 나는 그 순간 그에게 진심 어린 감사를 느꼈다.

며칠 후, 비슷한 상황이 반복되자 나는 이미 알고 있었다. 감정이 올라오는 방식을. 그리고 그것이 어떻게 사라지는지를. 나는 단지 그 과정을 지켜보았다. 그리고 다시는 그런 식의 '화'는 올라오지 않았다.

그날 아침, 숙소에서 푸나 리조트로 향하는 길에 햇살이 쏟아지고, 나뭇잎을 태우는 향이 진하게 퍼지던 백게이트의 작은 골목. 나는 그 길을 걷다 말고 참지 못하고 외쳤다.

"야호! 이야이야호!"

누구도 나를 화나게 할 수 없다는 사실이 너무 기뻤다. 화는 누군가로부터 오는 것이 아니라, 내 안에서 자라나는 것이다. 그것을 지켜볼 수 있다면, 그저 흘려보낼 수 있다면, 사라지게 할 수 있다는 것을 몸으로 알게 되었다. 에너지는 선악이 아니라 흐름일 뿐이고, 감정은 그저 잠시 머물다 가는 물결일 뿐이다. 명상은 나를 억누르지 않고, 자유롭게 해주는 힘이었다. 그리고 그 알아차림 하나가 내 인생의 많은 패턴과 습관을 바꿔놓았다. 야호!

7. 액티브 명상-집중이 아닌 전체적으로 열어두는 깨어있음

명상을 하다 보면 불현듯 내면 깊은 곳에서 오래된 기억들이 솟아오르기도 한다. 지나간 인연, 미처 애도하지 못한 가족의 얼굴, 한시절 사랑했던 사람의 눈빛, 그리고 자신의 죽음을 응시하는 상상. 그런 장면들이 눈을 감으면 영화의 한 장면처럼 스쳐 지나가고, 가슴 속에서 뜨거운 눈물이 솟는다. 그것은 억눌렸던 감정이 떠오르고 정화되는 과정이다. 있는 그대로를 바라보고 받아들일 수 있다면, 그 자체가 치유이고 명상이다.

온전히 살지 못했던 순간들, 무의식 깊숙이 눌려 있던 마음의 쓰레기들이 삶 속에서 반영되어 나온다. 명상은 그것들을 직면하고 의식화하여 본래의 나, 본래의 순수성과 아름다움을 되찾는 길이다. 진정한 자각은 자신을 있는 그대로 존중하는 데서 시작된다.

액티브 명상은 현대인에게 맞춘 112가지 이상의 카테고리를 지닌 과학적인 명상법으로, 몸과 마음을 함께 쓰는 동적인 명상이다. 단순한 테크닉이 아니라, 삶 속에서, 앉아 있든 걷고 있든, 언제 어디서든 깨어있고 알아차리는 것이다.

처음 액티브 명상을 접하는 사람들은 기존 명상에 대한 관념과 달라 당황하기도 하지만, 편견 없이 지금 이 순간을 받아들이는 자세만 있다면 누구나 시작할 수 있다.

명상과 치유의 첫 번째 출발점은 몸이다. 마음은 그 다음이다. 몸에 귀를 기울인 뒤 마음을 지켜보고, 그 다음 감정을 바라보는 순서가 필요하다. 몸과 마음, 감정은 서로 분리될 수 없는 하나의 유기체이며, 마음이 아프면 몸도 약해지고, 몸이 병들면 마음도 무너지기 쉽다. 그래서 명상은 몸과 친구가 되는 것에서부터 시작해야 한다.

살아 있음은 움직임을 동반하고, 움직임은 생명 에너지의 표현이다. 오랫동안 우울증을 앓으며 몸을 움직이지 않았던 한 지인은, 햇볕 아래서 걷기 시작하며 비로소 조금씩 회복되기 시작했다. 걸으면서 발바닥의 감각, 바스락거리는 낙엽 소리, 눈에 들어오는 풍경들을 의식하며 지켜보는 것만으로도 마음의 짐은 가벼워진다. 먼저 몸을 돌보고, 그다음에야 마음과 감정을 바라보는 것이 자연스럽다.

국내에서 발간된 『액티브 명상과 뇌과학』(조수희, 이영진 공저, 2015)에서는 액티브 명상에서의 명상이란 "몸의 움직임으로 부터 시작하는 이완된 알아차림"(Body Movement Induced Relaxed Awareness)이라 정의한다. 몸은 눈에 보이는 마음, 마음은 눈에 보이지 않는 몸으로 둘은 서로 떨어진 것이 아니고 유기적으로 연결된 하나이다. "따라서 몸의 움직임을 통한 몸과 마음의 치유를 돕고 (Body is a Doorway to Meditation), 일상 속에서 잊혀진 자연스러운 몸짓, 움직임, 표현, 안정된 호흡 등을 스스로 찾아가도록 돕고 (Relaxed Awareness), 학습을 통해 완성됨이 아닌 경험을 통해 스스로 몸이 알아서 체득되도록(Unlearning)하는 명상법"이다.

"액티브 명상요법은 내면의 상태와 감정을 자연스러운 신체 동작을 통해 표현함으로써 최적의 뇌기능을 이루도록 하는 최신 명상기법이며 이를 통해 몸과 마음이 이완되고 자신의 습관적인 패턴을 자연스럽게 알아차리고 새로운 시각으로 이해하고 바라보고 느끼는 방법을 배울 수 있"다라고도 하였다.

각자의 감각의 역사와 몸에 체득된 기억들, 그 개별적인 각자의 몸이 원하고 필요로 하는 방법들을 통해 자연스러운 자신의 움직임을 통해 일어나는 느낌과 감정, 생각들을 있는 그대로 알아차리고 이해하며 참 자아를 알아가는 길이라고도 할 수 있다.

오쇼는 "사람들은 온갖 잡동사니에 지쳐 있다. 완전히 지쳐 있다"고 한다. "평범한 사람들의 마음은 3, 4세 정도에 시작되어 7~80년 동안 휴일도 없이 지속된다. 당연히 사람들은 그다지 창조적이될 수 없다." 당연히 명상에 들기도 어렵다. 때문에 사람들은 더욱 지복을 모르며 축제를 모르며 자연과도, 자연의 이치와도 멀어진다. 그것들은 가장 위대한 축복의 경험이지만 세상 수 백만의 사람들이 에너지가 넘쳐흐르는 상태에 있지 못하다. 그럭저럭 겨우겨우 살아간다. 사람들의 마음은 지쳐 있다.

오쇼는 "기억하라. 당신의 마음이 명상을 통해 침묵하고 있으면, 마음은 신선해지고, 젊어지고, 더욱 창의적이 되고, 더욱 민감해지며 활기 있게 될 것이다. 명상은 당신의 마음을 쉬게 한다. 그는 에너지로 가득하고, 감수성이 매우 풍부하고 신호가 떨어지기 무섭게 삶 속으로 준비가 되어 있다. 명상을 경험한 사람들의 말은 스스로 마법을 부리기 시작할 것이다. 그들이 마음을 사용할 때 그 마음은 카리스마를 가지게 될 것이다. 자석과 같은 힘을 지닐 것이다. 엄청난 자발성과 해뜨기 전 이른 아침의 이슬 방울과 같은 신선함을 지니게 될 것이다"라고 한다.

그러기 위해서는 명상을 생활화해야 한다. 그리고 명상은 강제적인 훈련이나 또 다른 억압이나 집중이 아닌 전체적으로 열어두는 깨어있음이라는 것을 늘 기억해야 할 것이다.

Chapter 3

공개 강의 노트1
액티브 명상의 현실 활동

센터 방문자

　명상 센터에 찾아오는 내담자들은 이미 명상에 대한 자발적 준비를 하고 온다. 명상에 대한 비용도 지불하고 무언가 새로운 경험을 해보겠다는 의지를 가지고 오시니, 명상 안내가 한결 수월하다.
　초·중·고 학생들을 위한 학교에서의 강의나 병원, 기업체, 교사 단체, 공무원 단체 등에서 주관하는 수업은 대체로 명상에 대한 경험이나 이해가 없는 참가자들이 많다. 당연히 액티브 명상을 생소해 한다. 명상이라는 단어에 대해 틀에 박힌 관념을 가진 경우가 많다. 물론 어떤 그룹은 마음챙김 명상이나, 마음챙김을 기반으로 하는 자비 명상, 자애 명상 등을 편안하게 받아들이는 경우도 있다.
　그러나 나의 액티브 명상 안내는 현대인들의 생활 패턴이나 사고 패턴 그리고 인간 관계에서 표현하지 못하는 많은 감정적 정체를 명상 안에서 내면을 보도록 만드는데 중점을 둔다. 너무나 많은 부정성 특히 표현되어지지 않은 화나 분노 등은 시간이 지남에 따라 두려움과 공포로 더 깊은 내면을 파괴시킨다. 마음의 쓰레기도 마당의 쓰레기처럼 덜어내고 버려져야 한다. 버리지 않고 자꾸 덮어버리고 보살피지 않는다면 썩는다. 보이지 않게 감추어도 그 고약한 냄새 때문에 질식하고 말 것이다.
　액티브 명상을 만나게 되는 경우, 말 그대로 동적인 움직임이 있다. 몸을 먼저 만나게 되는 액티브 명상은 자연스럽고 흥미로운 몸의 움직임을 통해 불필요한 마인드가 자연스럽게 떨어져 나가고 편안하고 즐거운 무드가 일어나고, 지금의 감정 상태가 정화된다. 긍정적으로 바뀐다는 뜻이다. 마음이 즐겁게 일어나는 공간에서 너무나 오랜만에 몸을 통한 자유로움, 즐거움들을 만나게 된다. 이렇게 불필요한 마음은 내려놓고 음악에 맞추어 몸이 조금씩 부드럽게 움직임이 일어나기 시작하면, 마음도 유연해지고 안전하다는 인식을 하게 된다. 심각하지 않게 놀이처럼 하다보면 어느덧 자신이 가벼워지고 평안해 지는 것들을 알아차리게 될 것이다.

소란한 마음이 일정한 자기 호흡 패턴에서 밸런스를 찾아가고 움직임 활동을 통한 호흡 양이 많아지면 보다 의식적인 상태가 된다. 이럴 때 자기 표현을 많이 하지 못하고 살아오신 분들은 자신도 모르게 내면의 어떤 공간들을 만나게 되고 눈물을 흘리거나, 자신의 삶의 여러 부분들을 알아차리게 된다. 아 내가 이렇구나, 하는 자기 자신 본래의 것들을 스스로 만나는 시간을 갖게 되는데 이럴 때 안정감을 느끼거나 평화로움을 느끼는 경우가 많다.

대부분 한 시간 동안 몇 개의 단계로 이루어진 액티브 명상은 바쁘고 빠르게 흘러가는 라이프 스타일을 가진 현대인들이 보다 과학적인 접근 방법으로 안전하고 즐길 수 있는 명상 기법을 제공한다. 활동 안에서 만나게 되는 자신에 대한 여러 역동들은 스스로 명상의 필요성을 느끼게 되고, 명상을 해봐야겠다는 결심들을 갖게 하는데, 이것은 자기 자신만이 자신을 변화시키거나 변형시킬 수 있다는 것을 깨닫게 한다. 구체적인 삶의 계획들이 내면에서 일어나고, 너무 애쓰며 살아온 사람들은 좀 쉴 마음도 만나곤 한다. 필요한 에너지의 균형을 찾아가는 것이다. 명상에 대한 이해 없이 처음 참가하는 단체나 개인 모두는 명상 그리고 공간이나 안내를 이끄는 안내자에게 더 나아가 함께 참여하는 사람들과의 친밀감을 형성하는 것은 중요하다. 불안이나 긴장이 떨어져나갈 때 수용적이면서도 온전한 참여가 가능하다. 여러 시간을 지속해야 하는 명상 활동에서는 더더욱 그렇다. 부드러운 음악 속에 걷고, 움직이며 올라오는 생각이나 감정과 느낌을 알아차리고 조금 더 빠른 움직임을 갖게 한다. 호흡이 어느 정도 올라오고 템포가 익숙한 음악이나 기분이 좋아지는 음악들은 불필요한 마음을 내려놓고 지금여기에 온전히 참여하는데 도움이 된다.

  무엇을 하는 것보다 어떤 방식으로 참여하는가가 포인트이다. 명상은 지금 여기에 몸 마음과 영혼이 머물고, 자기 자신에 온전히 깨어 있는 것이다. 물론 명상은 의식의 성장과 삶의 새로운 발견를 통한 행복, 기쁨의 시간을 포함한다. 너그러워지고 친절해지는 것은 덤이다.

학생들을 위한 활동

　초등학교 학생들을 위한 액티브 명상은 놀이 명상이라는 이름으로 다양한 오감 체험과 자기 표현을 촉발하는 명상으로 구조화되었고, 여기에는 역할극이나 명상 악기 연주, 만다라 그리고 글쓰기 활동 등이 포함된다. 명상이야말로 토털 문화예술 컨텐츠가 된다. 수많은 연구논문들이 명상이 창의력이 발달과 집중력, 기억력 향상에 도움이 된다고 보고하고 있다. 중·고등학교 학생들에게는 우리 내면의 중심인 단전을 강화하고 집중력을 향상시키는 달리기 명상과 지켜봄 명상이 맞춤이다.

　체격은 엄청나게 큰데 반해 체력이 약하고, 특히 저녁에 불을 끄고 잠들지 못하는 불안장애, 수면장애를 겪는 아이들이 많아졌다. 학생들도 우울이나, 공황, 조현 등의 증세로 정신과 약을 먹는 경우가 많다. 정신과 질환은 보다 긍정적이고 즐거운 생활 경험과 교유관계, 부모와의 관계가 지속적으로 이뤄지고, 따뜻한 보살핌을 받아야 좋아지는 경우가 많다. 시간이 그만큼 걸릴 수 있지만, 틱장애 학생들, 혹은 자살 시도했던 고위험군 학생들도 장기 프로그램에서 좋아지는 경우를 많이 보았다.

　아이들은 뛰어놀아야 한다. 배고픈 줄도 모르고 시간가는 줄 모르게 놀아야 한다. 몸을 쓰고 땀을 흘리며 완전히 몰입하는 놀이를 많이 하는 아이들은 건강하다. 액티브 명상으로 제공되는 놀이 프로그램은 깨어있음, 알아차림, 이완, 판단없는 자세를 배우게 된다. 명상 안내을 하면서 봐왔던 아이들의 땀방울 흐르는 얼굴의 미소가 오래 남는다.

학생들을 위한 액티브 명상은 약 4년간 강원도 교육청이 주관하고 강원도 위스쿨인 강원학생교육원과 사임당교육원 가정형 위센터를 운영하시는 성공회 신부님과 전문 상담 교사 선생님들과 협업하여 구조화 작업을 마쳤다. 이후 상담 교사들을 위한 역량강화 연수도 진행했고 〈예스 예스 예스〉라는 상담 교육교재로 사용되고 있다.

소위 문제 학생이라고 불리는 다양한 학생들을 심리 상담과 명상으로 안내를 하면서 느낀 것은 부모님과 가정에서의 보살핌, 학생 자신이 스스로에 대해 가지는 성장의식, 그리고 어떤 또래집단을 만나는가가 중요한 요인이었다. 주어진 환경 때문에 어찌할 수 없는 안타까운 친구들을 여러 번 만났었고, 그때마다 가슴이 먹먹했다. 해야 할 것과 하지 말아야 할 것 그리고 어떻게 실천할 수 있을지를 함께 고민했다. 그렇게 하나의 좋은 습관이 자리잡고, 스스로 달라지고 싶은 부분들을 찾아내고 행동으로 옮길 수 있도록 도와주는 과정이었다.

명상은 인내를 필요로 한다. 자기 자신에 대한 궁금중으로부터 명상은 시작된다. 이 인내는 억압이나 강압이 아니며 스스로의 자발적 선택이 될 때 변화와 변형을 만나게 된다. 위기 학생으로, 폭력으로 분리가 필요한 학생들의 지도를 의뢰받기도 했었다. 4박 5일씩 함께 했던 학생들이 어느덧 성인이 되어 연락을 해올 때 보람을 느낀다.

시간은 그렇게 흘러간다. 우리가 무엇을 하든. 자기 존재에 대한 질문에는 어떤 학생이든 눈빛이 반짝인다.

어떻게 하고 싶은지, 무엇을 먹고 싶은지, 네가 결정해 그리고 그 결정에 최선을 다해. 뒤도 보지 말고 앞도 보지 말고, 지금 여기에서 할 것들을 할 수 있을 만큼 그렇게 하자고 아이들에게 말하곤 했다.

위기학생으로 온 학생들은 부모나 형제의 폭력에 노출되거나 존중받지 못한 친구들이 많았다. 이 학생들은 무기력하거나 공격적인 성향이 두드러지고 이런 공격적 성향은 고스란히 자기 또래나 학년이 낮은 동생들을 향한 폭력으로 이어지곤 한다. 활동 명상들은 주로 하트 명상이나 내면의 중심잡기 명상들을 했는데 가슴에서 따뜻함과 안정을 느끼고 감사함을 느낄수 있도록 안내했다. 어색해하면서도 명상을 하고 나면 편안해졌다는 나눔들이 대부분이었다.

즐거움과 기쁨, 보람을 경험하도록 하는 일, 그것이 나의 명상 안내였다.

환우들을 위한 활용

　명상은 정말 다양한 곳에서 활용된다. 암 환자들을 위한 면역 요양병원, 그리고 서울대학병원 비롯한 많은 대형 병원에서 명상 프로그램이 활용되고 있다. 나도 잘 알려진 한 암 전문병원에서 환우들과 매월 두 차례씩 만나는 프로그램을 진행했었다. 환우들은 몸이 아픈 통증의 정도보다 심리적 불안과 미래에 대한 걱정으로 힘들어했다. 과거에 대한 회한으로 자기 삶에 대해 슬픈 느낌이 든다는 환우들을 많이 만난다.
　의식적으로 깨어서 지켜보지 않으면, 마음이라는 것은 불쑥불쑥 다양한 불안들을 만들어낸다. 환우들에게는 심리적 안정이 가장 필요하다. 평정심은 무엇이든지 간에 도움이 된다. 움직임 명상을 통해 신체 활동을 강화하고 면역력을 돋운다. 신나는 음악에 맞추어 자신의 몸을 머리에서 발끝까지 지켜보며 부드럽게 움직인다. 혈액순환, 림프순환 뿐만 아니라 기분도 전환되고 좋은 호르몬들이 나오면서 불안한 마음이 어느덧 사라진다.
　약 한 시간 가량 진행되는 이 과정에서는 먼저 명상에 대해 간결하게 안내하고 환우들 개인의 몸 상태 등을 파악한다. 이어 손털기, 몸털기와 같은 간단한 움직임, 그리고 탄력 있는 밴드를 이용한 근력 강화 활동을 하고 마음의 안정감을 주기 위한 호흡명상, 사운드 명상 등을 진행한다. 어떤 결과든 그것을 낳은 원인이 있다. 그것을 아는 지점이 있는데 그것이 알아차림이고 마음챙김이고 주시이다. 잘못되었든, 잘 되었든 이제 알아차렸으니, 그 다음의 스텝을 나아가면 된다.

너무 애쓰고 살았음을 알았다면 이제 좀 덜 애쓰며 살고, 너무 늦게 잠들었음을 알았다면 이제 좀 일찍 자도록 한다. 맑은 음식을 자주 먹지 못했다면 이제 맑은 음식을 잘 챙겨 먹고 화를 많이 냈으면 이제 화를 좀 덜 내보도록 한다. 알아차림, 주시라고 하는 것은 그 자체로 잘 챙기면 건강은 자연스럽게 오고 걱정 근심이 사라진다. 왜냐하면 그렇게 할 수 있는 것을 아는 것이 곧 나아갈 힘이 되기 때문이다.

수요일 진행되는 명상 수업에 참가하기 위해 화요일에 입원하신다는 한 환우는 명상을 마치고 나면 마음이 편안해지고 잠이 잘 온다고 했다. 나는 그녀에게 이렇게 이야기 해주었다.

"인생에 힘든 터널을 만났지만 언젠가 그 터널을 벗어날 겁니다.
힘들게 지나갈 수도 기쁘게 지나갈 수도 있습니다.
힘든 일이 있다고 해서 행복한 일이 하나도 없는 것은 아니에요. 24시간 내내 통증이나 고통이 있는 것은 아닙니다. 지금 괜찮으면 내일도 괜찮을꺼에요. 불안한 마음이 올라오면
다시 호흡으로, 웃음으로, 춤으로 지금 여기로 돌아오세요. 그리고 시간을 보낼 때 잘 먹고, 많이 웃고, 긍정적으로 보내기로 해요.
매 순간 일어나는 불필요한 마음의 스트레스에서 벗어나기만 해도 에너지들이 치유활동으로 더 많이 쓰여질 꺼에요."

이러한 안내는 참여자와 함께 하나의 가슴으로 만나고 공감할 때 더 큰 효과를 가지고 온다.

암이라는 질병에 대한 불안감은 환우마다 다를 수 있지만 재발이나 치료과정에 대한 극심한 불안은 대다수의 환우가 공유하고 있다. 불안해하는 환우들에게는 무엇보다 항암이나 약물에 따른 섭식장애, 수면장애 등 건강한 면역체계를 방해하는 여러 요소들을 적극적으로 알아차리도록 권한다. 다음은 몇 가지의 생활 속 습관들을 개선해나가기를 안내한다. 첫째 평정심을 갖기 위한 호흡 명상과 동시에 음악에 몸을 맡기며 부드러운 춤이나 신나는 춤을 춰보기를 권한다. 둘째로 먹는 음식이 몸이므로 섭생 깨어 있기, 셋째 불편한 인간관계는 잠시 내려놓기, 넷째 불필요한 욕심내지 않기, 다섯째 긍정적인 사고 하기와 많이 웃기 등 습관 바꾸기 계획표를 함께 만든다.

암은 낫기 쉽지 않다. 그러나 많은 분들이 치료되고 있다. 희망을 갖고 매일 자신을 돌보는 일에 전력을 다하시라고 말씀드린다.

.

기업 관련 명상 안내

　　오랫동안 기업 관련 명상 안내를 해왔는데 과거에는 명상을 처음 해본다는 참가자들이 많았다. 최근에는 많은 기업이 사원 복지의 한 방편으로 명상 강사를 초청해 한 달에도 몇 차례씩 명상수업을 진행한다. 점심시간을 쪼개기도 하고 근무 종료 전에 시간을 내기도 한다. 명상, 싱잉볼테라피, 아로마테라피, 차 명상 등이 자주 그 힐링 프로그램에 오른다.

　　대기업 뿐아니라, 중소 벤처기업, 증권회사 등의 명상 안내 의뢰도 늘어가고 있는데, 코로나 팬데믹 이후 건강에 대한 관심뿐 아니라 명상에 대한 전반적인 수요 증가를 체감하는 대목이다. 인터넷 매체와 인스타그램 등의 개인 계정에도 요가, 명상, 힐링 컨텐츠 등이 다양해지고 많아졌다. 시대가 명상을 힐링 방법으로 활용하고 그만큼 각계각층에서 활발한 연구가 이루어지고 있다.

　　직장인들은 대체로 이완요법, 쉼을 위한 명상법을 골라 의뢰하는 경우가 많다. 직장생활은 과중한 업무와 사원간의 관계에서 오는 스트레스가 심하다. 직장에서의 명상 프로그램은 일회성이거나 몇 회기 되지 않는 적은 시간인 경우가 많고 안전하게 보호받는 공간이 형성되지 않는 환경인 경우도 흔하다. 그러나 짧은 시간에도 다양한 긍정적인 피드백을 들을 때, 명상은 과학이다라는 생각을 하게 된다. 같은 명상을 하는데도 참가자 대부분은 서로 다른 피드백을 내놓는다.

감각 명상을 하더라도 그렇다. 삶에서 많은 경험들이 나를 만들고, 함께 같은 사건을 경험했어도 각기 다른 마음으로 받아들인다. 서로가 다르다는 것을 아는 것 만으로도 마음의 갈등이 줄어든다는 것을 깨닫게 된다. 너와 내가 다르다는 것을 인정할 때 수용적으로 변하게 된다.

수용적인 태도, 편안함과 텅 빔, 잠깐이라도 눈을 감을 때 외부 세상의 관심에서 자기 자신으로 돌아오는 길을 발견하게 된다. 밖에서는 채워지지 않는 존재의 의미, 성장을 향한 희망 욕구랄까. 기업의 복지정책으로 열리는 명상 클래스인 경우에는 참여자의 자발성이 떨어지기도 하지만, 명상을 마치고 나면 편안해지고 휴식이 되어 좋았다는 의견이 의외로 많았다. 늘 피곤한 직장인들은 간단한 몸 움직임과 싱잉볼 사운드 명상이나 아로마 향기 요법 등을 선호하는 경향이 강하다. 알아차림이 있다면 어떤 것이든 명상이 된다.

전문상담사 및 공공기관

강원도 교육지원청과 학생 상담치유 기관인 위스쿨, 가정형 위센터 상담 선생님들과 4년간의 액티브 명상 지도 교재가 구조화작업을 마치고 임상후 교사 연수 프로그램으로 진행되었고, 많은 전문상담교사의 역령강화 연수와 학생들을 위한 명상 지도법 연수가 있었다.

명상안내자는 첫째 명상의 경험이 풍부할수록 좋다. 명상을 안내할 때 보다 풍부한 자원을 줄 수 있기 때문이다. 자신이 긴장이 있는 것을 타인에게 권할 수는 없기 때문이다.

지난 3년간은 해양치유 관련 사업체인 휴앤치유연구소와 조선대학교와 함께 태안, 완도 해양치유 명상 시범 사업과 해양치유사 양성 교육과정을 기본, 심화교육과 자격반 과정을 마쳤다, 고창과 태안에서도 여러 명의 해양치유사가 현장에서 명상 등을 안내하고 나누고 있다, 울진에서도 시범 사업 중이고 해양자원을 갖고 있는 지자체 사업으로 해양치유사 교육이 있었고, 해양치유사 과정에 마린 힐링 테라피 과정을 구조화 하여 싱잉볼 연주와 함께 명상을 자연 속에서 안내하고 있다.

바다는 바다 그 자체 만으로도 많은 치유를 준다. 자연에서 얻을 수 있는 치유 에너지는 넘쳐난다. 모래를 맨발로 밟는 어싱, 바다를 향해 자신이 하고 싶은 이야기들을 던지고 저녁 노을을 바라보며 명상음악 속에서 자신의 내면을 만난다.

  오쇼 액티브 명상을 지원하는 음악의 상당 부분은 오쇼의 감독 하에 작곡되었으며, 오쇼의 지시대로 마무리된 음악은 어떤 식으로도 변형하지 않고 그대로 유지한다. 오쇼가 설명하기를, 명상에서는 음악의 영향으로 고유의 에너지 장이 생겨나고 확장하며, 시간이 지남에 따라 음악은 더 많은 사람들을 연결시키고, 천 년이 지나면 공명의 장을 만들어 낼 것이며, 이 공명의 장은 개개의 사람들이 명상을 하는데 깊은 영향을 끼칠 것이라고 했다.

  음악은 대부분 명상에서 새로운 단계의 시작을 알려주고 각 단계를 에너지 면에서 도와준다.

Chapter 4

공개 강의 노트2
현대인을 위한 강력한 카타르시스 명상, 액티브 명상

액티브 명상, 왜 지금 우리에게 필요한가

　불과 십여 년 전만 해도 명상은 특별한 사람들의 특별한 힐링 방법, 에너지 정화나 몸-마음 수련의 한 방법 중 하나로 여겨졌다. 그러나 최근에는 다양한 명상법들이 소개되면서 움직임, 신체, 심리, 호흡, 요가 등 일상과 접목된 명상법이 폭넓게 전파되고 있다.

　그 가운데, 오쇼의 고안으로 만들어진 액티브 명상은 단연 독특한 자리를 차지한다. 오쇼가 설계한 이 명상법들은 과거 도가 선법이나 불가의 수련법들을 바탕으로 하면서도, 현대인의 바쁜 일상과 억눌린 감정 상태를 고려하여 매우 실용적이고 직관적으로 접근할 수 있도록 구성되어 있다. 오쇼는 강연 중 직접 명상을 함께 시연하거나, 새로운 명상법을 고안해 참여자들에게 깊은 체험의 장을 제공했다.

　나는 지난 15년간 삶의 현장에서 수많은 사람들에게 오쇼 명상을 안내해왔고, 현재는 한국에서 유일하게 오쇼 명상 안내자를 양성하는 교육 과정을 운영하고 있다. 오쇼 명상은 몸, 마음, 감정, 의식을 확장하고 성장시키는 도구다. 자기 자신을 더 깊이 이해하고, 알아차리며, 존재의 본질로 다가가도록 돕는 여정의 문을 여는 것이다.

　스트레스와 압박 속에 살아가는 현대인은 문명의 이기와 편리함을 누리면서도, 관계 속 결핍과 고립감에 시달린다. 이는 삶의 초점이 자기 자신에서 외부 세계로 이동하면서, 기쁨·사랑·자유·행복이라는 생명 에너지의 원천과 단절되었기 때문이다. 경쟁에서 이겨야만 만족을 얻는 구조 속에서 부모는 자신의 욕망을 자식에게 투사하고, 아이들은 대소변 가리기부터 걷기까지 끊임없는 평가와 통제를 받으며 자란다. 이 모든 것이 순수한 에너지의 흐름을 막고, 내면에 억압된 압박감과 결핍을 만든다.

명상은 이러한 무의식의 패턴을 알아차리고 풀어내는 매우 강력한 도구다. 나를 아는 것이 곧 타인을 이해하는 시작점이 되기 때문이다. 몸과 마음은 둘이 아니다. 분리된 것이 아니라, 서로 깊이 연결된 하나의 유기체다.

가만히 앉아서 하는 전통적 명상이 어떤 이에게는 너무 어렵고, 또 어떤 이에게는 너무 수월해서 주의를 흩트릴 수 있다. 앉은 채로 골반이나 척추에 무리가 오거나, 에너지 흐름이 정체되어 두통이나 상기증이 생기는 경우도 있다. 반면, 오쇼 액티브 명상은 몸과 마음을 동시에 다룬다. 몸이 몰입해서 움직이면, 마음은 자연스레 쉼에 들어가게 된다. 그렇게 주의가 하나로 모이고, 불필요한 사념이 사라지며 명상의 상태인 '노 마인드'에 도달하게 된다.

이러한 상태는 진정한 휴식과 이완의 상태이며, 있는 그대로의 주시와 판단 없는 자각이 애씀 없이 자연스럽게 찾아온다. 온전한 지금 여기, 순간 멈춤, 자유, 평화, 침묵… 이 모든 것이 일어나는 공간 속에서, 자기 자신에 대한 새로운 인식과 통찰, 그리고 삶의 본질에 대한 발견이 일어난다.

나는 오쇼 액티브 명상을 통해 내면의 무지와 탐욕의 구덩이를 마주했고, 가족과 얽힌 반복되는 삶의 패턴도 볼 수 있었다. 거기엔 안타까움도, 바람도 있었지만, 결국엔 그것조차 내려놓게 되는 지켜봄이 찾아왔다. 무심히 있으면서도 명료한 의식으로 깨어 있는 상태. 이것이야말로 삶을 축제로 받아들이는 문이다.

이 문을 여는 순간, 기쁨이 넘치고 사랑이 흘러넘치며 행복이 삶 전체에 퍼지게 된다. 우리가 찾던 새로운 파라다이스, 그것은 멀리 있지 않다. 바로 여기, 지금, 이 순간의 의식 속에 존재하고 있다.

명상의 길, 바른 방법

요즘 명상에 관심 있는 분들이 많이 늘어나고 있다. 예전에는 생소하게 들리던 '액티브 명상'도 이제는 다양한 곳에서 소개되고 있고, 많은 분들이 체험하고 계시다.

명상은 본래 '알아차림', '주시'입니다. 그러나 이 단어들이 실제로 무엇을 의미하는지 체감하기는 쉽지 않습니다. 많은 분들이 단순히 마음이 편안해지거나 몸이 이완되는 것을 명상이라고 생각하시기도 합니다.

하지만 명상은 순간의 편안함을 넘어서, 삶을 바로 보는 길입니다. 진정한 알아차림이 일어나는 순간, 우리는 내면 깊은 곳에서 기쁨과 사랑, 감사가 솟아오르는 지복을 경험하게 됩니다.

그럼에도 불구하고 우리는 종종 헛된 것을 좇으며, 바쁘게, 그리고 무의식적으로 살아갑니다. 돈을 모으기 위해 건강을 놓치고, 끊임없이 욕망에 쫓기며 자신을 잃기도 합니다.

명상에는 바른 길이 있습니다. 그리고 그 길은 때로 아주 단순하고 쉬운 길이기도 합니다.

스스로를 깊이 바라보는 것. 나라는 존재의 고유한 아름다움을 발견하는 것. 그것이 명상의 시작입니다. 선택은 여러분의 몫이며, 그 결과 또한 여러분의 삶이 되어 돌아옵니다.

-사랑으로 사난다

몸에서 시작하는 치유, 마음으로 향하는 명상

요즈음은 마음 챙김이나 치유라는 말이 자주 등장하지만, 진짜 시작점은 몸이다. 마음은 그다음이다.

오쇼 액티브 명상에서는 몸과 마음, 감정은 분리될 수 없는 전체다. 몸은 눈에 보이는 마음이고, 마음은 눈에 보이지 않는 몸이다. 우울증을 겪은 이라면, 마음의 병이 어떻게 몸을 병들게 하는지 잘 알 것이다.

한 우울증 환자가 있었다. 그는 외출도 하지 않고 움직임이 줄어들며 점차 건강을 잃었다. 나는 그에게 햇빛 아래 걷기를 권했다. 걸으며 발바닥에 닿는 감촉, 바스락거리는 소리, 가을 풍경을 알아차리는 것. 그렇게 단순한 감각에 집중하는 시간이 마음을 비우고 치유로 이끄는 열쇠였다.

명상 중엔 과거의 기억이 떠오르고, 억눌린 감정이 솟는다. 처음엔 혼란스럽지만, 그것을 지켜보는 자각이 올라오면 삶이 정화되기 시작한다.

이 모든 경험을 통해 나는 깨달았다. 명상은 마음을 알아차리고 몸을 보살피는 근본적인 치유라는 것. 그 출발점은 언제나 지금 여기, 바로 당신의 몸이다.

잠시 멈춤. 그때에야 내면의 소리를 들을 수 있다

소중한 삶에 대해, 자기 자신에 대한 돌봄을 약속하고, 친구를 잘 돌보듯 내 자신에게도 그렇게 잘 대해주기를. 좀 서툴러도 괜찮고, 좀 틀려도 괜찮아. 애쓰고 수고한 자신에게 칭찬과 사랑을 아낌없이 나누는 명상 시간이다. 어떤 어머니는 눈물을 흘리시고, 어떤 어머니는 실컷 소리를 지르며 속이 다 시원하다고 하신다. 엄마로 딸로 아내로 우리는 모두 어떤 역할 속에서 열심히 사느라 힘들었다. 잠시 자기 자신으로 오롯이 있는 것. 내면의 조화로움을 발견하고 지금 여기 온전히 존재하기. 그 잠시 멈춤과 침묵, 고요와 평화, 사랑, 그 만남이 명상의 길이다.

액티브 명상 기법의 요점

액티브 명상 기법의 요점은 전체성이다. 마음이 이렇다 저렇다 하는 관여없이 각각 단계별로 해야 하는 명상 기법에 온전히 에너지를 전체적으로 쏟는 것이다. 보통 액티브 명상은 음악이 명상을 지원하고 한 시간에 몇 개의 단계로 되어 있다. 하나의 행위가 있다면 100퍼센트 그 방법에 몰입해야 한다. 이것은 삶에도 적용이 되는데, 여한없이 온전히 그럴 때 내면의 깨어있음은 하나의 분리를 갖게 되고 그때 무심과 무아의 명상 상태로 일별을 보게 된다. 우리는 늘 움직인다. 살아 있다는 것은 움직임이다. 앉아서 산 속에서만 하는 명상이 아니라, 행위 속에서 알아차림, 삶 속에서 마음챙김하고 깨어있기. 각성된 주시, 그것이 액티브 명상의 본질이다.

알아차림, 주시, 관조. 행위 안에서도 늘 이 깨어있음을 유지하도록 고안한 명상을 하나의 방편으로 사용하는 것이다. 112가지 이상의 범주가 들어 있는 액티브 명상의 방편은 많지만 그 근본은 같다. 이완, 주시, 판단없는 태도이다.

오쇼 액티브 명상 4대 테라피 안내

아래의 오쇼 명상적 그룹 테라피는 약 7년에 걸쳐 트레이닝을 마쳤다. 한국 오쇼 명상센터에서는 테라피 프로그램마다 1년에 한 차례 혹은 서너 차례씩 열리고 있다.

오쇼 명상 테라피를 제공하려면 별도의 교육에 참가해야 한다. 이 과정들은 오쇼에 의해 고안되었으며 마지막 단계에서는 침묵의 자각을 이끌어내는 급진적이고 표현적인 과정이다. 독특하게 단순하며 효과적인 이 에너지 넘치는 방법들은 참가자들 간에 상호작용을 최소한으로 한다.

하지만 그룹의 에너지와 훈련된 안내자의 존재는 각 개인이 자신의 과정에 더 깊이 몰입하도록 도와준다. 이 과정들은 인도 푸나의 오쇼국제명상리조트와 전 세계의 보다 큰 오쇼 명상센터에서 정기적으로 제공된다.

그룹 과정에 참가했던 사람은 언제든지 집에서 혼자 이 방법을 계속해 나갈 수 있다.

오쇼 미스틱 로즈(OSHO Mistic Rose): 3주 과정이며, 하루에 3시간씩 진행.

첫 주에는 아무 이유 없이 웃는다. 내적인 자발성과 즐거움을 방해하는 먼지, 억제, 억압의 층을 녹인다. 둘째 주는 아무 이유 없이 눈물 흘리고 우는 것에 전념한다. 그동안 억눌러 왔던, 나오는 고통과 눈물을 허용한다. 셋째 주는 침묵과 고요이다. 언덕 위의 주시자로 조용히 지켜보고 명상한다.

오쇼 노마인드(OSHO No-Mind): 일주일 과정이며, 하루에 두 시간 진행. 앞의 한 시간은 지버리쉬를 한다. 의식적으로 미친 듯이 한다. 내면에서 나오는 어떤 소리라도 허용한다. 당신이 아는 언어를 제외한 무의미한 어떤 언어라도 다 허용한다. 마음의 모든 쓰레기를 다 비워낸다. 뒤의 한 시간은 아무것도 하지 않고 조용히 앉아 있는다. 내면에서 큰 침묵이 일어나도록 허용한다.

오쇼 본어게인(OSHO Born Again): 일주일 과정이며, 하루에 두 시간 진행한다. 앞의 한 시간 동안에는 어린아이처럼 행동한다. 그냥 어린 시절로 돌아간다. 하고 싶었던 것은 다 가능하다. 춤추고, 노래하고, 뛰고, 울부짖고, 눈물 흘린다. 어떤 것이든, 어떤 자세든 상관없다. 뒤의 한 시간은 조용히 앉아 있는다. 당신은 더 신선하고, 더 순수해질 것이며 명상이 더 쉬워질 것이다.

다음의 안내 과정은 몸마음의 자기 치유력을 활성화하고, 자기 자신과 친해지기 위한 목적으로 오쇼에 의해 고안되었다. 오쇼 명상 테라피에 느슨하게 같이 묶여 있기는 하지만 그 자체의 안내자 교육이 있는 독자적인 과정이다. 안내자는 여성만이 할 수 있다.

오쇼 몸마음과 대화하는 잃어버린 언어를 기억해내기 :
일주일 과정이며, 하루에 한 시간 진행한다. 이 방법은 몸과 마음이 서로 친해질 수 있도록 새로이 배워야 할 필요가 있다는 이해에 근거한다. 몸과 마음은 우리에게 분리된 것이 아니고 서로 분리된 것도 아니다. 우리는 몸마음과 의사소통을 하는 '잊혀진 언어'를 기억해내야 한다. 긴장과 고통이 존재하는 부위에 대해 이야기 해야 한다. 깊은 이완과 깨어있음이 결합되어 있는 가벼운 최면상태에서, 몸마음의 창조적이고 자기치유적인 에너지를 이용하는 법을 배운다. 이것은 흡연, 섭식장애, 불면증, 통증, 고통과 같은 불균형, 불편함의 특정 문제에 적용될 수 있다. 대개는 신체의 작용으로 나타나지만, 전체적으로 균형의 관점에서 다시 다루어져야 할 문제들이다.

이 일주일을 보내고 나서 언제든지 집에서 혼자 이 방법을 계속해 나갈 수 있다.

명상 심리 상담과 명상 세션

상담을 병행하게 되는 명상 심리 상담과 명상 세션은 보다 자각의 힘을 키워주는 데 중점을 둔다. 자신이 무엇을 원하는지, 자신이 어떤 사람이고 어떻게 살아가고 싶은지 스스로 자주 자신에게 질문하고 그리고 다음 스텝으로 행동으로 옮겨보도록, 자신에 대한 내면의 질문은 의식의 빛을 더 강하게 만든다. 용기 있는 내려놓음과 용기 있는 행동은 자각에서 온다.

스스로 하루를 어떻게 살 것인가를 이른 아침에 잠시 앉아 명상하는 것. 이 작은 습관이 삶을 변형시킨다. 과거로부터 가지고 있던 오래된 관념, 비교, 판단 이런 것들을 내려놓고 새롭게 시도해보고 단지 그저 해보는 것. 그것이 명상적 접근의 치유가 된다.

기업 단체 강의

여러 기업 강의나 학교 강의, 교사 집단의 힐링 프로그램들, 해양수산부 주관 해양 치유 명상 안내에 갔을 때, 처음 액티브 명상을 접해보는 분들은 어색해 하고, 다른 사람을 의식하느라 자신이 부끄러워 하는 것들을 웃거나 회피한다. 화장실을 다녀오거나 물을 마시러 나가기도 한다.

4~50대 이상의 성인들은 춤이란 것에 대해 부정적 관념을 갖고 계신 분도 많다. 몸을 쓰는 것이 천박하다는 과거 사회적 관념이 여전히 집단적인 무의식 속에 있는지도 모른다.

나도 어린 시절 텔레비전에서 춤추는 아주머니 아저씨들이 경찰들에게 잡혀서 얼굴을 옷으로 가리고 고개를 숙이고 있던 화면을 본 적이 있다. 소위 춤바람. 그러나 명상에서 혹은 신체 심리학적 활동으로 춤을 해석할 때는 춤만큼 명상에 가까운 것이 없다. 무상과 무아의 상태를 만드는 데는 가만히 앉아 삼매에 들기보다 완전히 춤과 하나되어 절정에 이르는 것이 더 쉽기 때문이다. 몸이 자유로워지면 마음도 유연해진다. 이런 어색함이 일어났더라도 명상을 하나씩 하면서 자신을 발견하는 것은 그리 어렵지 않다. 몸을 조금씩 느끼면서 머리에서 발끝까지 움직여보며 몸의 긴장이나 통증들을 알아차리고, 음악에 맞춰 걸으며 발바닥이 땅에 닿는 느낌을 느껴본다. 조용히 선 자세에서 눈을 감고 주변에서 들리는 새소리를 듣는다.

멈추면 비로소 평소에는 인식하지 못했던 것들이 늘 곁에 있었다는 하나의 알아차림이 일어난다. 그리고 자신을 만난다. 눈을 감고 과거에 있었던 아름다운 추억이나 사랑하는 사람을 떠올린다. 가슴이 따뜻해지고 어떤 분들은 눈물을 흘리며 명상 안으로 몰입한다.

명상 안내자와 정신건강 운동

명상 안내자는 온전히 판단없는 자세로 내면을 만나고 직면할 수 있도록 허용된 자세로 공간을 만드는 사람이다.

명상을 통해 자기 자신이 자발적으로 자신의 길을 잘 찾아 갈 것이다. 잘 안되는 것도 잘 되는 것도 없다. 무엇을 하든지 무엇을 하고 있는지 잘 아는 것. 그리고 자신을 신뢰하고 받아들이는 것.

어색함에서 하나씩 몸을 통한 활동을 통해 마음을 열고 열린 빗장 사이로 여러 감정들을 경험하게 된다. 신경계가 이완되고 사념 없는 편안함이 몸, 마음을 평화롭게 만든다.

말없는 시간 내내 잊고 지냈던 자신을 만나고, 새로운 삶에 대한 다짐같은 긍정적이고 수용적 태도의 창조성이 생겨난다. 액티브 명상은 철저히 과학적 기반의 명상으로 고안되었다.

15년간 현장에서 만난 분들을 통해 평화, 쉼. 이완, 텅빔, 설렘, 침묵, 자유. 기쁨, 행복, 사랑, 감사 이러한 피드백들을 무수히 듣고 있다. 현대에는 이제 명상이 건강, 웰빙, 만병통치, 힐링 트렌드가 되었다. 가만히 눈을 감고 가부좌를 틀고 앉아 하는 부처님 시절의 명상도 생활 속에서 일하는 곳에서 음식을 먹거나 목욕을 하는 하나의 행위 안에서 온전히 하고 깨어있음을 갖는 것. 명상의 근본적 속성은 같다.

신체 심리학적 접근과 서양 테라피 요법이 더해진 명상으로 현대인들을 위해 고안된 대표적인 오쇼 액티브 명상은 의식 성장을 위한 새로운 문화로 다양한 곳에서 더욱더 많이 활용되어질 것이다.

앞으로는 학교에서도 상시로 명상 클래스가 열리고, 회사나 기관 단체에서도 정신 건강을 위한 하나의 운동이 되어야 한다.

Chapter 5

공개강의 노트 3
액티브 명상과 마음 치유의 세계 가이드

현대인들 마음은 왜 힘든가?

현대인의 의식 세계는 먼지로 더럽혀진 거울처럼 온갖 잡동사니로 가득 차 있다. 수많은 생각, 욕망, 기억, 야망들이 제각기 요동치고 있어서 마음은 끊임없는 혼란 속에 있으며, 날이면 날마다 이러한 상태가 계속되고 있다.

잠들어 있는 동안에도 마음은 계속해서 활동하고 있으며 쉼없는 걱정과 근심에 쌓여 내일을 대비한다.

병들고 불안해지는 인간의 마음, 그 내부의 상처들에는 또 다른 통증이 발생하고 이제 그 상처는 곪아터져 다른 부분까지 전염시킨다. 층층이 축적되어 있는 모든 분노와 욕망, 트라우마, 긴장과 분열, 강박과 공황장애, 자살충동, 우울증과 광기….

정상적인 사람은 매우 드물다. 정신적으로 건강한 사람은 매우 드물다.

좀더 정상인 '것처럼', 제정신인 '것처럼' 보이는지 아닌지가 문제일뿐. 어떻게 할 것인가?

뿌리에서부터 변화가 일어나야 한다-폭풍

마음은 그 자체로 영구적인 활동을 하고 있기 때문에 마음을 통해서는 명상에 도달할 수 없다.

뿌리에서부터 변화가 일어나야 한다. 가지를 자르고 이파리를 털어낸다고 해서 나무가 없어지는 것은 아니다. 아예 뿌리를 뽑아버려야 한다. 뿌리는 땅 속 깊은 곳에 숨어 있다. 마음 또한 그렇다. 원인을 파고들어야 한다.

현재 모든 심리 정신치료법들은 특정한 문제만을 풀어줄 뿐이다. 그것들은 결코 뿌리를 자르지 못한다. 기껏해야 가지만을 칠 뿐인데 하지만 그것들은 다시 자라난다. 뿌리는 그대로이기 때문이다. 많은 치료법들은 작은 증상 한 가지에도 최소한 반 년에서 몇 년씩 걸리는 작업이지만 여전히 그 사람은 똑같다.

그것은 오래된 집을 수리하는 것과도 같다. 여기저기 손을 보고 회칠을 한다. 그러나 그것은 똑같은 집이다. 아무것도 근본적으로 변하지 않았다. 그것은 사람의 의식을 변형시키지 못한 것이다. 마음이 근원이다. 애초의 근원, 뿌리에서부터 변용해야만 한다.

액티브 명상과 그 명상적 치유법들은 당신의 치유와 성장을 위해 모든 방법을 동원하는 것이며, 그것도 최단기간 내에 강력한 방법을 통해 당신을 깨끗이 청소하고 휩쓰는 방법이라고 할 수 있다.

새로운 삶이 일어나기 위해선 예외가 없다-

"현재의 인간에게는 그와 명상 사이, 그의 마음과 본래적인 자아 사이에 새로운 틈, 벽이 생겨났다. 이전 시대의 사람들에게는 없었던, 현재의 인류에게 나타난 그 틈, 그 분열과 괴리는 거대하고 단단한 암벽과도 같으며, 무의식 속에 축적된 억압과 억제를 통해 생겨났다. 그 어둠의 암벽과 단단한 얼음층, 썩은 저수지를 부수지 않으면 명상으로 들어갈 수 없다.

현재의 인간은 교양의 가면 아래 지나치게 기교적이고 가식적이다. 그리고 그것이 인간을 불구로 만든다. 과도하게 문명화된 인간이 자신의 알 수 없는 분노나 병든 마음과 직접적인 작업을 하기란 어려운 일이다. 그것들은 깊이 억압되어 있을 것이기 때문이다. 그것이 우리가 할 수 있는 최대한의 자기 자신을 열지 못하는 이유이다."

우리는 너무나 많은 것을 감추며 살아가고 있다. 해방이 아니라 억압하는 것에 익숙해져 있다. 인간의 몸마음, 감정의 층은 극도로 오염되고 억압되었으며 현대인들의 심리적 감정적 상태는 비참할 정도로 왜곡되었다.

비틀리고 억눌린 감정들은 신체 안으로까지 깊이 파고들었으며 인간은 이미 절반은 죽어 있다. 우리는 또한 너무나 가식에 물들어 있어서 진정하고 진실한 것은 아무것도 할 수 없다. 모든 것이 가식이고 가면이 되었다. 그 가식과 가면, 억눌려 있는 근원에 도달해야 한다.

억눌려 있는 모든 것을 토해내고 마음의 모든 짐을 벗어던져야 한다. 마음 속에 무엇이 있던 간에 그것이 자기 자신을 표현하도록 해야 한다. 그러면 새로운 삶이 당신을 찾아올 것이다.

반쯤 죽어 있는 상태로는 아무것도 할 수 없다. 자기 내부의 어떤 것도 변화시킬 수 없다. 먼저 내부의 생명력의 전원과 접촉함으로써 에너지가 넘쳐야 한다. 더 생생하게 살아나야 하고, 생생하게 살아날수록 당신에게는 더 많은 에너지가 흐를 것이다.

새로운 삶이 일어나기 위해선 어떤 예외도 없다. 억눌린 것들로 가득 차 있는 한 아무 일도 일어나지 않는다. 인간이 유지해온 과거의 패턴들이 남김없이 파괴되어야 한다. 모든 것을 쏟아내야 한다.

액티브 명상은 폭풍처럼 와서 당신을 전혀 새로운 삶, 전혀 새로운 차원으로 이끌어준다. 그것은 당신이 한 계절에 피고 지는 꽃이 아니라, 사계절 내내 깊이 뿌리를 내리고 열매를 맺는 거목이 되도록 도와주는 것이다.

어떻게 그렇게 하는가?
120여 가지 이상의 기법들, 다양하다

액티브 명상은 액티브 명상, 정적인 명상, 모든 심리 요법, 전통적인 방법, 현대적인 방법 등등 현대인에게 도움이 될 수 있는 모든 방법들을 액티브 명상의 근본적인 내적 과학의 기반에서 사용한다. 어떤 약도 모든 사람들에게 들어맞는 약은 없기 때문이다. 인간의 유형은 112가지 이상이다. 그를 위한 액티브 명상 기법은 400여 가지에 이른다.

현대적이다

과거의 명상법들은 그것이 만들어진 과거의 인류에게는 도움을 줄 수 있었다. 하지만 현대인들은 그들과 같은 범주에 들지 않는 전혀 새로운 인간이다. 그러므로 몇몇 소수에게는 도움이 될지 모르나 대부분 사람들에게는 무력한 것이다.

액티브 명상 기법들은 인간 의식의 밑바닥과 최정점까지 전 영역에 대한 근본적인 통찰, 1960년대부터 지금까지 100여 개 이상의 국가에서 수만 수백 만 명의 실험을 통해 입증된 완전히 혁신적인 기법이다.

빠르다, 강하다

지금은 너무 다른 시대이다. 초광속 인터넷 시대, 젯트 시대이다. 다른 치유방법이 필요한 시대이다. 소위 최신 기법들이란 것들도 예전의 우마차 시대의 시간 개념의 연장선상에 있다. 작은 증상 하나를 다루는 데도 옛날 생활 방식처럼 오랜 시간이 걸린다.

방 하나를 전부 청소하고 나면 그 사이 쓰레기가 쌓여 있어서 다시 처음부터 청소를 해야 하는 것과도 같다. 액티브 명상 기법은 그럴 여지를 주지 않는 것이다. 최단 기간에 새로운 삶에 들어갈 수 있도록 전체적이고, 강력하고, 빠르다.

과학적이다

제대로 이해하고 제대로 실행한다면 누구나 명상의 궁극적인 핵심에 도달할 수 있다.

예외는 없는 것 ― 이것이 과학이다.

액티브 명상은 몸·마음·감정을 구분하지 않고 전체적으로 다루며, 이론이나 믿음이 아니라 전적인 체험을 통해 작용한다. 그 사람의 생명 에너지의 직접적인 변화를 만들어낸다. 곧 그 변화는 스스로도, 외부적으로 증명 가능한 에너지의 변화와 작용이다.

근원적이다

질병에 대한 명상적인 태도는 증상을 찾는 것이 아니라 근원을 찾는 것이다. 이것은 인류 역사에 있어서 의식의 궁극점에 도달한 수

많은 각자覺者들에게 전해져오는 것이다.

세상에는 많은 치유자가 있지만 그들은 어떻게 치료가 일어나는지 모르고 있다. 치료의 메커니즘을 모르고 있는 것이다. 우리가 이 이해력이 있다면 내담자의 치유를 도와 줄 뿐만 아니라 치유가 일어나는 근원을 자각하도록 도와줄 수 있다. 그렇게 해서 현재의 마음의 질환을 치유할 뿐만 아니라 미래의 질병까지도 예방할 수 있다.

내담자 뿐만 아니라 치유자 자신을 돌봐야 하는 이유

남을 치유하는 직업은 어느 누구보다도 명상적일 필요가 있다. 왜냐하면 그가 하는 일은 매우 위험하기 때문이다. 왜냐하면 심리적으로 혼란되어 있는 사람을 치유할 때, 내담자는 끊임없이 자신의 진동을 내뿜기 때문이다.

그는 끊임없이 자신의 에너지와 부정적인 파장을 내보내고 있으며 치유자는 그 에너지를 흡수하고 있다. 실제로 그의 말을 주의 깊게 들을수록 그의 에너지를 더 많이 흡수하게 된다.

모든 것은 전염성이 있다. 신경증은 전염성이 있으며 자살 충동도 전염성이 있다. 액티브 명상은 내담자와 아울러 자신을 돌보는 여러 기법들을 제공해준다. 그리하여 치유자도 내담자도 더욱 침착하고 고요한, 그러면서도 기쁨과 생기가 넘치는 명상 세계로 들어갈 수 있다.

아름답다

우리는 인간에 내재된 모든 잠재성을 받아들여야 한다. 인간은 계속 성장할 수 있지만, 올바른 방향으로 성장할 수 있도록 지도받아야 한다. 사랑과 자각이 그 중심이다. 치유사와 치유의 원천은 사랑이다.

대부분 마음의 병은―병의 70% 이상이 마음의 병이다―쉽게 치유될 수 있다. 가장 기본적인 것은 그의 존재를 바꾸려고 하는 게 아니라 있는 그대로 인정하는 것이다. 어떤 이를 부정하는 것은 그 사람의 자존심을 거스르게 된다.

부정할수록 그의 존재는 더 고집한다. 그저 그들을 공감하라. 그들을 이해하라. 사랑하라. 사랑보다 더 좋은 정신요법은 없다.

치유사가 사랑을 보여 줄 수 있다면 병은 심리 분석이 없어도 사라질 것이다. 분석은 도피일 뿐이다. 자기 자신과 남을 사랑하는 것으로부터 외면하는 길이다.

명상 속에서, 평화 속에서, 기쁨 속에서 행해지는 것은 무엇이든 약효가 있고, 건강을 나누어준다. 그것은 치유의 힘이 될 것이다. 그리고 그도 치유사도 함께 성장하고 성장하고 활짝 꽃을 피우게 될 것이다.

결

삶의 속도가 우리 내면의 풍요로움이 꽃피어날 공간을 주지 않고 있다. 그럴수록 명상을 통해 자기 중심을 찾고 행복과 풍요로움의 원천과 접속한다는 것은 대단히 중요하다. 그렇지 않다면 우리는 자신의 삶이 조각조각들을 모아놓은 느낌일 것이다.

그때 함께 있는 삶, 함께 누리는 삶 같은 건 없다. 계속되는 공허와 비참함의 연속, 자칫하면 낙오자가 되거나 파멸할지도 모른다는 무의식의 두려움과 처절함…. 삶이란 마치 실톱으로 잘게잘게 썰어

놓은 것과 같아서, 파편들일 뿐이지 통합이나 전체로서 느껴지지 않을 것이다. 그것이야말로 겉으로는 의미 있을지 모르나 나쁜, 실체가 없는 모습의 삶이다. 왜냐하면 풍요로움의 뿌리가 없을 때 인간은 누군가에게 끌리기는 해도 사랑을 할 수 없기 때문이다. 행복한 척은 할 수 있어도 인생을 선물처럼, 축제처럼 즐길 수는 없기 때문이다.

지금까지의 모든 넌센스를 날려버리자. 모든 짐을 훌훌 털고 가뿐하게 날아오르자! 약간의 이해, 약간의 지성 그리고 한 번의 결심이 필요할 뿐.(오쇼의 여러 책에서 도움을 받아 정리한 글이다. 참고문헌을 참조할 것.)

Chapter 6

공개강의 노트4
액티브 명상 안내자를 위한 가이드

1. 정화가 먼저, 그리고 명상

이 세상에는 많은 명상법들이 있다. 하지만 아무리 좋은 명상법이라도 먼저 정화, 곧 카타르시스가 이루어지지 않으면 제대로 명상의 핵심에 들어갈 수가 없다. 우리 현대인들이 더욱 그러하다. 많은 정화 기법들도 있다. 하지만 정화 작업은 강력하고 철저하게 이루어져야 한다는 것이 액티브 명상의 관점이다. 부분적인 정화를 통해서는 진정한 변화나 치유가 일어나지 않기 때문이다. 또 정화 자체만 가지고는 다시금 예전의 상태로 되돌아가고 만다. 강력한 정화는 명상으로 들어가는 다리로 사용되어야 한다. 그때 우리는 존재 자체의 질적 변화를 체험할 수 있는 것이다. 새로운 삶이 비로소 시작된다.

액티브 명상은 현대인들을 위한 강력한 정화 명상—카타르시스 기법을 이용하여 억압된 감정과 온전히 표현되지 않은 감정, 마음에 쌓인 쓰레기들을 청소하는 명상 기법들을 철저한 과학적 정신과 수많은 실험들을 통해 발전시켜 왔다. 필자는 지난 15년 동안 매년 인도를 방문해 푸나와 델리의 센터에서 그러한 프로그램들을 체험하곤 했었다.

인도 푸나는 액티브 명상을 고안해 낸 오쇼의 국제 명상 센터가 운영되는 곳으로, 명상을 배우고 경험하도록 많은 명상 프로그램과 테라피 프로그램, 예술인들의 이벤트, 수피 춤과 기공, 요가 등 다양한 문화적 명상적 체험을 할 수 있는 곳이다. 해마다 100여 개 국가에서 온 인종과 문화가 다른 사람들이 국제적인 도시를 만든다. 여행자가 들르기도 하고 몇 년을 학수고대하다 들어와 오랫동안 머물다 가는 친구들도 많다.

몇해 전 인도를 방문하기 전 푸나 오쇼 명상 리조트 멀티버시티 프로그램을 검색해보았다. 인도에 갈 적마다 지극한 사랑과 기쁨으로 나를 반겨주는 테라피 명상 그룹 리더인 쉴라(그리스인)의 프로그램을 찾았더니, 그녀가 여는 그룹과 함께 진행자(지도자) 트레이닝 코스가 11월에 있었다. 주저 없이 일정에 맞춰 비행기 표를 끊었다. 벌써 코끝에 낙창파 향과 맛살라의 향이 스멀스멀 올라온다. 푸나는 언제나 기대 이상의 무언가를 선물한다. 원하면 이루어지는 신비가 있다. 무엇을 하려는 마음을 내려놓고 이완하고 기다리면 된다. 저절로 찾아 온다. 몇 년간 그곳에서 경험한 것인데, 되는 일은 다 되고, 안 되는 일은 안 된다.

'될 일은 되고 안 될 일은 안 된다' 이 말은 언뜻 듣기엔 당연한 이치 같다. 마음이 무엇이 되었든 그것을 받아들이는 '수용'이라는 것을 경험하기 시작하면 모든 것은 되는 일이 된다. 긍정적으로 말이다. 안 되는 일도 그렇게 될 일이 되니 모든 것은 되는 일이 된다.

짧은 순간에도 똑같은 것은 없다. 늘 변화한다. 변화한다는 것을 받아들이면 늘 새롭게 태어날 수 있다. 영원해야 한다는 바램, 지속해야 한다는 바램, 욕망들을 내려놓을 수 있다면 오히려 더 많은 것들을 소유하게 된다. 순간순간 모든 것이 변화한다는 것을 깨닫게 되면, 사람에 대한 편견이나 오해들도 물거품처럼 사라진다. 모든 것이 그럴 수도 있는 일이 되기 때문에 어떤 상황에서도 있는 사실을 있는 그대로 볼 수 있는 내면의 힘이 생긴다. 그리고 과거의 잣대 없이 늘 새롭게 대상을 바라본다면 훨씬 더 많은 순수함과 다양함들을 만날 수가 있다. 명상을 통해 모든 면에서 개방성이 확장되는 만큼 우리의 삶도 풍요롭게 된다.

그렇게 해서 우리 삶을 가두고 있던 과거는 사라진다. 책을 읽다보면 아는 만큼 보인다는 걸 느낀다. 읽었던 책인데도 다시 읽다보면 와 닿는 구절이 너무 생소해서 이거 읽었던 거 맞나? 이런 생각을 할 때가 있다. 읽었던 시절이 다르고, 그때의 내가 지금의 나와 똑같지는 않다. 시시각각 변하는 것은 계절과 시간만이 아니고, 우리의 몸도 마음도 늘 그렇게 과거 속으로 흘러가고 미래를 맞이한다.

푸나에서의 기대 이상의 무언가라는 것은 아무 기대가 없을 때 더 환상적이다. 그것은 명상을 통해 얻고자 하는 기대가 있을 때는 여지없이 아무것도 일어나지 않는 것과 같다. 기대가 있을 때는 기대한 것만 성취되지만, 기대가 없다면 명상으로 만나는 모든 것들이 선물이 될 것이다. 억지로 애써서 얻어지는 것은 정말 오백 원짜리 동전만큼이나 될까? 말까?

내가 참여한 명상 그룹 테라피의 정식 명칭은 미스틱 로즈 명상 그룹 테라피이다. 웃음, 눈물, 그리고 침묵 속에 녹아들기. 21일 동안 하루에 3시간씩 7일 동안은 웃고, 하루에 3시간씩 7일 동안은 울고, 그리고 7일 동안 3시간은 조용히 침묵 속에 앉는다. 이 과정에는 3주 동안의 동적 명상이 오전, 오후 함께 진행된다. 우리 모두의 내면에 깃들어 있는 신비의 장미―명상의 이름처럼 자기 자신이 어떤 성장에 대한 열망이 있고, 지금보다 좀 더 나은 삶을 희망한다면 이 명상 안에서 많은 치유와 각성들이 일어날 것이다.

가만히 지난 시간들을 떠올려 보면, '진정 내가 원했던 삶을 살아왔는가? 진정 나의 존재가 숨쉬는 내내 기쁨에 차오르게 행위하고 생각하고 말할 수 있었는가?'하는 질문들도 떠오른다. 확실히 내겐 뚜렷한 변화가 있었다. 명상을 하면서 당당해지고 활기에 차고, 명랑해지고, 두려움이 많이 사라졌던 것이다.

삶의 순간 순간에 온전히 살지 못할 때마다, 그것은 우리 안에 잔여물을 남겨서 우리의 자연적인 능력을 차단한다. 의식 속에 남아 있는 것은 무엇이든 표현되고, 받아들여지고, 해결될 기회를 기다리고 있다. 웃지 않고 웃지 못했던 웃음과 슬프거나 고통받았을 때 소리내어 울지 않는 눈물들이 무겁게 나를 가두고 붙잡고 있었다. 오랫동안 무겁게 짐처럼 쌓여 있던 감정의 블록들, 몸의 블록들을 털어내고 나니, 침묵을 경험할 수 있게 되고, 무의식 속에 갇혀 있었던 많은 것들이 의식 속에서 놓여나고 자유롭게 흘러가며 '지금 여기'를 잘 살아갈 수 있게 해준다. 웃음과 눈물과 침묵은 가장 기본적이고 근원적인 '치유'로 말이나 토론이나 분석이 필요 없이 그들만의 일을 해낸다. 오쇼 미스틱 로즈는 그 기회를 제공한다.

내가 참여한 푸나에서의 미스틱 로즈 그룹은 27명이 참가했는데 뉴질랜드, 독일, 스위스, 일본, 태국, 독일, 이태리, 인도, 미국, 중국, 그리스, 영국, 노르웨이 등에서 온 사람들이었다. 내가 기억하지 못하는 몇 개의 나라까지 합하면, 스물 남짓한 나라의 친구들과 함께한 시간이었다. 나이 많은 할아버지부터 스무살 남짓한 아리따운 금발의 아가씨까지.

델리 센터에서는 108명이 참여했었는데 나라가 다르고 피부색이 다르고, 삶의 환경 언어가 다르지만 이 같지 않음의 아름다움, 각각의 색깔들로 자신을 표현해내는 이 다름 속에서 한 자각이 일어난다. 제각기 다른 삶 속에서 각자가 가지고 있는 삶의 패턴과 이슈들, 조건화된 마음의 무거움들을 깨고, 부숴뜨리고. 달래고, 사라지게 하는 시간이었다. 그 다름 속에서 우리는 하나의 심장을 느꼈다. 그룹 내내 말을 나누거나 하지는 않았지만 이 지구에 태어나 함께 연결된 '우리'라는 위대한 체험을 알게 되었다

'당신이 행복하니 나도 행복해요, 내가 슬프니 당신이 함께 슬퍼해주는 아름다움들을 경험합니다. 나는 당신이 누구인지 모르고 당신도 역시 그렇습니다. 하지만 알고 있어요. 나의 가슴은 내가 사랑받고 싶은 존재인 것을 그리고 당신도 사랑 속에서 살기를 원한다는 것을.'

21일 동안 여럿이 함께 한 공간에서 하는 명상 테라피이지만, 이것은 전적으로 개인적인 과정이었다. 그룹을 이끌어가는 퍼실리테이터와 어시스턴트가 있었지만 그들은 그저 우리들의 명상 공간을 안전하게 지지해 줄 뿐이었다.

자기 자신만이 자기 자신의 내면에서의 일어남을 지켜보고, 그것이 머물고, 사라지는 것을 지켜본다. 그렇게 여러 날들이 지나갔다. 새벽별을 보고 집을 나서서, 밤하늘의 환한 달빛이 커졌다 작아지는 것을 보며 지나가는 날만큼 차오르는 환희심이 가슴 가득했다.

2. 액티브 명상 안내자를 위한 가이드

　인간에게 있어서 가장 궁극적인 문제는 첫 번째는 생이요 마지막은 죽음일 것이다. 한 인간의 삶 안에는 태어남 뿐 아니라 죽음도 함께 포함되어 있다. 태어나면 누구라도 죽는다. 이것은 과거나 현재 미래에도 인간의 가장 거대한 숙제일 것이다. 어떤 것도 태어남과 삶 그리고 죽음에 대한 진리에서 벗어날 수 없고 피할 수도 없다. 오쇼는 현대의 깨달은 성인 중의 한 분으로 현대인들을 위한 명상법들을 고안해냈다. 오쇼 액티브 명상의 방편은 명상의 과학성을 입증하고 있다.

　인간은 다양한 선천적 기질, 체질 성향을 지니고 있다. 다양한 인간의 유형에 맞게끔 112가지 명상 방편을 활용한다. 액티브 명상의 가장 대표적인 동적 명상으로 매일 아침 일찍 시행하는 오쇼 다이나믹 명상과 하루 일과를 마친 오후 시간에 하루의 스트레스와 피로를 풀어주고 에너지를 재충전 받는 오쇼 쿤달리니 명상을 포함하여 모든 방편들은 심오한 앎에 기초하고 있으며, 인간의 몸과 마음을 깊이 연구한 결과이다. 모든 명상 방편은 오랫동안 실험을 거쳐 완성된 것이다.

　명상법을 행하기 전에 참가자들이 명상에 대한 충분한 이해를 갖도록 하는 것이 중요하다. 만일 그 명상법에 대해 정확히 이해하지 못하고 명상에 임한다면 그 시간 내내 마음에서 일렁이는 혼란을 느끼거나 다른 생각들로 시간을 낭비하게 된다. 어떻게 된 것인지 잘 모르겠다면 차라리 행하지 않는 것이 더 낫다. 모든 방편은 당신 안에 혁명을 일으키기 위해 고안된 것이다. 먼저 행하고자 하는 명상법에 대해 철저하고 올바르게 이해하고 그런 다음 명상에 참여한다.

명상법을 행할 때는 열린 마음으로 마치 어린아이가 새로운 놀이를 하듯이 즐기고, 심각해지지 않는다. 자신에게 맞는 올바른 방편이라면 즉각 효과가 나타나기 시작한다. 명상의 효과는 몸의 건강, 마음의 평화, 감정들을 올바르게 표현하는 것, 타인에 대한 친밀감, 나눔과 공감, 이해 등, 수 없이 많다.

명상 방편들을 통해 자신에 대해 갖고 있던 나라고 생각하는 조건화들, 몸에 대한 동일시, 마음에 대한 동일시, 감정에 대한 동일시 등이 떨어져 나간다. 그리고 모든 것은 변하고 공하다는 진리를 경험하는 더 깊은 명상에 들어가면 그동안에 행했던 방편들을 내려놓고 존재하고 지켜보고 각성한 자체 의식의 각성이 점점 더 순수한 단계로 올라가다가 완전히 순수해지는 순간이 올 것이다. 보고 듣고 느끼는 모든 것이 이것이다 저것이다 하던 이원성이 사라지고 사족을 다는 해석들이 사라지고 무엇이든 있는 그대로 봄으로 평화로움으로 매 순간 지낼수 있게 된다.

오쇼 액티브 명상 방편의 전체적인 포인트

오쇼 명상 기법의 전체적인 포인트는 이것이다—라고 오쇼는 말한다.

"당신 전체가 흔들고 점프해야만 한다, 당신 전체가 춤을 추고 움직여야 한다."

그대가 단순히 눈을 감고 앉아 있다면 단지 머리만이 명상에 참여하고 있는 것이다. 그대는 계속해서 머리 속으로 들어갈 수 있다. 단지 눈을 감거나 만트라를 반복하면서 몇 년 동안 계속해서 함께 앉아 있는 사람들이 많이 있다.

하지만 독경이 머릿속으로 들어가는데 당신의 전체성은 누락되어 있다. 그리고 당신의 전체성은 존재계에 연루되어 있는 것이다.

당신의 머리는 당신의 간이나 신장이나 발과 마찬가지로 그만큼만 신성한 것이다. 당신은 전체적으로 그 안에 존재하고 있지만 머리만으로는 이것을 깨달을 수 없는 것이다.

강렬하게 행위하는 것은 무엇이나 도움이 될 수 있다. 소극적으로 하는 것은 그저 마음속을 어슬렁거리기나 할 수 있을 뿐이다.

오쇼 명상은 무엇을 하는가 보다 어떻게 하는가에 더 요점을 둔다. 우리는 사회에서 수많은 역할을 갖고 있으며 그중 어떤 역할에 대해서는 수치심이나 열등감에 쌓여 있다. 좋고 나쁜 것으로 판단하고 있는 한 우리의 고통은 계속될 것이다. 혹은 우월감이나 자만심 등도 부정적인 그림자가 반드시 함께 하므로 똑같이 순수하지 않다. 있는 그대로 보기, 판단하지 않기 등 다양한 명상 방편들을 통해 우리는 내면의 많은 것들을 경험하고 탐험할 것이다. 그 경험에는 좋고 나쁜 것이 없다. 다만 자신의 상태를 더 잘 이해하고 알면 그뿐.

명상을 시작하기 전에 당신이 그것을 이해하고 있는지 전적으로 각성할 것.

명상에서처럼 삶에서도 무엇을 하든 매 순간 온전히 100% 할 것.

명상은 112가지 방편으로 다르지만, 그 안의 핵심적인 요소는 아래 3가지이다.

이완(relaxation)

주시(watchfulness)

판단하지 않는 자세(a nonjudgmental attitude)

3. 명상 초심자를 위한 실전 제안

1. 편안하고 안정된 명상 공간 확보하기

명상법을 시도할 때에는 전화 코드를 빼 놓으세요. 휴대폰을 무음으로 해 놓으시고 멀리 두세요. 그리고 만약 함께 공간에 머물고 있는 분이 계시다면 문에는 '명상 중이니 한 시간 동안 아무도 노크하지 마시오'라고 쪽지를 써 놓으세요. 명상을 하는 공간에서는 할 것도 해야 할 것도 없습니다. 그저 당신 자신과 그 공간에 머무세요.

2. 명상하기에 적합한 장소

명상은 자연 속에서 하면 좋습니다. 새소리, 계곡의 물소리, 바람이 산들산들 부는 공간. 그러나 도시 현대인들은 그런 장소를 마련하기가 쉽지 않죠. 편안하고 안락한 공간, 명상이 방해 받지 않는 공간을 위해 집에서라면 방 하나를 명상 방으로 만드세요.

짧은 시간이라도 매일 명상하는 습관을 가지세요. 명상 방석을 마련하고 자리가 바뀌지 않고 같은 자리에서 하시면 좋습니다. 명상 시작 전에 아로마나 향을 은은하게 피워 두셔도 좋습니다.

3. 명상을 할 때는 편안한 자세를 취하라

편안함이란 무엇일까요? 명상 시작 전에 호흡을 깊게 들이쉬고 내쉬면서 몸을 이완하세요. 명상 중에 불편한 몸이 느껴진다면 천천히 의식적으로 움직임을 알아차리면서 편안한 자세를 취하도록 합니다. 몸이 불편하면 마음도 불편해지고 긴장이 생겨서 깊은 명상 상태를 경험하기 어렵습니다.

호흡을 깊이 들이 쉬고 내쉬며 몸이 편안해 짐을 느껴봅니다. 억지로 참지 않습니다.

4. 오쇼 액티브 명상 정화요법(카타르시스)으로 시작하라

정적인 명상 방편으로 시작하면 내면에 많은 동요를 느끼게 됩니다. 그냥 앉으려고 하면 할수록 움직이고 싶은 마음이 일어납니다.

무턱대고 좌정(坐定)하려고 애쓰면 마음이 계속해서 미친 듯이 일어나기 시작합니다. 때때로 내면에서 좌정하면 엄청난 광기가 들끓고 있음을 느끼게 됩니다. 내면의 쌓아진 이 모든 광기를 조금씩 점차적으로 알아가는 것이 좋습니다. 액티브 명상은 내면의 광기, 억압되었거나 회피로 깊이 깊이 감춰두었던 미칠 것 같은 모든 것들을 명상 공간 안에서 허용합니다.

미친 듯이 춤추면 그 반대의 일이 내면에 일어납니다. 광기 어린 춤에 의해 내면의 침묵 공간을 자각하기 시작합니다. 무언가를 전적으로 몰입할 때 어느덧 행위가 사라지고 그것을 알아차리고 자각하는 의식이 있습니다.

미친 듯이 혼란스러운 춤, 울부짖음, 격렬하고 혼란된 호흡을 통해 광기를 허용합니다. 그러면 주변의 광기와는 대조적으로 절대적인 정적을 느낄수 있습니다. 중심에는 내적 침묵이 감돌게 됩니다.

활동적이고 능동적인 것, 활기차고 움직임이 있는 것으로 시작하는게 더 좋습니다. 그러면 내면의 고요함이 성장하는 것을 느끼게 될 것입니다. 그리고 그 고요함이 성장할수록 좌법(坐法)이나 와법(臥法)을 행할 가능성이 더 많아질 것이며, 정적인 명상의 가능성이 더 높아질 것입니다. 즉 정화(淨化, catharsis)의 효과가 나타납니다.

5. 즐겁게 하라

명상을 심각하게 받아들이지 마세요. 명상은 유희이며 놀이입니다. 오쇼 명상은 늘 명상 시작 전에 즐기라(Enjoy)는 말을 씁니다. 매 순간을 즐겁게 수용적인 태도로 받아들일 때 명상도 치유도 일어납니다.

자신을 알아가는 엄청난 기쁨을 즐기시기 바랍니다.

6. 서두르지 말고 인내하라

서두르지 마세요. 서두르기 때문에 오히려 늦어지는 일이 많습니다. 명상이든지 생활 속에서 일어나는 일이든지 조금 더 기다리세요. 명상은 기다림 심각하지 않은 기다림입니다. 때때로 명상을 통한 신비체험들을 이야기하곤 합니다. 무엇이 일어나든지 체험이 중요한 것이 아니고 그 체험을 알아차리는 것, 그것이 명상입니다. 체험은 늘 변화하고 우리의 상태도 늘 변화합니다.

7. 결과를 염두에 두지 말라

마음은 언제나 결과를 중요시합니다. 마음은 결코 행위 그 자체에 관심을 두지 않고 오로지 결과를 중요하게 여길 뿐입니다. 마음은 언제나 '내가 그것을 통해 무엇을 얻을 것인가?'라고 묻습니다. 그리고 아무런 행위도 거치지 않고 결과를 얻을 수만 있다면 마음은 항상 지름길을 선택할 것입니다.

명상은 목적을 지향하지 않습니다. 과정 안에서 우리가 늘 존재하던 그대로를 배우는 것입니다.

8. 깨어 있지 못함을 편하게 받아들인다

명상 중에 졸음을 경험하거나 잠에 빠질 수도 있습니다. 잘못된 것은 없습니다. 피곤하거나 혹은 명상 중에 이완이 잘 되면 졸리울 수 있어요. 괜찮습니다.

바쁘게 갈 필요가 없어요. 자연스럽게 깨어 있지 못함을 받아드리고 다시 깨어 있음을 향해 가면 됩니다.

9. 명상의 경험이 나는 아니다.

가장 명심해야 할 중요한 사실입니다. 그것은 내면의 여행에서 어떤 경험과 만나든 간에 그대는 그 경험이 아니라는 사실입니다. 경험을 주시하는 자, 알아차림을 아는 것, 그것이 핵심입니다. 명상 중에는 좋은 경험 나쁜 경험이 없습니다.

좋다고 하는 경험을 붙잡게 되면 다음에 그런 경험들을 다시 기다리며 명상을 하게 됩니다. 그 경험은 다시 오지 않습니다. 모든 것을 처음 해보는 것처럼 편안하게 경쾌한 성실함으로 명상에 임하세요.

Chapter 7

공개강의노트 5
오쇼 명상, 이것이 궁금해요! Q&A

Q1. 오쇼 명상은 종교인가요? 우상화되거나 종교적인 색채가 강하지 않나요?

A. 아니에요. 오쇼 명상은 종교가 아닙니다.

오쇼는 '구루'를 자처하지 않았고, 자신을 따르라고도 말하지 않았습니다. 오히려 각자가 자기 내면을 통해 '참나'를 발견하길 바랐던 철저히 개인적인 영적 안내자였습니다.

오쇼 명상은 특정 신념 체계나 우상을 믿도록 강요하지 않습니다. 제가 15년 동안 명상 안내를 해온 결과, 이 명상의 핵심은 한마디로 요약됩니다: '자기 자신을 알아차리는 훈련'입니다. 내면을 정화하고, 억압된 감정을 표현하고, 결국엔 고요와 평화 속에 머무는 것. 오쇼 명상은 그저 그 여정을 돕는 도구일 뿐입니다.

Q2. 기존 명상과 뭐가 다른가요? 왜 '액티브 명상'인가요?

A. 현대인에게 꼭 맞춘 '움직이는 명상'이기 때문입니다. 전통적인 명상법은 주로 조용히 앉아서 하는 정적인 방법이죠. 하지만 지금 우리는 스마트폰, 빠른 일상, 과잉 정보에 노출된 시대를 살고 있어요. 이런 고속의 삶에는 정적인 명상만으로는 마음이 진정되지 않습니다. 그래서 오쇼는 신체를 움직이며 감정을 표현하고 에너지를 방출할 수 있는 '액티브 명상'을 창안했습니다. 예를 들어, 다이나믹 명

상에서는 울부짖고, 소리치고, 뛸 수도 있어요. 그렇게 격렬한 움직임을 통해 에너지를 해소하고 나면, 어느새 고요한 침묵이 찾아옵니다. 움직임을 통해 명상에 들어가는 혁신적 방식, 그것이 오쇼 명상의 특별함입니다.

Q3. 과학적인 명상인가요? 실제로 삶에 도움이 되나요?

A. 네, 매우 과학적이며 삶에 실제로 큰 도움이 됩니다. 오쇼 명상은 인간의 심리 구조와 에너지 흐름을 바탕으로 설계된 체계적인 명상법이에요. 감정 정화(카타르시스), 주의력 강화, 내면 관조, 이완···. 이 모든 단계를 유기적으로 통합해 자기 회복력을 극대화합니다. 실제 명상 참가자들의 피드백은 이렇게 말합니다:

- 생각이 줄어들고 잠이 잘 와요.
- 불안이 줄고, 몸이 가벼워졌어요.
- 일상 속 화와 스트레스를 잘 다루게 되었어요.

심지어 우울증, 불면, 분노, 자존감 문제 등 심리적 이슈에도 명상은 깊은 회복의 열쇠가 되어줍니다.

Q4. 오쇼 명상은 누구에게나 가능한가요? 연령이나 성격에 따라 어려움은 없을까요?

A. **누구나 할 수 있습니다.** 단, '열려 있는 마음'만 있다면요. 어떤 명상은 너무 어렵게 느껴질 수 있지만, 오쇼 명상은 오히려 초심자에게 더 적합한 명상입니다. 자유롭게 움직이고, 내 방식대로 표현하며, 판단 없이 나를 바라보는 시간. 나이, 성격, 배경 상관없이 누구나 자신만의 속도로 참여할 수 있습니다. 지금 이 순간 당신의 호기

심, 그리고 내면을 향한 작은 열망이 있다면, 그것으로 충분합니다.

Q5. 지금 바로 시작해보고 싶은데, 어떻게 하면 될까요?

A. 걱정하지 마세요. 당신을 위한 안내가 준비되어 있습니다. 서울 마포에 위치한 현대 액티브힐링 명상센터에서는 매주 정기적인 명상 수업, 매달 정화 캠프, 그리고 오쇼 명상 지도자 과정까지 다양한 프로그램을 운영하고 있어요. 자세한 안내와 실시간 소식은 공식 인스타그램과, 홈페이지, 유튜브 채널에서 확인해보세요!

홈페이지 검색 : https://www.wemeditator.com/

인스타 검색 : https://www.instagram.com/lifeandzen/#

유튜브 검색: 오쇼 명상센터 - 현대 액티브힐링 명상센터

언제든 문의 주셔도 좋아요. 두려워 말고, 먼저 발을 내딛는 것이 시작입니다. 당신의 삶이 숙제가 아닌 축제가 되기를 바랍니다.

With Love, 마 다야 사난다

Chapter 8

공개강의 노트6
실전 치유. 생활 속 명상 응용편

1. 암 환우를 위한 명상 안내 노트

1. 병을 마주하는 태도, 삶을 바꾸는 시작

시중에는 암에 관한 정보와 지식들이 넘쳐나지만, 진정한 치유는 '실천'에서 시작됩니다. 건강에 대한 인식, 습관을 돌아보는 마음, 삶을 대하는 태도를 변화시키는 그 작고도 꾸준한 실천이야말로 명상의 시작이자 치유의 길입니다.

최근 명상 프로그램에 참여한 한 여성 암 환우는 오랫동안 자신의 몸이 보내는 신호를 무시하고 참아온 것에 대해 눈물을 흘리셨습니다. 통증을 참고, 피로를 참고, 이상 신호를 지나치며 살았던 지난날들. 후회와 자책도 있었지만, 함께 한 명상을 통해 이만하니 얼마나 다행인지 모르겠다며 감사의 눈물을 흘리셨습니다.

몸은 매 순간 우리에게 신호를 보냅니다. 아픔도, 피로감과 긴장도 우리를 향한 작은 목소리입니다. 그 신호들을 억누르거나 부정하지 말고, 있는 그대로 인정하고 들여다보는 시간, 그게 바로 치유의 첫 걸음입니다.

2. 몸의 지혜에 귀 기울이며 실천하기

우리의 몸은 낮에도, 밤에도 끊임없이 봉사합니다. 늦은 식사 후에도 쉬지 않고 소화하고, 휴식을 원할 때 신호를 보내며, 기운이 부족할 땐 피로라는 언어로 말합니다. 그 몸의 지혜를 믿고 따르세요.
- 순간순간 몸과 마음의 상태를 '알아차리는' 연습을 하세요.
- '이건 아닌데' 하는 직관이 들릴 땐, 억지로 하지 말고 놓아보세요.
- 걱정과 두려움이 올라오면, 그 생각에 휘말리기보다 깊은 숨을 들이쉬고 다시 '지금 여기'로 돌아오세요.
- 햇살 아래에서 걷고, 신선한 공기를 마시며, 자신만의 고요한 시간을 가지세요.

3. 면역력과 마음의 상태는 연결되어 있다

건강의 중요한 열쇠는 마음입니다. 불안, 후회, 미움, 자책은 면역력을 떨어뜨리고 몸의 자연 치유력을 막습니다. 가장 큰 치유는 긍정적 감정과 사랑, 수용입니다.

환우들과의 상담 중, 어떤 분은 밤이면 다리와 발이 시려 잠을 잘 수 없다고 토로하셨습니다. 그분에게는 족욕, 걷기 명상, 음악에 맞춰 몸을 움직이는 액티브 명상을 추천드렸습니다. 또 어떤 분은 가족과의 관계 속 분노와 외로움을 털어놓으셨습니다. 마음속 깊은 감정을 안전하게 드러내고, 그 안에서 스스로를 보듬는 것 역시 깊은 치유의 시작이 됩니다.

4. 암과 함께하는 일상 속에서 실천하는 명상

- 아침 햇살을 맞으며 가볍게 숨을 들이쉬고 내쉬세요.
- 힘든 생각이 올라오면 '아, 내가 또 이 생각을 하고 있구나' 하고 조용히 내려놓으세요.

- 집 안에서도 음악을 틀고, 흥얼거리며 가볍게 몸을 움직여보세요.
- 자신의 삶에 '이래도 좋고, 저래도 좋아'라는 여유의 공간을 주세요.
- 굳어진 습관, 과도한 긴장, 지나친 통제의 욕구를 잠시 놓아보세요.
- 많이 웃고, 사소한 기쁨에 감탄하세요.

5. 삶을 축제로 기억하기

몸과 마음은 함께 움직입니다. 단단하고 건강한 치유는 몸과 마음이 하나 되는 순간, 지금 여기에서 시작됩니다. 당신은 이미 충분합니다. 당신의 몸도, 마음도, 삶도 치유받을 자격이 있습니다.

매 순간 감사하고, 매 순간 알아차리고, 매 순간 사랑하세요. 그것이 명상이고, 그것이 치유입니다.

-러브, 사난다

2. 가족 명상과 공동체 치유

함께하는 명상이 가족의 언어를 바꿉니다.

현대의 가족은 함께 살아도 마음은 멀어질 수 있습니다. 오랜 습관과 조건화된 방식으로 인해 감정이 억눌리고, 진심은 표현되지 못한 채 누적되곤 합니다.

액티브 명상은 가족 구성원이 각자의 감정과 마음을 알아차리고, 새로운 방식으로 서로를 바라보는 실질적 통로를 열어줍니다. 이 글은 명상을 통해 가족 내 깊은 이해와 사랑을 회복하는 경험을 담고 있습니다.

가족이 함께 하는 액티브 명상
-일상의 갈등을 치유의 장으로 바꾸는 깊은 연결

명상이란 무엇일까요? 명상이란 자기 자신에 대한 '알아차림'입니다. 몸, 마음, 감정, 의식에서 일어나는 모든 것을 있는 그대로 바라보는 것입니다.

예를 들어, 몸의 감각은 우리가 가장 쉽게 접근할 수 있는 알아차림의 통로입니다. 보고, 듣고, 냄새 맡고, 맛보고, 만지는 그 모든 순간—감각을 따라가다 보면, 우리는 우리 안에서 일어나는 수많은 생각과 반응들을 만나게 됩니다. 이때 중요한 것은 판단하지 않고 그저 있는 그대로 바라보는 태도입니다.

가정에서는 어떨까요? 엄마의 말이 잔소리처럼 들릴 때, 아내가 쉬고 싶은데도 눈치보며 설거지를 할 때, 서로의 입장과 감정이 엇갈리며 상처를 주고받는 일이 빈번합니다. 이는 우리가 각자 '조건화된 마음'에 따라 반응하기 때문입니다.

가족 명상은 어떻게 진행될까요? 가족이 함께 참여하는 액티브 명상은 서로를 더 깊이 이해하고 공감하며, 진심에서 우러난 사랑을 다시 발견하도록 도와줍니다. 말로 설명하지 못했던 감정들을 명상을 통해 표현하고, 눈을 맞추며 마음을 전하며, 따뜻한 에너지로 가정을 다시 연결합니다.

사랑이 흐르는 가족, 건강한 관계, 서로를 있는 그대로 바라보는 연습은 결코 거창한 것이 아닙니다. 소소한 감정과 작은 갈등의 순간에도 알아차림이 깃든다면, 그곳은 곧 명상의 장이 됩니다.

가족이 함께 하는 명상은 다음과 같은 효과를 줍니다:

- 서로의 다름을 수용하고 경청하는 능력
- 감정을 억누르지 않고 건강하게 표현하는 힘
- 미움에서 사랑으로, 상처에서 이해로의 전환
- 부부·부자·모녀 등 다양한 관계 치유

현대 액티브힐링 명상센터에서는 가족 단위의 맞춤형 명상 상담도 진행하고 있습니다. 함께 웃고, 울고, 침묵하며, 따뜻한 마음으로 다시 연결되길 바라는 이들에게 열려 있습니다.

3. 아이들과 함께하는 명상, 놀이의 변형력
몰입과 알아차림, 아이에게도 가능합니다

아이들은 생각보다 더 빠르게 몸과 마음의 신호를 받아들입니다. 하지만 너무 이른 경쟁과 조건화된 교육 환경은 그 감각을 차단해 버리기도 합니다. 명상이 교육과 놀이로 만나면 아이는 스스로의 감정을 건강하게 바라보고 표현할 수 있는 힘을 얻습니다. 이 글은 초등학교 현장에서 실행된 어린이 명상 수업의 실례로, '놀이 속 알아차림'이라는 명상의 본질을 전합니다.

초등학생을 위한 놀이 명상
— 아이들의 웃음 속에서 피어나는 몰입과 알아차림

얼마 전, 강원도의 한 초등학교 연구부장 선생님께서 교사 대상 명상 힐링 프로그램에 참여하셨습니다. 그 인연으로, 해당 학교의 전문 상담교사와 함께 어린이 놀이 명상 프로그램을 기획하게 되었습니다.

해당 학교는 전교생이 30여 명밖에 되지 않는 산간 지역 소규모 학교였고, 선생님은 "아이들이 다양한 문화적·예술적 경험을 갖기 어렵다"며, 친구들과 사이좋게 지내고 감정을 건강하게 표현할 수 있는 기회를 만들어주고 싶다는 바람을 전하셨습니다.

수업 운영 방식

전교생은 저학년 16명으로 나뉘어 6회기 프로그램을 각 그룹별로 120분씩 진행했습니다. 예산과 시간의 제약이 있었지만, 명상 스태프들과 회의한 끝에 다음과 같은 핵심 목표를 세웠습니다.

- 아이들이 학년별로 배워야 할 핵심 감정과 인성을 놀이로 체득할 것
- 즐거운 활동 속에서 자신의 감정을 표현하고 알아차리는 경험 제공
- 명상을 부담 없이 접할 수 있도록 감각 중심의 도구와 활동 활용

프로그램 구성

명상 활동에는 다음과 같은 도구들을 활용했습니다:

- 연극, 그림, 영화 클립 보기
- 요가, 만다라 그리기, 긍정 언어 카드 쓰기
- 싱잉볼 연주(명상 악기 체험)

아이들은 매 회기마다 박수와 웃음으로 참여해주었고, 몰입의 순간들 속에서 진정한 놀이가 명상이 되는 경험을 자연스럽게 할 수 있었습니다. 이른 아침 서울에서 강원도 영월까지 왕복 4시간의 운전이었지만, 돌아오는 길은 언제나 가볍고 행복했습니다.

왜 아이들에게 놀이 명상이 필요할까?

현대의 아이들은 어른들과 마찬가지로 끊임없이 무언가를 해야만

하는 환경에 놓여 있습니다. 스트레스를 받는 부모의 사고방식은 고스란히 아이들에게도 전해지며, 행복하지 않은 교사나 부모와 함께하는 아이들의 정서 역시 점차 메말라갑니다.

그렇기에 지금, 아이들에게 필요한 것은 '쉬는 시간'이 아니라 '자신을 만나는 시간'입니다.

놀이 명상은 아이들에게 이렇게 묻습니다.

- 무엇이 너를 기쁘게 하니?
- 너는 지금 무엇이 하고 싶니?
- 이걸 하면서 걱정되거나 미안한 마음이 들지 않니?

그렇게 아이는 자기 안의 감정을 알아차리고, 몰입의 순간 속에서 자유롭게 웃고 움직이며, 명상을 경험하게 됩니다.

올해 하반기에도 아이들과의 만남이 예정되어 있어 무척 설렙니다. 그 아이들의 웃음 속에서, 나 또한 다시 명상을 배웁니다.

4. 오쇼 액티브 명상 짧은 명상 실천 가이드

이곳에서 언급된 짧은 액티브 명상은 일상생활 속에서 잠깐의 시간으로도 쉼을 줄 수 있는 명상들이다. 특히 몸과 감정을 정화하며 에너지의 흐름을 되찾도록 설계된 이 명상들은 '앉아서 생각을 비우기' 어려운 현대적 삶의 리듬에 적합하다.

아래는 실천 가능한 대표적인 짧은 액티브 명상 세 가지에 대한 간단한 안내이다.

1. 웃음 명상 (Laughing Meditation)
일상에서 소소한 일에서도 웃음을 찾을 수 있도록 돕는 명상.
- 소요 시간: 20분 (웃음 10분 + 이완 10분).
- 장소: 햇빛이 드는 조용한 공간, 산책로, 실내외 등 자유롭게.
- 방법:

1. 편한 복장으로 앉거나 서서 이유 없이 웃는다.
2. 웃음이 안 나오더라도 웃는 척이라도 한다.
3. 온몸이 웃는다고 상상하고 모든 것이 웃음거리라고 상상한다.
4. 10분간 열정적으로 웃고, 10분간 조용히 앉거나 눕는다.

효과: 억눌린 감정 정화, 활력 회복, 내면의 가벼움 회복.

2. 생각에서 느낌으로 호흡 명상

복잡하고 많은 생각을 하는 머리에서 가슴으로 느끼며 살기.

- 소요 시간: 5분(이 명상은 언제든 생각날 때마다 할 수 있다).
- 방법:

1. 숨을 깊이 쉰다. 언제 하든지 적어도 5번은 할 것.

2. 숨을 가슴에 채우고 생명력, 자연, 기쁨 모든 것이 가슴 깊이 들어온다고 느낀다.

3. 숨을 내쉴 때 이 모든 것을 다시 우주로, 존재계로 쏟아 붓는다고 느낀다.

- 효과: 생각이 많은 사람들에게 평안과 안정감을 주며, 생각이 아닌 진짜 감각을 느끼며 살 수 있게 돕는 명상.

3. 춤 명상 (Dance Meditation)

- 소요 시간: 30~60분.
- 장소: 음악이 흐를 수 있는 실내 또는 바깥 자연 공간.
- 방법:

1. 좋아하는 음악이나 오쇼 음악을 틀고, 몸을 마음껏 자유롭게 움직인다.

2. 춤의 형태나 규칙은 없다. 몸이 이끄는 대로 따라간다.

3. 어느 순간 생각이 사라지고, 감정이 흐르고, 눈물이 흐를 수도 있다.

4. 마지막엔 잠시 멈추어, 내면의 여운과 침묵을 느낀다.

- 효과: 생명력 회복, 감정 해방, 자발성과 자유의 확장.

※ **실천 팁:**

● 정해진 방식대로 하지 못한다고 해서 그 명상이 자기에게 맞지 않는 것은 아니다. 중요한 건 '지금 이 순간'에 머무는 것이다.

● 처음엔 어색할 수 있다. 하지만 반복할수록 몸과 마음이 스스로의 리듬을 되찾게 된다.

● 명상은 잘하려는 것이 아니라, 그냥 '하는 것'이다.

매일의 명상이 아니어도 괜찮다. 단 하루라도, 한 번이라도, 몸과 감정을 정화하는 이 시간을 선물하자. 당신의 삶이, 울고 웃고 침묵하는 그 순간부터 다시 열릴 것이다.

Chapter 9

액티브 명상 체험자들의 나눔 후기

명상을 안내하며 만난 분들은 한결같이 따뜻하고 착하다. 세상에 태어나 처음으로 만나는 사회인 가정에서 어떤 부모, 어떤 형제를 만나는가에 따라 그들이 경험하는 세상이 각기 다르다. 쌍둥이로 태어나 늘 같은 공간에서 생활해도 엄마의 무신경한 말 한마디에 느끼는 생각이나 상처들이 각기 다르고, 이렇게 내면에 쌓인 수많은 부정성들은 인생을 살아가는데 많은 왜곡을 가지고 온다.
　한 내담자는 학교 교사였는데 우울증약을 오래 복용해왔다. 어머니가 늘 기대하는 딸이 되기 위해서 살아왔다는 것을 명상을 통해 이해하게 되면서 자발적으로 살아볼 수 있겠다는 힘을 갖게 되었다. 천주교 신자였던 어머니는 늘 순종적이고 순응하던 딸이 말을 듣지 않으니 어머니 역시 괴로워져서 센터로 나를 만나러 오셨다. 어머니는 한 시간 가량 상담을 받으시고 고개를 끄덕이시고 눈물을 흘리시곤 했다. 머리로 이해는 하겠고, 자신의 그런 모습들이 딸에게 힘들었을 것이라고 자각하면서도 계속해서 자신이 그럴 수밖에 없었던 상황들을 설명했다. 자신이 경험한 세계를 자식에게 강요하는 부모는 자식이 자신보다 더 넓게 확장 될 수 있다는 것을 잘 모른다.
　불안이나 강박이 많은 부모를 가진 자식은 고스란히 그것들을 물려받게 되는데, 이것이 하나의 까르마가 된다. 이런 오래된 습관은 뿌리 깊게 대대손손 이어 내려올 수 있는데, 하나의 자각, 날카롭게 자각하고 깨어 있을 때라야만이 멈춰질 수 있다. 이 20대 후반의 내담자는 세션을 마치고 예쁜 감사 편지를 보내곤 했다.

사랑하는 사난다님~
잘 주무셨나요? 오늘 아침에 눈을 뜨니 명상센터가 아니라 집이라는 사실이 믿기지 않아요! ㅎㅎ 선생님 덕분에 액티브 명상 처음 하게 되고 몰입할 수 있었어요. 정말 감사드려요. 저같이 부족한 사람이 무슨 좋은 일을 많이 했길래 선생님처럼 훌륭한 분을 만났을까요.
이렇게 행복해도 되나 싶을 정도로 정말 감사한 시간이었습니다. 저는 앞으로도 계속 수련을 꾸준히 이어가면 좋겠습니다.
부족하고 아픈 저의 모습까지도 괜찮다고 해주시고 사랑으로 보듬어주셔서 감사합니다. 선생님은 완전 사랑이세요.

오쇼 명상 심층과정 및 안내자 코스를 마치고 한 참가자가 보낸 짧은 글을 공유한다.

저는 오랜 기간 우울증을 앓았는데 뭘 해도 잠깐만 좋아질 뿐 나아지지 않아 지푸라기라도 잡는 심정으로 이 코스를 신청하였습니다.
4일 동안 명상 지도법과 이론을 함께 배우며 이 시간에 온전히 몰입했습니다. 이 과정을 보내며 '제 머릿속에 여러 가지 생각들이 많다는 걸' 깨달았습니다. 그리고 그 생각들을 흘려보내는 법도 배웠습니다. 가르쳐주신 것이 실천이 잘 안 돼서 선생님께 물어볼 때마다 친절하게 답변해주셨습니다. 이렇게 지속적으로 '내가 무엇을 생각하는지 인지하고 흘려보내는' 연습을 하였습니다.

머리가 맑아지니 보이지 않던 나의 모습, 주변, 나의 사람들이 보였습니다. 다들 '~를 하고 싶고, ~를 낫고 싶어서' 명상을 시작합니다. 저도 마찬가지였구요. 그런데 이 과정을 하다보면 그게 전부가 아니었구나 하는 생각이 들게 되는 것 같습니다. 명상을 통해 해결하고 싶었던 것은 더 이상 문제로 다가오지 않습니다.

짧지만 긴 4일 코스를 통해 저는 명상에 한발짝 발을 내딛게 되서 참 행복하고 감사합니다. 많은 분들이 일상의 힘듦과 어려움이 있지만 자신을 들여다볼 시간과 용기를 가지셨으면 좋겠습니다.

이 글을 읽는 분들도 앞으로 그 여정을 함께하시길 고대합니다.

30대 후반의 이 내담자는 사회에서 인정받고 성공한 직장인이다. 아버지 사망 이후 큰 아픔을 겪고 어머니에게 많은 의지를 하고 살았는데, 밖의 생활과는 다르게 가정 안에서는 존중 없는 말들에 상처를 많이 받았다며 찾아왔다. 명상 상담은 스스로 자기 자신을 보도록 만드는 과정이다.

자기 자신에 대해 잘 안다고 생각하지만, 우리의 하나의 행동이나 의지들이 어떤 무의식에서 나오고 가로막히는지 잘 모른다.

집착이나 욕망, 자기 자신을 세우려는 에고와 쓰레기더미처럼 쌓아둔 수많은 경험들로 있는 그대로 보는 눈과 있는 그대로 듣는 귀가 막혔다. 늘 가슴은 답답하고 생기가 떨어진다.

우리는 자신이 이 우주 속에서 얼마나 기막히고 소중한 존재인지 잊고 지낸다. 그런 것들을 발견하도록 돕는 것—그것이 명상이다.

그것은 누가 줄 수 있는 것이 아니고, 누가 빼앗아 갈 수 있는 것도 아니다. 원래 있는 것이나 너무 자신과 멀리 떨어져버려서 알지 못한다.

새로운 인식을 새로운 이해를 그리고… 잠시 침묵. 평화와 안정, 기쁨과 감사가 찾아온다.

살면서 항상 입을 꼭 다물고 참고 참고 참는 게 습관이 된 것 같다던 이 30대 후반의 내담자는 세션 중 엄청난 분노와 슬픔을 풀어 놓았다. 그날 그는 집에 돌아가서 이런 문자를 보내왔다.

"이번에 진짜 뿌리를 뽑고 싶어요. 여기서 진짜 좀 자유롭고 싶어요 그 끝이 언제일지 모르겠지만…. 해볼께요. 또 흔들리고 자꾸 원래대로 가려할때마다 좀 도와주세요.
지금은 너무 고통스럽지만 이거 끝낼 수 있으면 다 해보고 싶어요. 이 힘든 여정에 방향을 보여주셔서 감사합니다."

추석날 내내 힘께 명상하고 포트락 식사를 마친 후 집에 도착했는데 이런 문자 메지시가 왔다,

"원장님ㅎ 처음으로 혼자 보내는 명절인데 덕분에 맛난 전도 먹고ㅎ. 감사하단 생각이 들어서 살포시 톡 남겨봅니다. 오늘도 집에 오며 이런저런 생각이 많이 들었어요ㅎ 저로 온전히 태어나는 날까지 홧팅해볼께요~! 남은 명절 잘 보내셔요~♡"

명상으로 내면을 본다는 것은 자신을 만나는 일이다. 자신을 만나

는 길은 험하다. 너무 오랫동안 나를 잃어버리고 있었기 때문에. 그러나 한편으로 자신을 만나는 길은 기쁨이다. 가능성, 잠재성, 그리고 이 삶이 주는 기회들을 이제는 확실히 알게 되므로 엄청난 환희가 온다. 불필요한 것들이 저절로 떨어져 나가고, 자연에 더욱 가까워지며 더 이상 억압하거나 회피하지 않고 자신을 표현하고 당당해진다. 행복한 기쁨으로 타인에게 도움을 주고 싶은 마음이 일어나고 자비심이 커져간다. 그녀는 여러 가지 힐링, 치유 관련 명상들을 참여하며 공부 중이다.

50대 중반의 이 내담자는 싱잉볼 사운드 테라피 지도자 과정을 함께 했는데, 갑상선암으로 임파선 절제까지 큰 수술을 했고 오랫동안 통증으로 고생을 한 분이었다. 여전히 암이라는 병에 두려움을 갖고 있었고 이틀간 함께 명상하면서 과정을 마치고 편지를 보내주셨다.

"토요일 일요일 이틀 동안 수업하시느라 저희도 힘들고 피곤한데 선생님께서는 인상 한번 찌푸리시고 않고 끝까지 편안하게 잘 이끌어 주셨습니다.
그리고 저는 그동안 저를 위한 삶을 살아오질 못했습니다. 주변을 챙기고 늘 주변을 의식하면서 정작 저를 잘 돌보지 못했고 정돈되지 못한 혼돈 속에서 저를 살피지 못하고 나태한 삶 속에 행복을 느끼지 못했습니다.
자기 주도적인 삶을 살아야 한다는 선생님 말씀에 울컥했습니다. 저도 앞으로 제게 허락된 이 생에서의 삶은, 거창한 목표가 없지만, 저를 위한 삶을 살아보고자 작년 12월부터 맘을 먹었으나 굳어진 습관과 까르마로 개선되지는 않았습니다.

선생님을 만난 시간은 이틀이었지만 그 이틀 동안 저의 변화는 엄청났습니다. 간만에 이틀 동안 정말 편한 숙면을 했고, 무엇보다 제 속에 긴장과 불안함이 사라졌습니다.

순간 순간 일상 속에서 타인과의 관계 속에 불쑥 그 불안함과 긴장 스트레스가 올라왔지만 곧 평온을 되찾았습니다.

싱잉볼을 통해서 저는 고마운 인연을 만났습니다. 제가 앞으로 살아가야 할 지향점을 찾은 것 같습니다. 일요일 마지막 수업과 마지막 저의 시연 동안은 맘 편안히 제가 느끼는 대로 했습니다. 소리가 좋았다고 칭찬도 들었답니다.

연주하는 동안 제 맘이 편안했었거든요 제 맘이 그 연주 속에 그대로 녹아든 것이 아닌가 하는 생각이 듭니다.

싱잉볼 수업을 통해서 저의 내면 속 아픈 상처가 치유받았고 앞으로 자기 주도성을 가지고 어떻게 살아야 할지 해답을 가르쳐주셔서 깊이 감사드립니다.

참 귀한 분을 만났습니다. 앞으로 주말 새벽 명상도 참여해보려고 합니다."

우리는 늘 성장을 원하는 의식이 있기 때문에 이미 모든 분들은 준비가 되어 있다. 삶 속에서 관계 속에서 열심히만 살면 되는 줄 알았지만 자신을 잃어버린다면 뭔가 큰 것을 놓치고 사는 것이다.

명상은 여러 가지로 이름 붙여지지만, 자기 자신의 진정한 삶으로 돌아오는 것이다. 고통이 어디에서 오는지, 그리고 모든 상관 인연과 그로 인해 일어나는 연기를 알아차리고 내려놓는 일이다. 무상함을 알면, 내가 아무것도 아님을 알면 진짜 자기 집으로 찾아가는 것이다. 그런 앎으로 생물학적 부모님에 대한 원망과 집착은 놓아드리고, 자기 자신이 자신으로 새롭게 태어나는 길이다.

어느 여중생

중국에서 국제학교 중학 과정에 재학 중인 이 학생은 1월에 방학을 맞아 집에 왔다가 아버지의 권유로 센터에서 세션을 받게 되었다. 공부 잘 하고, 옷차림이 단정하고 이해력이 좋았다. 독서 양이 많고 숙제를 미루면 불안하다고 했다. 공부는 잘 하는데 늘 1등을 해야 한다는 압박감 때문에 불안하다고 했다.

부모님과 자매가 함께 내원했는데 활동적인 명상에 대해 설명하자 가만히 제자리에 서서 수줍은 듯 웃기를 반복했다. 몸을 이용한 놀이와 움직임을 통해 자신의 느낌이나 몸의 감각 등을 알아차림하도록 안내했다. 차츰 새로운 활동에 대해 수줍어 하면서도 재미있어 했다. 복부 긴장과 불안이 많다고 이야기했는데 그 다음날부터 두 달간 20회기를 함께 했다.

다양한 명상 프로그램들을 했는데 스스로 창의적으로 만들어 보는 춤 명상과 단전을 강화하는 중심화 명상, 활동을 강화하도록 도움을 주는 달리기 명상, 웃음 명상과 다양한 명상 방법들을 활용하여 자신감을 회복하고 자기 존중, 자기 긍정성을 높이는 명상을 안내했다. 매일 감사 일기와 야외 활동 걷기 혹은 달리기를 해보도록 권했는데 체력이 향상되고 에너지가 넘칠수록 공부할 때 집중력이 강해질 뿐 아니라 일상의 짜증이나 불안도 감소한다. 특히 자기 표현법과 이완요법 등을 병행했다. 몇 회기만에 그는 깊은 이완을 경험하고 딱딱한 배가 편안해지고 있다고 했다.

하루도 빠지지 않고 약속한 날마다 열심히 20회기를 마친 학생이 마지막 수업에 예쁜 글씨로 쓴 손편지에 깨알처럼 예쁜 마음을 담은 글을 건네주었다.

"사난다 선생님께

선생님 안녕하세요. 저 ㅇㅇㅇ이에요 선생님과 만난지 이제 겨우 2달 정도 되지만 벌써 선생님이 정말 편해지고 선생님을 통해 많이 배웠었던 것 같아요. 이번 겨울방학은 제가 선생님을 만나면서 눈에 띄게 변하고 저의 마음을 다스리는 법을 배우게 되어서 진정으로 감사했었어요. 선생님께 이렇게라도 감사를 표현하고 싶어요. 매 수업마다 선생님께서 해주시는 말씀들이 기억에 남아서 저의 일상에서 의식해서 변하게 된 부분이 정말 많았어요. 그런 때마다 선생님께 정말 감사하고, 마음이 따뜻해졌었는데 선생님께서 저에게 해주신 것만큼 표현하지 못했던 것 같네요. 그래도 저 나름대로 기쁨도 슬픔도 선생님께 나누는게 익숙해지려고 노력하면서 사랑과 감사도 표현하는 것도 자연스러워지려고 노력했어요. 선생님 덕분에 전보다 많이 경험할 수 있어서 값진 시간을 보낸 것 같아요. 선생님께서 제가 경험할 수 있게 도와주셨던 것을 앞으로도 기억하면서 흔들리지 않는 사람이 될 게요. 특히 이제 바로 다시 학교로 돌아가면 기대가 되는 건 선생님께 방학 동안 배운 걸 실천할 수 있는 기회가 더 많고 다양해진다는 거예요. 전에는 막막하고 걱정이 가득했었는데 배우는 기간 동안 제가 고민하고 걱정하던 상황에서 어떻게 해야 할지 알게 되었어요. 그래서 이제는 두렵고 불안한 마음도 잘 일어나지 않는 것 같아요. 정말 제가 다른 세계를 바라볼 수 있게 즐겁게 도와주셔서 선생님과 보내는 시간이 너무 재미 있었어요.

다음 방학매 오면 다시 많이 경험하고 느낀 것을 나누어 드릴께요. 선생님을 자주 뵙지 못하는건 진짜 아쉬워요. 제가 다시 뵐 때까지 건강하게 지내시길 바래요!

그럼 안녕히 계세요. 선생님을 너무 사랑해요. - ㅇㅇ드림

■ 에필로그
그저 살아 있다는 것만으로 충분하다

나의 존재가 명상이 된다는 것

명상은 어느 날 갑자기 끝나는 프로젝트가 아니다. 그것은 매일 살아내는 삶이자, 매 순간 깨어 있는 존재의 방식이다. 나는 어느새 '명상하는 사람'이 아니라, '명상으로 존재하는 사람'이 되어 있었다.

처음 명상을 시작했을 때, 나는 나를 구하려 했다. 병든 몸, 쓰러진 감정, 쓸모없다고 느꼈던 삶 전체를 다시 일으켜 세우고 싶었다. 그렇게 시작한 명상이, 어느 순간부터는 누군가를 돕고 싶다는 바람으로 변했다. 그리고 지금은… 그저 이렇게 존재하는 것이 누군가에게 울림이 된다면 그것으로 족하다는 자리에 이르렀다.

오쇼의 말처럼, 우리는 누구나 이미 완전한 존재다. 명상은 완전해지기 위한 노력이 아니라, 이미 완전함을 기억해내는 과정이다. 나는 그 기억을 매일의 호흡 속에서, 아침 햇살 속에서, 눈을 마주한 사람의 눈빛 속에서 다시 떠올린다.

나는 사난다가 되었다. 이 이름은 내가 선택한 이름이 아니다. 명상을 시작하고, 내면의 침묵과 만나고, 존재의 중심에 다다랐을 때, 저절로 불리워진 이름이었다. 사난다(Sananda), '축복 안에 있는 자'. 그 이름처럼, 나는 살아 있는 지금 이 삶이 축복임을 알고 있다.

내가 이 길 위에서 만난 것은, 특별한 기적이 아니다. 울고 웃고, 다시 침묵하는 반복 속에서, 진짜 나를 마주하는 시간들이었다. 그것은 수많은 포기와 기쁨, 혼란과 안도, 사랑과 고통의 실타래였다. 그 실타래를 하나하나 풀고 나니, 남은 것은 단 하나—살아 있다는 것.

나의 명상은 아직도 계속된다. 새로운 방식으로, 더 깊은 자리에서. 더 많은 사람들과 나누고 싶다. 더 많은 존재가 자신을 만나고, 자유로워지기를 바란다. 내가 울고 웃고 침묵한 그 모든 순간들이, 누군가의 삶에 작은 빛이 되기를.

그렇게 나는 걷는다. 다시 울고, 웃고, 침묵하며.

이 책의 시작은 고통이었다. 먹지 못하고, 자지 못하고, 울 수조차 없었던 시간들. 병과 불안, 죽음의 문턱 앞에서 나는 명상을 붙잡았다. 그것이 생의 마지막 희망 같았고, 유일한 숨구멍 같았다. 그리고 나는 살아났다.

명상은 나를 살렸다. 울게 했고, 웃게 했고, 조용히 멈추게 했다. 고통은 사라지지 않았지만, 더는 그것에 휘둘리지 않게 되었다. 상처는 여전히 내 안에 있지만, 더는 나를 지배하지 않는다. 나는 이제 그것들을 '바라보는 나'로 존재할 수 있다.

삶은 언제나 완전하지 않다. 우리는 불완전한 몸을 입고, 모순된 감정 속을 걷고, 끝없이 어긋나는 관계 안에서 살아간다. 하지만 그 안에도 분명한 길이 있다. 그것은 더 잘 되는 삶이 아니라, 더 깊어지는 삶이다.

나는 지금도 여전히 때로는 무너지고, 외롭고, 다시 일어선다. 여전히 명상을 한다. 숨을 쉬고, 멈추고, 바라본다. 더 이상 명상이 삶의 도구가 아니라, 삶이 명상이 되었기 때문이다.

그리고 나는 안다. 고통이 있다고 하소연하면서도, 삶을 변화시키는 실천을 미루는 이들이 많다는 것을. 진정한 변형은 내일이 아니라, 지금 이 순간에 가능하다. 열망이 없다면 변화도 없다. 실천은 애쓰는 것이 아니라, 애씀 없이 일어나는 내면의 '앎'이다. 마치 끌어당기는 무엇처럼, 설명할 수 없지만 분명히 느껴지는 그 중심에서 깨어나는 것.

게으름조차 하나의 에너지일 수 있다. 고통에 너무 오래 머물러 있었던 사람은 벗어남을 상상할 수조차 없다. 하지만 그조차도 괜찮다. 중요한 것은 매 순간 깨어 있으려는 의지다. 어떻게 살고 싶은가? 지금 이 순간, 그 물음 앞에 머물 수 있는 용기다.

나는 당신도 그랬으면 한다. 울고, 웃고, 침묵하는 그 모든 순간이 명상이 되기를. 아무것도 바꾸지 않아도 괜찮다. 그저 지금 여기에 있다는 것만으로 충분하다. 존재는 이미 완전하고, 당신은 그 자체로 축복이다.

그러니 오늘, 딱 한 번만이라도, 조용히 앉아 숨을 쉬어보자. 무엇도 바꾸려 하지 말고, 그저 지금 있는 그대로의 나를 바라보며. 그 순간, 삶은 다시 시작된다.

그저 살아 있다는 것만으로도 충분하다는 걸, 잊지 않기를.

Namaste.

새로운 차원으로 들어선다는 것은
새로운 차원이 따로 있다는 뜻이 아니다.

그간에는 그럭저럭 의식없이 지내던 일들이
새롭게 인식되고 이해되며 앎이 된다.
치열하게 싸우지만 텅 빔을 느낀다.
싸움 속에 갖혀 있는 이들은 싸움이 끝나도
싸움 속에 있지만, 인식과 지켜봄이 있다면
싸우는 중에도 싸움 밖에 있음을 안다.

-마 다야 사난다

■ 마무리

오쇼의 열반 이후 푸나 오쇼 국제 명상 리조트에서 나오는 프로그램들을 보면 어떤 명상 테라피 진행은 여성들만 하도록 되어 있고, 어떤 테라피는 남성과 여성이 공동으로 진행해야 하는 것도 있다. 인간은 음양의 존재이기 때문에 그 조화와 균형을 잡아주는 일인가 보다.

어느날 자신의 전생이 티벳 라마였다는 사실을 기억하고 그때 배운 가르침들을 인생의 소명으로 삼아 다방면의 노력으로 현대화시킨 사람이 있었다. 그가 자신의 역작을 가지고 오쇼를 찾아가 바쳤더니 그 글을 본 오쇼가 미소를 지으며 이렇게 말했다고 한다.

"다시 써라. 여자, 모성의 관점이 빠져 있다."

이 책을 전체적으로 보면 남성적인 시각에서의 오쇼 액티브 명상, 여성적인 시각에서의 액티브 명상 그리고 그 너머에서 본 액티브 명상의 세 부분으로 읽을 수도 있을 것이다.

리아는 '강의 기원'이란 뜻의 산야스 이름인데 원래는 여성에게 쓰는 단어이다. 내가 이 이름을 쓰니 사람들이 그것은 당신의 또 다른 내면을 뜻하느냐고 물었다. 그러고보니 그런 것도 같았다. 생각해보니 나는(혹은 남자라는 존재 자체가) 평생 나의 남성성을 중화시켜줄 무엇인가가 필요했던 사람이기 때문이다.

이 책을 읽어본 독자들은 필자의 글에서—그 문체나 주장을 펼쳐 나가는 방식 등에서도—그것을 알아차릴 수 있었을 것이다. 사난다의 도움 덕택에 자칫 거칠고 편경스러운 작문 연습이 될 뻔한 글들이 온기와 리듬을 갖게 되었다.

사난다와 함께 이 책을 같이 만들게 되어서 기쁘다. 더 이상 할 말도 없다. 이 책을 읽어준 모든 존재들에게 사랑을.

-리아 윤인모

■ 참고문헌

이 책이 완성되기까지 오쇼 미디어 인터내셔널에서 발행한 명상 안내자를 위한 출판물과 추천도서 외에도 여러 출판사에서 발간된 오쇼 강의집, 다수의 〈오쇼타임즈〉 매거진과 오쇼 홍보 책자 등이 도움을 주었다.

오쇼 명상 전문 안내자들을 위한 교재인 『OSHO Meditation In-depth and Facilitating Participant Handbook』, Osho Media International을 중심으로 이 책이 참조한 주요 출판물들의 목록을 싣는다.

오쇼 명상 안내와 탐구를 위한 오쇼 인터내셔널의 권장 도서들.
(책 소개글은 모두 오쇼 인터내셔널 작성)

『Meditation: The first and Last Freedom; A Practical Guide to Meditation』 명상: 처음이자 마지막 자유
: 60가지 이상의 명상법—오쇼의 카타르시스적인 다이나믹 명상에서부터 고대 불교의 수행법인 좌선에 이르기까지—을 조명하는 실제적인 명상법 안내서. 뿐만 아니라, 오쇼는 명상가가 수행의 길에서 부딪치는 장애물들에 대한 질문들에 답하고 있다.

『Meditation: The Art of Ectasy』 명상: 엑스터시의 예술
: 명상에 관심있는 사람이라면 누구에게나 추천할 수 있는 권장도서. 오쇼는 집중과 명상의 차이점을 설명하면서, 유희적이고 심각하지 않은 접근법을 강조한다. 그는 또한 오쇼 다이나믹 명상에 대한 질문에 답한다.

『The Path of Meditation』 명상의 길
: 다이어트와 운동, 수면에 관련된 지도에서부터 시작해서, 명상의 기초를 우리들에게 가르쳐주는 단계별 명상 길라잡이. 오쇼는 몸과 생각, 감정에 대해 언급하며 또한 그것들이 어떻게 정화되어 우리가 명상 속으로 들어가도록 도와줄 수 있는가를 설한다.

『The Book of Secrets: 112 Key the Mystery Within』
: 오쇼는 이 책에 관해 "이러한 백 열두 가지 명상법은 마음을 변형시키는 과학 전체를 구성하고 있다"고 언급한다.

『The Supreme Doctrine』 최상의 진리
: 오쇼는 지성을 사용하는 것, 섹스의 이원성을 초월하는 것, 영적 여정에서 스승의 역할, 정신분석과 자신의 혼돈적 명상 기법에 관한 질문에 대답한다. 오쇼는 명상의 수많은 면에 대해 심도있게 이야기하며, 어떻게 이 체험으로 강렬히 그리고 전적으로 들어갈 수 있는지를 다룬다.

『A Compendium on Osho Dynamic Meditation』, Osho Media

International 오쇼 다이나믹 명상 개론
: 이 개론서는 (오쇼 주치의였던) 암리토가 발췌문들을 편집한 것으로, 오쇼가 다이나믹 명상에 관하여 공개적으로 한 모든 언급들을 총망라하고 있다. 또한 언급되어진 순서대로 발췌문들이 실려 있기 때문에 시간의 흐름에 따른 이 명상법의 점진적인 발전 과정을 음미해 볼 수 있다.

『Meditation Inc.: 144 Techniques to Transform the Quality Your Work and Life』, Editing : Maneesha, Emma, Satyam, Uti, Osho Media International, 2012.
『The Orange Book-The Meditation Techniques of Bhagwan Shree Rajneesh』, Raineesh Foundation International, 1983.
『Work is Love Made Visible: Translating an enlightened vision into action』

『Osho Experiences』: 오쇼 국제 메디테이션 리조트의 전반적인 프로그램 안내 서적
Veeresh, 『The Poetic Concepts』, the Humaniversity Foundation
Vasant Joshi, PhD. 『The Luminous Rebel OSHO-Life Story of a Maverick』, WisdomTree, 2010
: 가장 최근의 오쇼 자서전. 오쇼가 생전에 내린 자신의 사후 아쉬람 운영 방침, 그의 비전과 작업들이 국제적으로 뻗어나가기 위한 인적 조직—이너 서클(오쇼에 의해 지명된 초기 21명의 원멤버들의 모임)과 상임간부회 등을 밝히면서 그중 한 사람인 마 닐람

과의 인터뷰도 게재한 것이 특징이다. 오늘날 오쇼 국제 명상 리조트의 운영 방식과 그 철학을 알 수 있다.

『액티브 명상과 뇌과학』, 조수희, 이영진 공저. 범문에듀케이션. 2015.

노마인드, 본 어젠, 미스틱 로즈 등, 오쇼 그룹 테라피 명상 진행자들을 위한 전문교재(비매품) 외에 다음의 오쇼 저서들

『Yaahoo! The Mystic Rose』

『Invitation』

『I Am the Gate』

『The Revolution』

『The Golden Future』

『Inner Journey』

『The Heartbeat of the Absolute』

『In Search of the Miraculous』

『The Great Challenge』

『The Ultimate Alchemy』

『Yoga: The Alpha and Omega』

『The Dhammapada』

『Bliss: Living beyond Happiness and Misery』

『That Art Thou』

『The New Alchemy to Turn You On』

『A Bird on the Wing』

『The Miracle』

『The Beloved』

『Zen: The Mystery and The Poetry of the Beyond』

『The Great Pilgrimage: From Hear To Hear』

『Nirvana Now or Never』

『Philosophia Perrennis』

『The Perfect Way』

『Glimpses of a Golden Childhood』